极软弱围岩隧道大变形机理及支护控制

张晓平 李玉生 张 晗 樊文胜 | 著

中国建筑工业出版社

图书在版编目（CIP）数据

极软弱围岩隧道大变形机理及支护控制 / 张晓平等著. —北京：中国建筑工业出版社，2024.2
ISBN 978-7-112-29604-0

Ⅰ. ①极… Ⅱ. ①张… Ⅲ. ①隧道工程-围岩变形-研究 Ⅳ. ①U455

中国国家版本馆 CIP 数据核字（2024）第 019248 号

责任编辑：刘颖超
文字编辑：王 磊
责任校对：赵 力

极软弱围岩隧道大变形机理及支护控制
张晓平 李玉生 张 晗 樊文胜 著

*

中国建筑工业出版社出版、发行（北京海淀三里河路 9 号）
各地新华书店、建筑书店经销
国排高科（北京）信息技术有限公司制版
建工社（河北）印刷有限公司印刷

*

开本：787 毫米×1092 毫米 1/16 印张：12 字数：299 千字
2024 年 5 月第一版 2024 年 5 月第一次印刷
定价：**98.00** 元
ISBN 978-7-112-29604-0
（42355）

版权所有 翻印必究
如有内容及印装质量问题，请联系本社读者服务中心退换
电话：（010）58337283 QQ：2885381756
（地址：北京海淀三里河路 9 号中国建筑工业出版社 604 室 邮政编码：100037）

序　言

软岩是一种特定环境下具有显著塑性变形的复杂岩石力学介质，极软弱围岩是软岩中工程性质最差的一类，其岩石强度低、岩体破碎、围岩赋存环境差，给岩石工程建设带来巨大的困难和挑战。地下工程中，围岩大变形侵限、塌方、突水突泥等灾害往往与极软弱围岩密切相关。因此，针对极软弱围岩隧道，开展大变形机理及支护控制研究，具有重要的理论意义和工程应用价值。

江西省山地、丘陵广泛分布，隧道工程大量穿越软弱破碎、风化程度高的极软弱围岩。本人作为专家组组长，参与了江西省萍乡至莲花高速公路莲花隧道技术咨询，该隧道地质条件复杂，进口端掘进至多条富水断层和岩溶发育区附近，左右洞出现涌水突泥；出口端遇膨胀性软弱围岩、溶洞、浅埋偏压和断层等不良地质，施工过程中遭遇多次塌方、冒顶、涌水、初支米级大变形及仰拱纵向开裂等问题，施工难度极大，安全风险极高。张晓平教授带领武汉大学研究团队，开展了极软弱围岩大变形机理及支护控制研究，采用"让抗结合"的支护理念、仰拱注浆加固和径向注浆成环向承载圈等关键技术措施，控制了隧道大变形和仰拱开裂，取得显著经济和社会效益。

为了进一步总结江西省相关极软弱围岩隧道工程建设和运营维护经验，研究团队系统总结了萍莲高速莲花隧道、白竺 2~4 号隧道群在内的江西省相关极软弱围岩隧道案例，结合大变形机理及支护控制研究，撰写了这样一本兼具理论、实践性强的书稿，对参与隧道工程建设的学者、工程师和技术管理人员都具有非常重要的借鉴意义。

张晓平教授参与本人主持的国家自然科学基金委《川藏铁路重大基础科学问题专项-川藏铁路深埋超长隧道工程灾变机制及防控方法》项目，深入川藏铁路沿线隧道开展调查研究工作，开展软岩分类和大变形分级，为本书大变形机理研究部分奠定了坚实的基础。张晓平教授长期从事岩石力学研究和隧道工程实践，曾在本人实验室开展试验研究工作，理论研究成果获得中国岩石力学学会自然科学奖一等奖等学术奖励。看到他坚持运用岩石力学理论和方法，面向国家工程建设需求，解决实际工程难题，甚感欣慰，欣然提序。

中国岩石力学与工程学会理事长
中国科学院院士　何满潮

前　言

极软弱围岩是软岩中风化程度最高、强度最低的一类，在极软弱围岩地层中开挖隧道易诱发围岩大变形、坍塌冒顶、突水突泥等工程灾害。三十多年以来，我国煤矿工程遭遇大量软岩难题，以何满潮院士为首的科学家开展了大量卓有成效的研究工作，提出工程软岩的概念，发展了软岩稳定性控制理论和支护荷载确定方法，提出软岩大变形控制新技术并开展了大量工程实践。当前，随着我国交通基础设施建设向丘陵山区、青藏高原边缘及腹地延伸，隧道工程常常遭遇极软弱围岩，开挖后围岩大变形造成初支开裂、隧道侵限甚至坍塌等严重事故，有些隧道在建成运营后还持续变形，导致二衬开裂渗漏、路面翻浆等病害，严重影响隧道的运营安全。

工程实践表明，极软弱围岩隧道开挖后一般会产生较严重的大变形，宜采用超前支护、"让抗结合"的变形控制理念。由于极软弱围岩自承能力低，如果"让"的太多，会使其变得更加松散，因此又要及时支护。采用包括多层延期支护技术、可让压式结构等让压变形控制技术，保证及时支护的同时，让压支护体系能和围岩一起变形以有效保护初支。但仅采用让压是不够的，随着围岩变形逐步增大，围岩压力也不断增加，若变形过大则会侵占净空，因此支护结构在变形后期还必须保证刚度足够，遵循"让抗结合"的支护原则。要求支护结构既可以发生一定的变形量以释放部分围岩压力，减小作用在支护上的荷载，又能保证有较大的整体刚度以提供足够的支护反力，确保隧道变形趋于稳定。

极软弱围岩隧道常常出现地基承载力过低造成不能封闭成环或软弱岩土体从底部挤出，造成隧道结构整体下沉或仰拱开裂等问题。单纯通过加强钢拱架刚度和喷射混凝土厚度等工程措施无法解决，一般需对仰拱下围岩进行加固处理，比如采用钢花管注浆或预制桩加固，提高极软弱围岩的整体承载力，确保施工期和运营期隧道结构的整体稳定和运营安全。

江西省以山地、丘陵为主，占比接近80%。主要山脉多分布于省境边陲，东北部有怀玉山，东部有武夷山，南部有大庾岭和九连山，西部有罗霄山脉，西北部有幕阜山和九岭山，因此交通工程建设需要开挖大量隧道。江西省的隧道埋深一般在几十米到几百米之间，大多数埋深不超过200m，围岩地应力水平一般不高。涉及的软质岩主要是指极软岩、软岩及较软岩，包括千枚岩、砂岩、炭质页岩、断层破碎带等，由于自稳能力差给工程建设带来巨大的挑战。本书对江西省软岩隧道整体分布情况进行了分析，选取了永莲隧道、莲花隧道等典型隧道进行了软岩病害情况介绍及其病害处治措施分析。

由于极软弱围岩稳定性差，在隧道二衬结构施工完成后，还会产生持续变形和应力调整，造成隧道结构开裂损坏等病害。极软弱围岩隧道运营病害发生较多的地段，在地质方面一般是断层破碎带，风化变质岩地带、裂隙发育的岩体以及岩溶地层等；从地形上看多发生在斜坡、滑坡构造地带、岩堆崩坍地带等。极软弱围岩隧道运营病害直接影响隧道的安全运营，威胁行车安全、影响交通质量，并使隧道维护周期及使用寿命缩短。本书对常见隧道结构病害类型进行了分类介绍，并选取了江西省内运营期病害进行了典型案例分析，为后续类似工程建设和运营提供经验借鉴。

本书由张晓平、李玉生、张晗、樊文胜著，全书由张晓平统稿。具体编写分工为：第1章——张晓平（武汉大学）、张沛远（武汉大学），第2章——张晗（武汉大学）、李玉生（江西省交通投资集团项目建设管理公司）、张晓平（武汉大学），第3章——崔建航（武汉大学、中国土木工程集团有限公司）、张晓平（武汉大学），第4章——樊文胜（江西省交通投资集团项目建设管理公司）、刘劲勇（江西省交通设计研究院有限责任公司）、张沛远（武汉大学）、嵇其伟（江西省交通设计研究院有限责任公司）、余俊（江西省交通职业技术学院）、张小英（江西省交通投资集团有限公司），第5章——刘劲勇（江西省交通设计研究院有限责任公司）、周杨（江西省天驰高速科技发展有限公司）、董振涛（武汉大学、中铁第四勘察设计院集团有限公司）、张晓平（武汉大学）。本书得到江西省交通运输厅科技项目（2021C005）、国家自然科学基金资助项目（41941018）的资助。江西交投咨询集团有限公司张龙生、翁贤杰，中铁十一局徐浩然、朱建明、田敏哲、安伟、汪祥国等同志在本书完成过程中提供了帮助和便利，在此一并表示感谢！

目 录

第 1 章 软岩分类和极软弱围岩 ·· 1

    1.1 软岩分类 ·· 1

        1.1.1 地质软岩 ·· 1

        1.1.2 工程软岩 ·· 9

        1.1.3 基于大变形机理的工程软岩分类 ··· 12

    1.2 极软弱围岩 ·· 19

        1.2.1 地质极软弱围岩的成因 ·· 19

        1.2.2 极软弱围岩的工程力学特性 ··· 20

        1.2.3 极软弱围岩的工程响应 ·· 21

    参考文献 ··· 24

第 2 章 极软弱围岩段隧道开挖大变形 ··· 27

    2.1 极软弱围岩隧道大变形演化特征 ··· 27

        2.1.1 极软弱围岩大变形时间特征 ··· 27

        2.1.2 极软弱围岩大变形空间特征 ··· 29

        2.1.3 极软弱围岩大变形工程灾害 ··· 31

    2.2 极软弱围岩大变形机理 ·· 33

        2.2.1 极软弱围岩大变形力学机制 ··· 33

        2.2.2 极软弱围岩大变形影响因素 ··· 36

    参考文献 ··· 40

第 3 章 极软弱围岩开挖与支护控制 ··· 41

    3.1 极软弱围岩大变形控制理论和总体原则 ·· 41

        3.1.1 围岩变形控制理论和方法发展历程 ··· 41

　　　　3.1.2 极软弱围岩大变形控制总体原则 ··· 44
　3.2 极软弱围岩超前地质预报 ··· 45
　　　　3.2.1 极软弱围岩隧道超前地质预报目的 ·· 45
　　　　3.2.2 极软弱围岩隧道超前地质预报内容 ·· 45
　　　　3.2.3 极软弱围岩隧道超前地质预报方法 ·· 45
　　　　3.2.4 萍莲高速莲花隧道极软弱围岩段超前地质预报实例 ···························· 50
　3.3 洞口极软弱围岩洞段开挖与支护控制 ·· 60
　　　　3.3.1 洞口洞段开挖方法 ··· 60
　　　　3.3.2 洞口洞段超前支护措施 ··· 63
　　　　3.3.3 洞口洞段地表稳定措施 ··· 67
　3.4 洞身极软弱围岩洞段开挖与支护控制 ·· 70
　　　　3.4.1 洞身段开挖方法 ·· 70
　　　　3.4.2 洞身洞段超前支护措施 ··· 71
　　　　3.4.3 让压支护的变形控制技术 ·· 71
　　　　3.4.4 增加支护整体刚度的变形控制技术 ·· 79
　　　　3.4.5 动态开挖支护 ··· 84
　3.5 二次衬砌施作 ·· 86
　　　　3.5.1 二次衬砌施作时机 ··· 86
　　　　3.5.2 二次衬砌施工要求 ··· 87
　　　　3.5.3 材料改良 ··· 88
参考文献 ·· 89

第4章 江西省极软弱围岩隧道大变形控制工程实践 ····································· 92
　4.1 江西省软岩隧道整体分布 ·· 92
　4.2 安源隧道 ·· 94
　　　　4.2.1 工程概况 ··· 94
　　　　4.2.2 隧道开挖及支护 ·· 95
　　　　4.2.3 不利施工条件及控制措施 ·· 98
　　　　4.2.4 小结 ·· 100
　4.3 永莲隧道 ·· 100
　　　　4.3.1 工程概况 ·· 100
　　　　4.3.2 隧道开挖及支护 ··· 101
　　　　4.3.3 不良地质灾害及成因分析 ··· 103
　　　　4.3.4 不良地质灾害控制措施及效果评价 ··· 106

  4.3.5 小结 ·· 112

 4.4 杨梅一隧道 ·· 112

  4.4.1 项目概况 ·· 112

  4.4.2 隧道围岩变形情况与现场处置 ·· 113

  4.4.3 变形坍塌段注浆加固方案 ·· 115

  4.4.4 小结 ·· 120

 4.5 先锋顶隧道 ·· 120

  4.5.1 工程概况 ·· 120

  4.5.2 洞身段工程灾害及处治措施 ·· 122

  4.5.3 进口端边仰坡滑坡及治理措施 ·· 125

  4.5.4 小结 ·· 127

 4.6 莲花隧道 ·· 127

  4.6.1 工程概况 ·· 127

  4.6.2 病害情况 ·· 128

  4.6.3 病害处治措施 ·· 135

  4.6.4 小结 ·· 140

 4.7 白竺2号、3号、4号隧道 ·· 140

  4.7.1 工程概况 ·· 140

  4.7.2 不良地质灾害 ·· 142

  4.7.3 病害治理措施 ·· 147

  4.7.4 小结 ·· 151

 4.8 蛟岭隧道 ·· 151

  4.8.1 项目概况 ·· 151

  4.8.2 隧道塌方情况及力学特性分析 ·· 152

  4.8.3 隧道塌方处理方案 ·· 153

  4.8.4 塌方处理效果分析 ·· 154

  4.8.5 小结 ·· 155

 4.9 于都隧道 ·· 155

  4.9.1 工程概况 ·· 155

  4.9.2 病害情况 ·· 156

  4.9.3 病害处理措施 ·· 156

  4.9.4 小结 ·· 158

参考文献 ·· 159

第 5 章 极软弱围岩段隧道运营病害及其治理 160

5.1 常见隧道结构病害的类型 160
5.1.1 衬砌开裂 160
5.1.2 衬砌腐蚀 161
5.1.3 水害 162
5.1.4 冻害 163
5.1.5 隧底病害 164
5.1.6 洞口病害 164

5.2 隧道运营期间病害治理案例 164
5.2.1 上饶市陇首一隧道 164
5.2.2 五峰山 1 号隧道 172
5.2.3 武吉高速公路引水隧洞 175
5.2.4 南石壁隧道 177

参考文献 182

第 1 章

软岩分类和极软弱围岩

软岩地质成因复杂，物理力学性质较差，一直是隧道工程建设中的一大难题[1-2]。软岩中风化程度最高、强度最低的一类称为极软弱围岩。在极软弱围岩地层中开挖隧道易诱发围岩大变形、塌方冒顶、突水突泥等工程灾害。因此，需要充分认识软岩，特别是极软弱围岩的成因、工程力学特性及其开挖后的变形破坏过程，对其进行合理的分类分级，然后根据不同软岩类别确定合理的开挖和支护方案。

1.1 软岩分类

自 20 世纪 60 年代至 90 年代初，国内外软岩定义与分类方法多达几十种[3]。1981 年 9 月，国际岩石力学学会委托日本岩石力学学会召开了"国际软岩学术讨论会"，软岩概念问题被作为重要议题进行讨论；1984 年 12 月，我国煤炭工业矿山压力情报中心站、《煤炭学报》编辑部、中国煤炭学会岩石力学专业委员会联合发起"煤矿矿山压力名词讨论会"，集中了国内矿山岩石力学方面的专家学者，在昆明专门讨论了松软岩层的定义；1990 年 9 月，在英国利兹（Leeds）大学召开了"软岩工程地质"的学术讨论会，国际著名岩石力学权威 J.H.Atkinson、M.E.Barton 和 E.Hoek 参加了这次学术讨论会[4]；1996 年 8 月，煤炭工业部在龙口召开了全国煤炭软岩工程学术讨论会，出版了论文集《中国煤矿软岩巷道支护理论与实践》[5]，总结了十多年的软岩工程实践经验。21 世纪以来，关于软岩概念与分类的相关研究进一步发展，并逐渐达成共识，即可按照地质软岩或工程软岩进行软岩类别划分[2, 6-7]。

1.1.1 地质软岩

地质软岩是指强度低、孔隙度大、胶结程度差，受构造面切割及风化影响显著或含有大量膨胀性黏土矿物的松、散、软、弱岩层。地质软岩主要包括火山碎屑岩、角砾岩、千枚岩、页岩、片岩、复理岩、泥岩、粉砂岩或断层破碎带等[8]。国际岩石力学学会（ISRM）将单轴抗压强度介于 0.5～25MPa 的岩石定义为软岩，该定义属于地质软岩的范畴[6-7, 9-10]。此外还有一些学者考虑地质成因、岩体结构特征、风化程度等因素提出不同的定义方法。

全国工程勘察设计大师顾宝和从地质成因角度，将软岩划分为极软岩、膨胀岩、构造岩、片状变质岩、含盐岩、疏松岩和风化岩等类型，基本涵盖了常见的地质软岩类型[11]（表1.1）。

常见地质软岩类别[11]　　　　　　　　　　表1.1

软岩类别	描述
极软岩	介于岩石与土之间的过渡性岩土，强度介于0.3~1.0MPa，遇水易膨胀、崩解、泥化或沿裂隙面开裂
膨胀岩	富含黏土矿物，吸水能力强，包括泥质岩类、含硬石膏或无水芒硝类、断层泥类、含黄铁矿等硫化矿物类岩石等
构造岩	包括断层岩和层间剪切带。断层岩破碎程度高，具有各向异性，因强烈碾磨、热液和地下水的参与发生矿物成分转化，富含黏土矿物，具有密集定向排列的鳞片状构造。层间剪切带由软硬相间的层状岩体在强烈褶皱与剪切作用下形成，并在复杂水-岩作用下形成泥化夹层
片状变质岩	区域变质作用使岩石重结晶而形成高定向鳞片状、纤维状和片状变晶结构，具有各向异性片理构造，沿片理面的强度很低，极易变形失稳
含盐岩	由氯盐、硫酸盐等强溶解性或中溶解性盐类组成的岩石以及盐类矿物在孔隙、裂隙或空洞中次生充填的岩石，具有溶陷性、膨胀性、腐蚀性，易产生污染
疏松岩	贝壳岩、硅藻岩、珊瑚等形成的年代短、结构疏松、强度较低、性质很不稳定的特殊劣质岩，还包括浅表含石膏地层因溶蚀而形成的疏松砂岩，开挖后极易产生流砂、溃砂
风化岩	表生地质环境下母岩成分、结构、性质发生蜕化，使坚硬完整的母岩变松、变软的岩石

由E.Hoek和P.Marinos提出的地质强度指标（Geological Strength Index）法，简称GSI法，综合考虑了岩石的破碎程度、各向异性程度、风化程度、蚀变程度、岩石成因和岩石种类，并给出示意图，根据岩体结构与不连续面状态进行评分（0~100），评分较低的即为地质软岩[12-16]。对于节理岩体通过岩体结构和不连续面表面状况两类定性指标确定GSI取值范围[14-15]（表1.2）；对于各向异性岩体通过岩体成分、结构和不连续面表面状况确定岩体GSI值（表1.3）。由于GSI法充分考虑了岩体结构、不连续面状态及风化程度对岩体性质的影响，因此适用于软弱破碎以及结构面发育岩体的质量评价。

韩国学者Hyun-Seok Yun等（2019）将断层破碎带中的软岩划分为以物理风化为主的崩解性软岩（Disintegrated Rocks）和以化学风化为主的分解性软岩（Decomposed Rocks），并给出了类似GSI法中的地质描述性分类方案[18]。崩解性软岩主要在物理作用下发生破裂，导致不连续面张开。根据其结构特征、岩石质量指标与节理组数的比值RQD/J_n以及点荷载强度指数$I_{s(50)}$可分为破碎型（Crushed）、严重节理化及破碎型（含软弱夹层）（Heavily Jointed and Broken with Weak Layers）、块体型岩体（Blocky）三大类（表1.4），具体应用方法（图1.1）为：（1）根据Q系统计算RQD与J_n，确定类别；（2）根据类别计算$I_{s(50)}$取值范围；（3）当RQD<15时：$I_{s(50)} = 1.8(RQD/J_n)^2 + 1.6(RQD/J_n) + 0.5$。

分解性岩体由化学风化导致岩石蚀变，强度降低，结构松散，可根据施密特锤击值进一步划分为5个级别（表1.5），具体应用方法（图1.2）为：（1）将表面分为6个区域，在每个区域进行施密特锤击测试，计算平均值；（2）平均值大于10时，计算最大值R_{max}与最小值R_{min}；（3）$R_{max}/R_{min} > 2.0$，为V类；（4）用左边的三角图形区分Ⅱ~Ⅳ类；（5）根据施密特锤击值计算$I_{s(50)}$。其中：$I_{s(50)} = 0.002R^2 + 0.01R + 0.17$。

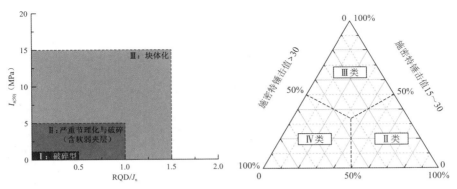

图 1.1 崩解性软岩分类方法　　　图 1.2 分解性软岩分类方法[18]

表 1.2　互锁与节理蚀变岩体地质强度指标评价表[15]

节理岩体地质强度指标 （Hoek 和 Marinos, 2000） 从岩性、岩体结构和不连续面表面状况，来估计 GSI 平均值，不过于追求精确。取 GSI 为 33～37 之间比取 GSI = 35 更为合理。表中不涉及结构面控制失稳。当软弱的平面结构面与开挖形成不利组合，结构面失稳将是岩体主要力学行为。当有水出现，岩体含水率增加，会造成岩体表面剪切强度下降。当处理分类在一般到差的岩体时，潮湿情况下应取值向右移动。水压力通过有效应力分析处理	不连续面状态	非常好 表面非常粗糙，新鲜未风化	好 表面粗糙，轻度风化，沿面渲染铁锰质	一般 表面平坦，中度风化，表面有置换充填	差 表面光滑，强风化。表面被紧密覆盖或充填或呈角状碎砾	非常差 表面光滑，强风化，软黏土质覆盖或充填
结构特征		不连续面质量下降 →				
▨ **完整或巨厚岩体**——完整岩石试样或现场巨厚岩体，极少宽间距不连续面		90 80			N/A	N/A
▩ **块体**——互相锁固较好的未扰动岩体，由3组相交的不连续面切割的立方块体组成			70 60			
▩ **完全块体**——互相锁固、部分扰动岩体，由4组或以上的结构面切割成角状多面体				50		
▩ **块体/扰动/接缝**——由许多相交的不连续面切割成角状块体褶曲而成，有层平面或片理面				40		
▩ **碎裂体**——锁固程度低，严重破损岩体，由角状和卵圆状岩块混合而成					30 20	
▩ **层状/剪切面状**——由于小间距的弱片理面或剪切面形成，没有块体特征		N/A	N/A			10

各向异性岩体（如复理岩）地质强度指标评价[16-17]

表 1.3

各向异性岩体（如复理岩）GSI 值
（Hoek 和 Marinos, 2000）

根据岩性描述，岩体结构和岩石表面状况（特别是层理面），选择表中的一个区域，结合不连续面的状况确定在表中的位置，然后根据斜向等高线估计平均 GSI 值。不要过于追求精确，取 GSI 值为 33~37 比取 GSI=35 更为合理。注意 Hoek-Brown 准则不适用于结构控制失稳，不利产状的不连续持续弱面出现，含主导岩体的失稳行为。当出现地下水使岩体强度减弱时，对一般、差和非常差的岩体，允许取值稍微偏右。水压力通过有效应力分析，不改变 GSI 值。

成分和结构	不连续面表面状况（主要是层理面）				
	非常好 表面非常粗糙，新鲜未风化	好 表面粗糙 轻度风化	一般 表面平坦，中度风化，表面有置换充填	差 非常平坦，偶尔光滑，表面被紧密覆盖或置换充填状态	非常差 表面光滑非常平坦风化表面，软黏土覆盖或充填
A. 厚层，典型块状砂岩。层面上泥质岩覆盖层的效应由于岩体的约束而减小。在浅埋隧道或边坡，这些层面会引起结构性失稳	70	60			
B. 砂岩含薄粉砂岩互层		50	A		
C. 砂岩和粉砂岩互层，二者含量相当			B	C	D	E
D. 粉砂岩或粉砂质页岩岩层			40		
E. 弱砂岩或黏土质页岩				30	F
F. 构造变形，强烈褶曲或断层，剪切破坏的黏土页岩或粉砂岩和变形砂岩层形成杂乱结构				G	20
G. 未扰动粉砂或黏土质页岩，不含或含少量非常薄的砂层					H
H. 构造变形粉砂或黏土质岩形成的砂质黏土，其中含有黏土块，厚的岩石碎片					10

C、D、E 和 G 类或许与竖示相比，存在不同程度的褶曲但这不影响岩石强度。但是如果存在构造变形，断层和剪切，应该将其归到 F 和 H 类中去

第1章 软岩分类和极软弱围岩

表1.4 物理崩解型软岩分类体系[18]

类别	结构示意图	描述	典型掌子面示意图	典型掌子面实图	RQD/J_n	$I_{s(50)}$（MPa）
Ⅰ：破碎型	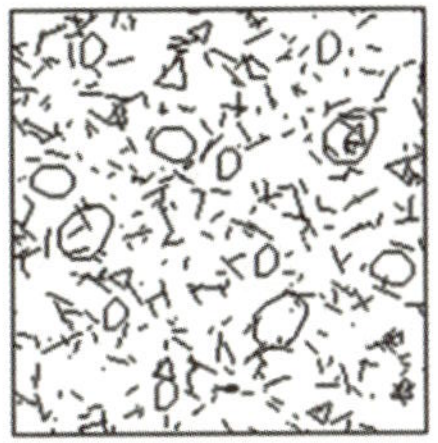	岩体破碎程度高；一些区域由于黏土失化失去自稳，岩块易剥落			0.0~0.5	<1
Ⅱ：严重节理化与破碎（含软弱夹层）		严重节理化与破碎；岩石新鲜或轻微变色和蚀变，保留了原始岩体不连续面的纹理和结构；岩体沿不连续面有软弱土带，如矿脉，土壤和黏土带；锤击时易破碎为5~10cm的碎块	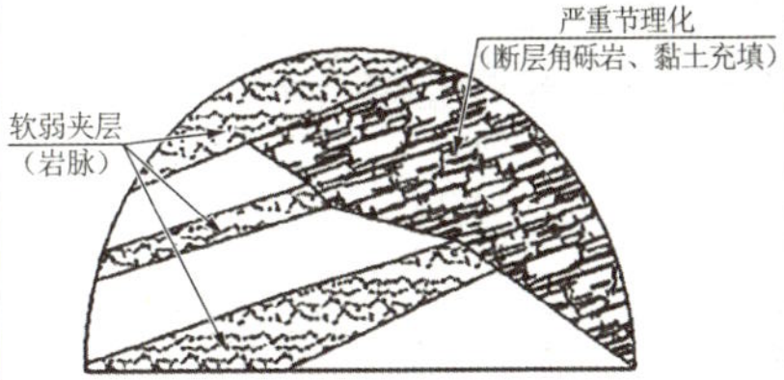 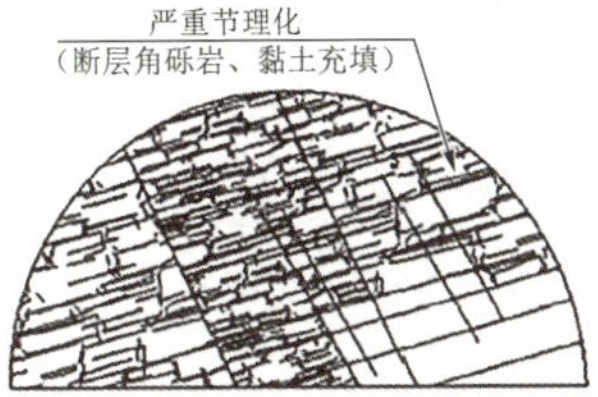	 	0.5~1.0	1~4
Ⅲ：块体化		块体化；不连续面部分被黏土充填，尽管岩块强度可能较高，但岩体中破裂面明显（RQD<15）	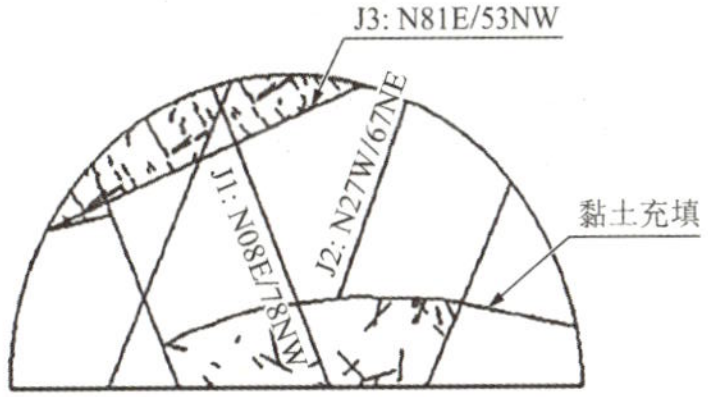	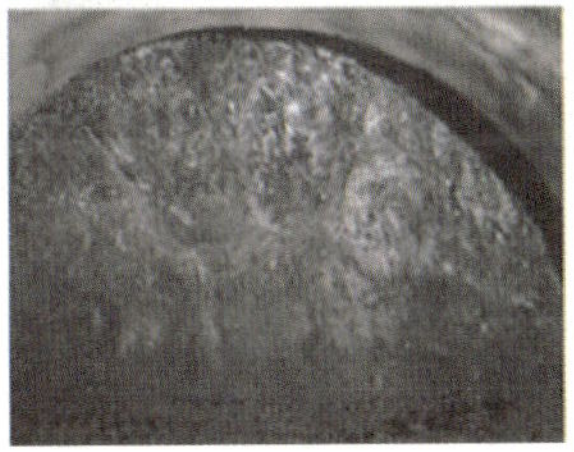	1.2~1.6	2~14

5

表 1.5 化学分解型软岩分类体系[18]

类别	结构示意图	描述	典型掌子面实图	施密特锤击回弹值	R_{max}/R_{min}	$I_{s(50)}$（MPa）
I		残积土；原岩结构和构造几乎已完全破坏，肉眼无法看到；平无法自稳，易捏碎，无法测量施密特锤击回弹值		无法测量	—	0.33
II		肉眼观察大部分已成土；原岩结构与构造部分保存；用手易于掰碎		50%以上<15	<2.0	0.37
III		严重风化；岩石强度很低，难以维持原貌；原岩结构与构造尚存；岩石表面覆盖有薄层土壤；部分发生剪切错变，锤击时易碎为块		50%以上为15～20	<2.0	0.49

续表

类别	结构示意图	描述	典型掌子面实图	施密特锤击回弹值	R_{max}/R_{min}	$I_{s(50)}$ (MPa)
Ⅳ		中等风化；岩石表面氧化变色；原岩结构构造存在；部分剪切碎变；部分岩体新鲜		50%以上为>30	<2.0	3.45
Ⅴ		由于差异性风化岩、土共存；沿不连续面存在厚土带；施密特锤击值范围广		—	>2.0	1.11

日本岩石力学学会提出的岩体分级系统通过三个主要步骤对地质软岩进行分类分级[19]（图1.3）。第一步根据岩体的单轴抗压强度（UCS）区分软岩与硬岩；第二步基于岩体结构与粒径组成将软岩分为块状、碎砾状和软弱夹层三大类；第三步针对不同类别软岩进行分级，块状岩体根据颗粒粒径和强度进行分级；碎砾状岩体根据碎裂体含量和基质强度进行分级，互层状岩体则根据软弱夹层占比和互层强度的差异程度进行分级。

岩体分级方法评分表见表1.6。

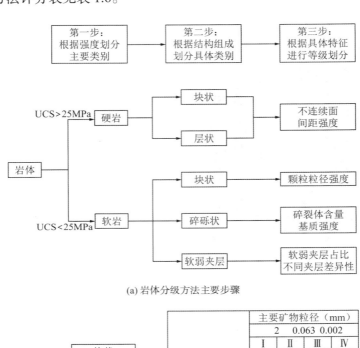

(a) 岩体分级方法主要步骤

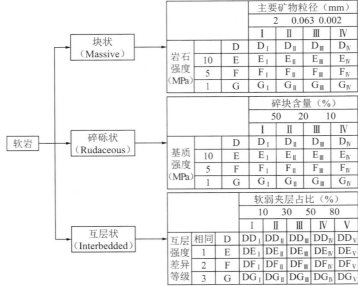

(b) 软岩分类分级方法

图1.3　岩体分级流程图[19]

岩体分级方法评分表　　　　　　　　　　　　　　表 1.6

分类指标	等级			
岩石强度（MPa）	D	E	F	G
	10~25	5~10	1~5	<1
基质强度（MPa）	D	E	F	G
	10~25	5~10	1~5	<1
互层强度差异等级	DD/EE/FF/GG	DE/EF/FG	DF/EG	DG
	相同	1	2	3

意大利工程师 Chirs Reinhold 结合布伦纳基线（Brenner Base）隧道工程实例，将断层破碎带的软岩分为断层泥、角砾破碎岩、层状碎裂岩、软化叶状碎裂岩、节理化岩体等[20]（表 1.7）。

意大利布伦纳基线（Brenner Base）隧道断层破碎带软岩分类[20]　　表 1.7

断层破碎带的软岩类别	描述
断层泥	断层压碎、碾磨形成的细粒度黏性残留物，细粒晶间粘结力较弱，叶理化
角砾破碎岩	无黏性的砂砾石磨渣
层状碎裂岩	不连续面与叶理平行，密度较大，软化程度高；错动层面产状显著；岩体碎裂程度高
软化叶状碎裂岩	脆性构造扰动严重；叶理密集发育；沿片理面变形程度大；基质含量少；由于矿物固锁作用具有一定的残余强度和颗粒结构
节理化岩体	不连续面密度大，以光滑节理和其他小型结构面为主

综上所述，地质软岩通过岩体自身性质，按地质学的岩性进行划分，主要包括岩石强度、岩体结构、地质成因、风化程度、矿物颗粒组分、膨胀特性等。然而，地质软岩的定义用于工程实践中容易产生矛盾，例如埋深较浅，地应力水平较低的情况下，单轴抗压强度较低的岩石在开挖后也能保持稳定，采用常规、经济的一般支护技术即可奏效；相反，强度较高的岩石如果处于埋深足够大或地应力水平足够高的环境中，也容易产生大变形现象。因此，地质软岩仅适用于描述软岩自身性质，而不适用于工程实践，从而发展了工程软岩的概念[3, 6, 9]。

1.1.2　工程软岩

Hudson 等[21]首先提出了"工程软岩"的概念。何满潮院士[6]在此基础上将工程软岩定义为在工程力作用下能产生显著塑性变形的工程岩体，认为工程软岩不仅要重视软岩的强度特性，还需要强调软岩所承受的工程力荷载，从软岩的强度和工程力荷载的对立统一关系中分析、把握软岩的相对性质。该定义的主题词是工程岩体、工程力和显著塑性变形。工程岩体是软岩工程的主要研究对象，是开挖扰动影响范围之内的岩体，包括岩块、结构面及其空间组合特征；工程力是作用在工程岩体上力的总和，包括重力、构造残余应力、水的作用力和工程扰动力及膨胀应力等；显著塑性变形是指以塑性变形为主体的变形量超过了工程设计的允许变形值，影响了工程的正常使用，包括显著的弹塑性变形、黏弹塑性变形、连续性变形及非连续性变形等。根据塑性变形机理将工程软岩划分为膨胀性软岩（或称低强度软岩）、高应力软岩、节理化软岩和复合型软岩，前三大类可按照具体的分级指标进一步划分三个亚类（表1.8）。

膨胀性软岩（Swelling Soft Rock，简称 S 型），系指含有高膨胀性黏土矿物，在较低应力水平（<25MPa）条件下即发生显著变形的低强度工程岩体。膨胀性软岩产生塑性变形的机理是由于片架状黏土矿物发生滑移和膨胀。

高应力软岩（High Stressed Soft Rock，简称 H 型），是指在较高应力水平（>25MPa）条件下才发生显著变形的中高强度工程岩体。此类岩体一般泥质成分较少，砂质成分较多。在深度不大时，表现为硬岩的变形特征；当深度增加至一定程度时，表现为软岩的变形特性。其变形机理是处于高应力水平时，岩石骨架中的基质发生滑移和扩容，进而产生缺陷或裂纹的扩容和滑移塑性变形。

节理化软岩（Jointed Soft Rock，简称 J 型），一般是指含泥质成分很少，且发育有多组节理的岩体，其中岩块强度颇高，呈硬岩力学特性，但在工程力作用下则发生显著变形。其塑性变形机理是在工程力作用下，结构面发生滑移和扩容。

复合型软岩是指上述 3 种软岩类型的组合，如高应力-膨胀性复合软岩，简称 HS 型软岩；高应力-节理化复合型软岩，简称 HJ 型软岩；高应力-节理化-膨胀性复合型软岩，简称 HJS 型软岩。

工程软岩分类与分级[6]　　　　　表 1.8

软岩分类	分类指标			软岩分级	分级指标		
	抗压强度（MPa）	泥质含量	结构面		干燥饱和吸水率 w_0（％）	σ_c（MPa）	膨胀矿物组合
膨胀性软岩	<25	>25%	少	弱膨胀性软岩	<10	15～30	绿泥石，伊利石
				中膨胀性软岩	10～50	5～15	伊利石，高岭石
				强膨胀性软岩	>50	<5	蒙脱石，蒙/伊混层物
高应力软岩	>25	<25%	少		深度比 A（埋深和软化临界深度的比值)		
				高应力软岩	0.8～1.2		
				超高应力软岩	1.2～2.0		
				极高应力软岩	>2.0		
节理化软岩	低—中等	不含	多		节理组数	节理间距（m）	完整系数 K_v
				较破碎软岩	1～3	0.2～0.4	0.55～0.35

续表

软岩分类	分类指标			软岩分级	分级指标		
	抗压强度（MPa）	泥质含量	结构面				
节理化软岩	低—中等	不含	多		节理组数	节理间距（m）	完整系数K_v
				破碎软岩	≥3	0.1~0.2	0.35~0.15
				极破碎软岩	无序≥3	<0.1	<0.15
复合型软岩	低—高	含	少—多	根据具体条件进行分类和分级			

工程软岩的定义揭示了软岩的相对性实质，即取决于工程力与岩体强度的相互关系。当工程力一定时，强度高于工程力水平的大多表现为硬岩的力学特性，强度低于工程力水平的可能表现为软岩的力学特性。同种岩石，在较低的工程力作用下，表现为硬岩的小变形特性，在较高工程力作用下则可能表现为软岩的大变形特性，例如较坚硬的完整岩体或节理化硬岩在低地应力条件下开挖变形较小，但在高地应力作用下可能产生较大变形，因此属于工程软岩。

在此基础上，部分国内学者结合工程实践，也提出了类似的工程软岩分类方法。如杨新安等[22]按主要影响因素将软岩分为软弱型、破碎型、高应力型、软弱破碎型和膨胀型五类（表1.9）；陈庆敏[23]将软岩划分为松散型、软弱型、破碎型、高应力型和膨胀型五类（表1.10）。林育梁等[24]根据工程软岩变形流动形式，将软岩分为连续变形型、不连续流动型与复合型，其中连续变形型软岩分为弹塑性变形型软岩和流变型软岩，不连续流动型软岩分为松散流动型软岩和节理滑移型软岩。

杨新安软岩分类方法[22] 表1.9

类别	软岩类型	形成软岩的主要因素	分类指标	岩体基本质量指标（BQ）
Ⅰ	软弱型软岩	岩块强度低、岩体完整性较好	$R_c<30$MPa $0.15<K_v<0.55$	<250
Ⅱ	破碎型软岩	岩体完整性差、岩块强度较高	30MPa$<R_c<$60MPa $K_v<0.15$	<250
Ⅲ	高应力型软岩	岩块强度较高、岩体完整性差、高地应力或采动应力	260MPa$>3R_c+250K_v>$160MPa $R_c/\sigma_1<5$	<250
Ⅳ	软弱破碎性软岩	岩块强度低、完整性差	$R_c<5$MPa $K_v<0.15$	<150
Ⅴ	膨胀型软岩	膨胀性矿物、地下水	—	—

注：R_c为岩石单轴饱和抗压强度（MPa）；K_v为岩体完整性系数。

陈庆敏软岩分类方法[22] 表1.10

软岩类型	单轴饱和抗压强度σ_c（MPa）	岩体完整性系数K_v	地应力系数	变形机理	变形特征
松散型	任意强度	$K_v\leq0.35$	$\sigma_3\ll\gamma H\mu/(1-\mu)$，或$\sigma_1$、$\sigma_3$都很小	低地应力造成结构体分离	掘进冒顶

续表

软岩类型	单轴饱和抗压强度 σ_c（MPa）	岩体完整性系数 K_v	地应力系数	变形机理	变形特征
软弱型	$\sigma_c \leq 10$	$K_v \leq 0.55$	$2 \geq \dfrac{\gamma H}{\sqrt{s}\sigma_c} \geq 0.5$	结构体强度低，结构完整性差	全断面塑性挤入
破碎型	$\sigma_c \geq 10$	$0.15 \leq K_v \leq 0.55$	$2 \geq \dfrac{\gamma H}{\sqrt{s}\sigma_c} \geq 0.5$	岩体主要由结构面破坏滑移	片帮、掉块、塑性挤入
高应力型	$\sigma_c \geq 10$	$K_v \geq 0.35$	$\dfrac{\gamma H}{\sqrt{s}\sigma_c} \geq 2$ 或 $\sigma_3 >> \gamma H\mu/(1-\mu)$	岩石在高应力作用下破坏	岩爆、片帮、剥落、塑性挤入
膨胀型	任意强度	任意值	任意值	遇水发生物理化学反应，强度下降或丧失	塑性挤入

注：σ_c 为岩石单轴饱和抗压强度；K_v 为岩体完整性系数；σ_3 为水平主应力；σ_1 为垂直主应力；γ 为上覆岩层平均重度；μ 为岩体泊松比；H 为埋深；s 为反映岩体破碎程度的无量纲物性常数。

综上所述，工程软岩在考虑工程荷载的基础上，结合岩体自身强度、完整性、膨胀性及地应力水平、变形破坏特征进行分类分级。工程软岩和地质软岩的关系是，当工程荷载相对于地质软岩的强度足够小时，地质软岩不产生软岩显著塑性变形的力学特征，即不属于工程软岩。只有在工程力作用下发生了显著变形的地质软岩，才属于工程软岩。在大埋深、高应力作用下，部分地质硬岩也会呈现显著变形特征，应视为工程软岩。

1.1.3 基于大变形机理的工程软岩分类

隧道在穿越软岩地层时容易出现断面收缩侵限、衬砌和仰拱开裂以及拱顶坍塌等变形破坏现象，严重制约隧道工程安全高效施工。软岩大变形产生的原因复杂多样，形成的机理也互不相同[25-26]。软岩大变形既取决于围岩条件，包括围岩的岩性、岩石强度、岩体结构条件、地质构造特征等，这是产生大变形的物质基础；也受到围岩赋存环境条件，即地应力的大小和方向、地下水的分布和发育特征、地温等情况的影响；同时也与开挖工序、开挖后的支护时机、支护强度等人为因素密切相关。不同类型的软岩变形破坏机理不同，导致其变形破坏特征存在差异，因此可基于不同的软岩大变形机理将软岩分为三大类：挤压型（Squeezing）、碎胀型（Fragmenting Swelling）和膨胀型（Argillaceous Swelling）；碎胀型软岩可根据不同的变形破坏力学机制分为一般碎胀型和层理发育型两个亚类（表1.11）。挤压型软岩和碎胀型软岩的变形破坏由力学因素驱动，膨胀型软岩的变形破坏则由化学因素驱动。

基于大变形机理的工程软岩分类与分级　　表1.11

软岩分类	分类描述	分类指标			
		UCS（MPa）	地应力水平	泥质含量	结构面
挤压型（Squeezing）	岩体强度较低，在较高地应力或断层错动作用下，易发生塑性流动、剪切扩容等现象	<25	低—高	<25%	不发育

续表

软岩分类		分类描述	分类指标			
			UCS（MPa）	地应力水平	泥质含量	结构面
碎胀型（Fragmenting Swelling）	一般碎胀型	开挖前已于高地应力作用下产生一定程度结构性损伤劣化，节理裂隙较发育的岩体 开挖后在高地应力作用下，产生破裂碎胀的完整或相对完整岩体	低—高	中等—高	<25%	不发育
	层理发育型	层理面发育，具有不利产状，层间弱胶结，易发生板裂、弯曲、顺层滑移等变形破坏的软岩	低—高，具有各向异性	中等—高	结构面泥质充填	发育
膨胀型（Argillaceous Swelling）		黏土矿物含量丰富，遇水体积膨胀明显，进而产生膨胀大变形	低—高	低—高	>25%	不发育

1. 挤压型软岩

挤压型软岩是指强度较低，在较高地应力或断层错动作用下易发生塑性流动或剪切扩容等形式的塑性变形的岩体，属于力学驱动型软岩。挤压型软岩容易出现在断层带附近，且围岩一般赋存于较高的应力环境中。在隧道开挖前，断层中的断层泥等松散软弱物质组成的破碎带在较高围压作用下紧密闭合，开挖后在构造应力和重力作用下产生挤压变形。一般岩体强度较低、强度应力比较小时，围岩在开挖后的应力重分布作用下，屈服强度降低，塑性区域扩展，隧道围岩像"挤牙膏"一样被挤压、剪切，产生塑性流动现象，这类围岩也属于挤压型软岩。

根据强度应力比及岩样的储能系数 a 可将挤压型软岩进行分析评价。岩体的强度应力比作为规范规定的、最为常用的大变形分级指标，凸显了岩体强度和地应力的相对关系对大变形灾害的核心控制作用[27]，适用于挤压型软岩的分级。一般而言，围岩强度应力比越小，越容易在高应力条件下产生塑性变形。此外，岩石材料的变形破坏过程往往伴随着能量的储存与耗散，从能量演化的角度有利于准确反映岩石变形破坏的本质规律[28-29]。挤压型软岩由于结构松散，风化程度高，具有较小的储能系数（耗散能 > 弹性能），显著区别于常规硬岩（弹性能 > 耗散能）[30-31]。综上，当岩体具有较低的强度应力比，同时储能系数较低，则属于挤压型软岩。

2. 碎胀型软岩

碎胀型软岩指由于自身软弱破碎产生碎胀变形的岩体，属于力学驱动型软岩，可根据变形机理进一步分为一般碎胀型软岩与层理发育型软岩。

（1）一般碎胀型软岩

一般碎胀型软岩包括在开挖前已于高地应力作用下产生一定程度结构性损伤劣化，节理裂隙发育的岩体，也包括开挖后在高地应力作用下产生破裂碎胀变形的完整或相对完整的岩体。一般碎胀型软岩通常出现挤压破碎变形，多发生于构造节理发育带，围岩呈碎裂状，在未开挖时整体稳定，在开挖后由于卸荷作用及洞周应力重分布，产生碎裂体滑移，持续扩容松弛现象。在高地应力作用下，完整或相对完整的岩体在开挖卸荷后也可能被挤压破碎，发生破裂碎胀变形。若结构面较发育，一般碎胀型软岩在高地应力作用下可能沿结构面进一步被切割、剪胀，发生沿结构面的错动和滑移。

一般碎胀型软岩可根据岩石强度、碎块含量、节理组系数和节理间距进行进一步分析评价。在较高地应力状态下，碎胀级别较高的岩体，一般碎块含量较高，且岩石强度较低，节理发育密度更大，其中岩石强度可根据现场点荷载试验或原位贯入试验确定，碎块含量表示体积小于取样总体积5%的占比，节理密度可用节理组系数J_n和节理组间距来表示。

（2）层理发育型软岩

层理发育型软岩指结构面显著发育，层间一般泥质含量较高，胶结较弱的岩体。隧道在穿越层理发育型软岩时，当拱顶水平层状岩体或侧壁垂直层状岩体时，容易在开挖后出现挠曲破坏，顶部或侧壁岩体被挤出。当软弱层理面与隧道轴线方向小角度相交时，在隧道拱脚、拱腰以及仰拱处容易产生较大的应力集中，导致塑性楔体剪切滑移变形现象。

结构面系数（图1.4）综合考虑了结构面粗糙程度、蚀变程度、连续性以及产状，广泛应用于岩体质量评价体系中[32-34]。一般结构面系数取值越小，表明结构面对岩体稳定越不利。因此，对于层理发育型软岩，可根据结构面系数J_p进行分析评价。J_p取值0~1，完整岩块取1，松散岩体取0；块体体积V_b由节理密度数求得或直接测量得到；J_c由结构面粗糙度系数J_r、结构面蚀变系数J_a及结构面连续性系数J_l来表示：$J_p = 0.2\sqrt{J_c} \cdot V_b^D$，$J_c = J_l \cdot J_r/J_a$，$D = 0.37 J_c^{-0.2}$。

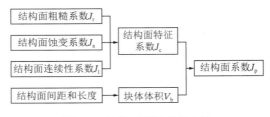

图1.4 结构面系数确定方法

3. 膨胀型软岩

膨胀型软岩指黏土矿物含量较高，遇水作用易产生膨胀性大变形的岩体。膨胀型软岩在遇水后容易引起隧道岩体体积剧烈变化，且自身强度下降，黏聚力降低，产生膨胀变形，进而发生垮塌、溜坍等破坏。

对膨胀岩进行分级评价的指标有很多，如膨胀率、干燥饱和吸水率、极限膨胀量、极限膨胀力等。干燥饱和吸水率反映了岩石矿物成分的亲水特征和结构连接特征；极限膨胀量能够充分反映原状膨胀岩的结构特性；膨胀力则不仅能反映岩石的矿物成分，而且能反映出膨胀岩的结构和胶结程度。众多学者提出的膨胀岩分级指标及评价方法见表1.12。

第1章 软岩分类和极软弱围岩

表1.12 膨胀型软岩分级方法

分级标准	级别	小于2μm的黏粒含量（%）	塑性指数I_P	阳离子交换量（me·100g）	体膨胀量（%）	单轴抗压强度（kPa）	浸水崩解度	线收缩率（%）	比表面积（mm²·g⁻¹）	液限	塑限	干燥饱和吸水率（%）	自由膨胀率（%）	围岩强度应力比	极限膨胀力（kPa）	亲水矿物含量（%）
日本分级标准[35]	剧烈	>50	>150	>55	>5	<1000	D	—	—	—	—	—	—	—	—	—
	强	40~50	110~150	45~55	4~5	1000~2000	C, D	—	—	—	—	—	—	—	—	—
	中等	30~40	70~110	35~45	2~4	2000~4000	B, C	—	—	—	—	—	—	—	—	—
	弱	20~30	40~70	25~35	1~2	4000~6000	A, B	—	—	—	—	—	—	—	—	—
澳大利亚分级标准[36]	极强	—	—	—	>31	—	—	>150	—	—	—	—	—	—	—	—
	强	—	—	—	16~30	—	—	12.5~17.5	—	—	—	—	—	—	—	—
	中等	—	—	—	8~15	—	—	8~12.5	—	—	—	—	—	—	—	—
	弱	—	—	—	<7.5	—	—	5~8	—	—	—	—	—	—	—	—
曲永新等分级标准[37]	剧烈	—	—	>50	—	—	—	—	>300	>50	>20	>90	>90	—	—	—
	中	—	—	35~50	—	—	—	—	100~300	35~50	20~30	50~90	65~90	—	—	—
	等弱	—	—	15~35	—	—	—	—	50~100	15~35	10~22	25~50	40~65	—	—	—
	非	—	—	<10	—	—	—	—	<50	—	—	<25	—	—	—	—
刘礼成分级标准[35]	强	—	—	—	—	—	—	—	—	—	—	>90	>90	—	—	—
	中等	—	—	—	—	—	—	—	—	—	—	50~90	65~90	—	—	—
	弱	—	—	—	—	—	—	—	—	—	—	25~50	40~65	—	—	—
王小军分级标准[38]	剧烈	—	—	—	—	—	—	—	—	—	—	>130	—	<0.4	—	—
	强	—	—	—	—	—	—	—	—	—	—	90~130	—	0.4~0.7	—	—
	中等	—	—	—	—	—	—	—	—	—	—	50~90	—	0.7~1.0	—	—
	弱	—	—	—	—	—	—	—	—	—	—	25~50	—	1.0~2.0	—	—

续表

分级标准	级别	小于2μm的黏粒含量(%)	塑性指数I_P	阳离子交换量(me·100g)	体膨胀量(%)	单轴抗压强度(kPa)	浸水崩解度	线收缩率(%)	比表面积(mm²·g⁻¹)	液限	塑限	干燥饱和吸水率(%)	自由膨胀率(%)	固岩强度应力比	极限膨胀力(kPa)	亲水矿物含量(%)
崔旭、张玉等分级标准[35]	剧烈	—	—	—	—	—	—	—	—	—	—	>130	—	<0.4	—	—
	强	—	—	—	—	—	—	—	—	—	—	90~130	>90	0.4~0.7	—	—
	中等	—	—	—	—	—	—	—	—	—	—	50~90	65~90	0.7~1.0	—	—
	弱	—	—	—	—	—	—	—	—	—	—	25~50	40~65	1.0~2.0	—	—
文江泉、韩会增等分级标准[39]	强	—	—	—	>30	—	—	—	—	—	—	>50	>70	—	>500	—
	中	—	—	—	15~30	—	—	—	—	—	—	30~50	50~70	—	300~500	—
	弱	—	—	—	3~15	—	—	—	—	—	—	10~30	30~50	—	100~300	—
	非	—	—	—	<3	—	—	—	—	—	—	<10	<30	—	<100	—
何满潮等分级标准[6,9]	强	—	—	—	>15	—	—	—	—	—	—	>50	—	—	—	>30
	中	—	—	—	10~15	—	—	—	—	—	—	20~50	—	—	—	10~30
	弱	—	—	—	<10	—	—	—	—	—	—	<20	—	—	—	<10
孙小明等分级标准[40]	剧烈	—	—	—	>50	—	—	—	—	—	—	>130	>100	—	—	—
	极强	—	—	—	30~50	—	—	—	—	—	—	90~130	90~100	—	—	—
	强	—	—	—	15~30	—	—	—	—	—	—	50~90	70~90	—	—	—
朱训国等分级标准[41-42]	剧烈	—	—	—	>50	—	—	—	—	—	—	>130	—	—	>700	>60
	强	—	—	—	30~50	—	—	—	—	—	—	90~130	—	—	500~700	30~60
	中	—	—	—	15~30	—	—	—	—	—	—	50~90	—	—	300~500	10~30
	弱	—	—	—	3~15	—	—	—	—	—	—	25~50	—	—	100~300	<10

4. 典型隧道工程软岩分类

按照上述基于大变形机理的软岩分类方法，对国内外典型隧道工程软岩分类情况总结如表 1.13 所示。对于埋深较大，地应力较高的隧道工程，如陶恩隧道[43-44]、茂县隧道[45]、乌鞘岭隧道[46]等，以挤压型软岩发生的塑性流动、挤压破碎变形破坏为主；对于围岩含水率高、膨胀性强的隧道工程，如米拉山隧道[47]、堡子梁隧道[48]等，以膨胀型软岩遇水膨胀变形破坏为主；对于岩体破碎程度高或层状节理发育的隧道工程，如杨家坪隧道[49]、木寨岭隧道[50-51, 57]、新蜀河隧道[52-54]等，则以碎胀型软岩发生的层间错动、挤压破碎、塑性楔体变形破坏模式为主。

国内外典型隧道软岩分类工程案例　　表 1.13

工程名称	地点	软岩工程地质概况	软岩类别	软岩大变形机制
陶恩隧道[43-44]	奥地利	最大埋深约 1000m；最大地应力约 27MPa；变形段以绿泥石、绢云母、千枚岩为主，强度 0.4~1.6MPa	挤压型、膨胀型	塑性流动、遇水膨胀
阿尔贝格隧道[43-44]	奥地利	最大埋深 740m；最大地应力约 13MPa；变形段以千枚岩、片麻岩为主。局部为含有糜棱岩的片岩、绿泥岩，强度 1.2~2.9MPa	挤压型、膨胀型	塑性流动、遇水膨胀
惠那山（2 号线）隧道[44]	日本	最大埋深约 450m；最大地应力为 10~11MPa；变形段为花岗岩组成的断层破碎带，局部为黏土，强度 1.7~4.0MPa；穿越非常软弱的长平泽断层	挤压型、碎胀型、膨胀型	层间错动、塑性流动、挤压破碎、遇水膨胀
海代尔引水隧洞[44]	印度	埋深 700~900m，千枚岩、页岩及绿泥石片岩	挤压型、碎胀型、膨胀型	挤压破碎、遇水膨胀
辛普朗隧道[44]	瑞士—意大利	最大埋深 1800m 左右，石灰质云母片岩	碎胀型、膨胀型	塑性流动、挤压破碎、遇水膨胀
云屯堡隧道[55]	中国，成兰铁路	最大埋深 750m；最大水平主应力 15MPa；变形段以千枚岩、炭质千枚岩为主，抗压强度 10~25MPa；构造作用下岩体严重揉皱变形，节理发育；地下水发育	挤压型、碎胀型	塑性流动、挤压碎裂
杨家坪隧道[49]	中国，成兰铁路	最大埋深 745m，绿泥石千枚岩，千枚岩，处于杨家坪向斜及斗佛山斜冲断层影响范围，岩层倾角近乎直立，呈高陡倾薄层状	碎胀型	结构流变，薄层板曲
茂县隧道[45]	中国，成兰铁路	最大埋深 1656m；最大水平主应力 27.51MPa；变形段以千枚岩为主，陡倾，抗压强度 1.0~4.6MPa，各向异性不明显；地下水丰富；受区域构造影响，岩体破碎，节理裂隙发育	挤压型、碎胀型	塑性流动、挤压破碎、结构流变
跃龙门隧道[56]	中国，成兰铁路	最大埋深 1445m，最大水平主应力在 20~25MPa，炭质板岩、页岩，局部质软，岩体破碎，围岩饱水，岩体遇水软化，强度低，穿越多条断裂带	挤压型、碎胀型、膨胀性	塑性流动、挤压破碎、结构流变、遇水膨胀
木寨岭隧道[50-51, 57]	中国，兰渝铁路	薄层状炭质板岩，最大主应力 32.03MPa，抗压强度 5.92MPa	碎胀型	结构流变、挤压破碎

续表

工程名称	地点	软岩工程地质概况	软岩类别	软岩大变形机制
两水隧道[58]	中国，兰渝铁路	最大埋深约346m，最大地应力10.5MPa，岩层主要为千枚岩及炭质千枚岩，岩质软弱，揉皱及构造影响严重，破碎、块状、碎块状，完整性差	碎胀型	挤压破碎
毛羽山隧道[59]	中国，兰渝铁路	最大埋深700m，最大地应力21.28MPa，薄层状板岩，倾角70°～90°，抗压强度5.63MPa	碎胀型	挤压破碎、结构流变、薄层板梁弯曲
米立山隧道[47]	中国，林芝—拉萨高速公路	变形段以强风化、中风化凝灰岩为主，单轴饱和抗压强度3.2～23.2MPa；隧道处于断层破碎带，地下水丰富	膨胀型	遇水膨胀、塑性流动
藏噶隧道[60]	中国，川藏铁路拉—林段	最大埋深778m；最大水平主应力17.72MPa；变形段以节理化蚀变花岗岩为主，强度较低；构造作用下岩体节理裂隙、倾角较陡	碎胀型	挤压破碎、结构流变
堡子梁隧道[48]	中国，宝中线	绿色泥岩，软弱破碎，膨胀率为46%	膨胀型	遇水膨胀
鹧鸪山公路隧道[44]	中国，国道317	最大地应力约20MPa，薄层状炭质千枚岩为主，倾角40°～60°，单轴抗压强度不足1MPa，膨胀率13%，易风化	挤压型、碎胀型	塑性流动、薄层板梁弯曲、塑性楔体挤出
乌鞘岭隧道[46]	中国，兰新线	埋深1100m，最大地应力32.80MPa，大变形段以板岩夹千枚岩、断层泥砾、角砾、碎裂岩，抗压强度0.735MPa	挤压型、碎胀型	层间错动、塑性流动、挤压破碎
堡镇隧道[61]	中国，宜万铁路	最大埋深630m，炭质页岩，最大主应力16MPa，抗压强度2.9MPa	挤压型、碎胀型	挤压破碎
连城山隧道[62]	中国，宝汉公路	最大埋深702m，最大水平主应力20MPa，绿泥石片岩埋深200～300m，质软滑，片理发育，岩质疏松，遇水易软化	挤压型、膨胀型	塑性流动、遇水膨胀
中义隧道[63]	中国，丽香铁路	最大埋深1240m，构造作用强烈，地应力最大值25.09MPa，以凝灰岩、片理化玄武岩为主。片理化玄武岩呈层状、片状互层，基本为层状碎裂结构，层厚1～10cm；凝灰岩呈团块状，裂隙发育、软硬不均，层间挤压变质作用强烈，绿泥石、绢云母等手摸有滑腻感的软弱夹层发育	挤压型、碎胀型、膨胀性	塑性流动、挤压破碎、结构流变、遇水膨胀
白石头隧道[64]	中国，大临铁路	最大埋深310m，最大主应力8.8MPa，以绢云母片岩为主，单轴抗压强度1.2MPa，隧道围岩受构造运动以及高地应力作用明显围岩结构面发育，且挤压扭曲严重，局部存在密集裂隙带，大多属于破碎或者极破碎状态	挤压型、膨胀型	塑性流动、遇水膨胀、结构流变
香炉山隧洞[65-66]	中国，滇中引水	最大埋深1450m，显著变质的片岩、千枚岩，膨胀型凝灰岩，软质黏土层和强风化凝灰岩等。穿越断裂带，构造岩胶结差、性状软弱	挤压型、膨胀型	塑性流动、遇水膨胀

续表

工程名称	地点	软岩工程地质概况	软岩类别	软岩大变形机制
火车岭隧道[67]	中国，十堰—漫川关高速公路	穿越两郧断裂和褶皱。单轴抗压强度小于5MPa，抗剪参数内聚力c一般为0～0.1MPa，内摩擦角为10°～20°。洞身以强风化片岩为主，内夹强风化—微风化绿泥钠长石英片岩和构造破碎带，围岩类别为Ⅱ～Ⅲ类	挤压型、碎胀型、膨胀性	塑性流动、挤压破碎、结构流变
新蜀河隧道[52-54]	中国，襄渝二线	石英云母片岩夹炭质片岩（互层布置）为主，具有薄层状夹中厚层，节理裂隙较发育，片理面光滑，岩质软，层间结合差，易剥落掉块，局部夹有破碎夹层等状态	碎胀型	塑性流动、结构流变

1.2 极软弱围岩

1993年在希腊雅典召开的"国际硬土-软岩学术讨论会"上，许多学者提出在岩石与土之间存在着一种过渡型岩土体——"软岩/硬土"，并建议把传统的二分法变为三分法，因此需要促进土力学和岩石力学理论方法融合，从更广的视野去研究这类过渡性岩土体的性质。路新景等[68]将典型"软岩/硬土"定义为单轴抗压强度介于0.3～2MPa的含有大量不规律裂隙和隐裂隙的超固结黏土质地质体，是正在向岩石转化的泥质沉积物，其中的不连续面可以是由构造作用形成的，也可以是泥质岩风化作用形成的；而无黏性的微胶结（或超固结）的单轴抗压强度为0.3～2MPa的砂质地质体可称为非典型的软岩/硬土。本书所讨论的"极软弱围岩"具有与上述"软岩/硬土"类似的物理力学特性。软岩中强度最低、风化程度最高的一类称为极软弱围岩，是介于岩石和土之间的过渡产物，属于地质软岩。隧道穿越极软弱围岩地层时，由于围岩物理力学性质极差，极度松散破碎，且多含有丰富的黏土矿物，即便在较小的埋深和地应力水平下，开挖后也可能产生严重的变形破坏、突水突泥或者塌方冒顶等工程灾害，需要引起重视。极软弱围岩不仅包括地质极软弱围岩，也包括在高应力或极高应力下产生塑性变形的工程极软弱围岩。

1.2.1 地质极软弱围岩的成因

软岩中的强风化或全风化岩石、强地质构造运动下形成的断层泥和破碎带、黏土矿物含量极高的膨胀性岩石，以及土体成岩作用初期形成的弱胶结岩石，其强度极低，产状不清晰，性质介于岩石和土之间，"似岩非岩，似土非土"，称为地质极软弱围岩，简称地质极软岩。地质极软岩生成于硬岩由于强风化作用、强构造作用、早期沉积作用、强变质作用、强膨胀崩解作用而成土的过程中，同时也生成于土体成岩作用初期，如图1.5所示。相较于普通软岩，极软弱围岩具有更高的风化程度、更高的孔隙率，对水的吸附作用更强，因此具有更显著的软化特性，开挖后极易表现出显著的大变形特征。

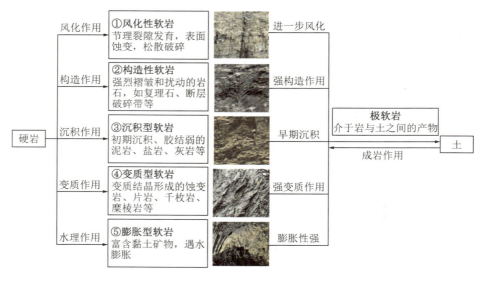

图 1.5　地质极软岩的成因

1.2.2　极软弱围岩的工程力学特性

在高地应力或极高地应力作用下，强度较高、结构较为完整的岩体也可能表现出极软弱围岩的变形破坏特征，该类岩体称为工程极软弱围岩，一般具有显著塑性变形、膨胀性、崩解性、流变性等物理力学特性和易扰动性的工程响应特征。

（1）显著塑性变形。极软弱围岩在工程力作用下产生变形，去掉工程力后变形不能恢复。膨胀性极软岩的塑性变形是受力后片架状结构的泥质矿物发生滑移或泥质矿物亲水性导致的。节理化极软岩是由所含的结构面滑移和扩容引起的。高应力极软岩的塑性变形大多由上述两种原因共同引起。

（2）膨胀性。指极软弱围岩在物理、化学、力学等因素作用下体积增大的现象。根据膨胀产生的作用机理，可以分为内部膨胀性和外部膨胀性两种。内部膨胀性是指水分子进入晶胞层间而发生的膨胀，蒙脱石、伊利石等膨胀性黏土矿物遇水成为胶体时单位构造层厚度增大的现象属于内部膨胀。外部膨胀性是极化的水分子进入颗粒与颗粒之间而产生的膨胀性，因为黏土矿物都是层状硅酸盐，水主要存在于小薄片与小薄片之间使其膨胀，称为外部膨胀性。此外，应力扩容导致的破裂碎胀类似于膨胀，是指软岩受力后其中的微裂隙起裂、扩展、破裂、颗粒转动而产生的体积膨胀现象。如果说内部膨胀指层间膨胀、外部膨胀指粒间膨胀的话，扩容膨胀则是集合体间隙或更大微裂隙的受力扩容。前两者间隙是原生的，后者是次生的；前两者膨胀机理是一种与水作用的物理化学机制，而后者属于力学机制。

（3）崩解性。指极软弱围岩与水相互作用时失去粘结力，岩石崩散、解体后，完全丧失强度变成松散物质的性质。可溶盐和泥质胶结的沉积岩易崩解，常用耐崩解指数I_d表示岩石的崩解性，即测定岩石在经过干燥和浸水循环后残留试件烘干质量与原试件烘干质量之比，以百分数表示，式(1.1)是根据两次循环试验计算耐崩解性系数I_{d2}的计算公式。极软弱围岩在物理、化学和力学多种影响因素作用下，不均匀膨胀导致裂隙产生或既有裂隙扩展，从而造成岩石崩解。膨胀性极软岩如果发生崩解主要是由黏土矿物集合体在水作用下，膨胀力不均匀导致的。节理化极软岩如果发生崩解一般是在工程力的作用下，由于裂隙发育不均匀造成局部张应力引起的崩裂、滑移。高应力软岩如果发生崩解则可能存在多种崩解机制。

$$I_{d2} = \frac{m_r}{m_s} \times 100\% \tag{1.1}$$

式中：I_{d2}为两次循环试验求得的耐崩解性指数（%）；m_s为试验前岩石的烘干质量（g）；m_r为残留试件的烘干质量（g）。

（4）流变性。指在外部条件不变的情况下，极软弱围岩的应变或应力随时间而变化的性质，主要通过蠕变、松弛、弹性后效和长期强度来体现。

①蠕变：岩石在恒定外力作用下，应变随着试件增长而增大的现象。

②松弛：岩石在应变保持不变的条件下，应力随着试件增长而减小的现象。

③弹性后效：岩石在加载或卸载时，变形滞后于应力延迟恢复的现象。

④长期强度：岩石在长期荷载作用下的强度。

膨胀性极软岩流变主要是在工程力作用下，泥质矿物发生黏性流动，达到一定极限后，产生塑性变形；节理化极软岩流变主要是结构面的扩容和滑移；高应力软岩流变多为各种形式的组合。

（5）易扰动性。指极软弱围岩在爆破、卸荷松动、施工振动、临近隧道施工扰动等作用下，由于其软弱、裂隙发育、吸水膨胀等特点，物理力学性质产生劣化的特性。

1.2.3 极软弱围岩的工程响应

极软弱围岩通常具有"见风成土，遇水成泥"的特点，广泛分布于边坡或山谷表层，在隧道进/出洞及穿越山谷等埋深较浅处或深埋断层破碎带中最为常见。极软弱围岩在隧道开挖、支护施工过程中极易出现围岩大变形、突水突泥、塌方冒顶等工程灾害。

1. 围岩大变形

极软弱围岩由于自身强度极低，强度应力比极低，且具有不同程度的膨胀性，开挖后极易产生大变形灾害，具体表现为变形量大、变形速率快、持续时间长，易导致掌子面坍塌［图1.6（a）］、围岩大变形侵限［图1.6（b）］、初期支护结构变形破坏［图1.6（c）~（e）］、仰拱开裂或隆起［图1.6（f）~（h）］、二衬开裂［图1.6（i）］等问题，造成工期延误和经济损失。

极软弱围岩大变形主要表现为以下三种变形形式：①隧道掌子面向临空面的水平位移，表现为掌子面的水平鼓出（掌子面挤出坍塌）。②拱顶沉降和周边收敛，大变形导致钢拱架扭曲破坏、侧壁鼓出等现象。当隧道上部覆土较浅时，隧道内的变形可能发展到地表，引起地表变形开裂，甚至出现坍塌冒顶的情况。③二衬浇筑后，持续发展的拱顶沉降和周边收敛变形，往往会导致现浇仰拱和二衬混凝土开裂。

(a) 掌子面垮塌（连城山隧道[62]）

(b) 大变形侵限（乌鞘岭隧道[46]）

(c) 初支混凝土剥落（杨家坪隧道[49]）

(d) 初支钢拱架扭曲变形（米拉山隧道[47]）

(e) 拱肩初支混凝土开裂（矮拉山隧道[69]）

(f) 仰拱隆起（东马场1号隧道[70]）

(g) 仰拱开裂隆起

(h) 仰拱填充隆起（连城山隧道[71]）

(i) 二衬开裂（白竺4号隧道）

图 1.6　极软岩大变形破坏形式

2. 突水突泥

断层破碎带的极软弱围岩松散破碎、固结程度差，一般具有力学强度低、稳定性差以及富水性良好等特征。隧道在穿越富水断层破碎带时极易出现突水突泥灾害，严重威胁施工设备和作业人员安全，破坏生态环境，往往造成工期延误和巨大经济损失。极软弱围岩段突水突泥灾害机制主要包括直接揭露和渗透变形两种类型[72]。当断层破碎带内岩石固结程度差、松散破碎且地下水富集时，开挖揭露该类型断层破碎带将直接出现突水突泥灾害（图 1.7）。渗透变形发生在未固结或弱固结的断层破碎带内，断层泥在渗流作用下发生移动，形成贯通的水流通道，造成突水突泥灾害（图 1.8）。

(a) 右线掌子面突泥　　　　　　(b) 左线突涌水

图 1.7　他依隧道突水突泥灾害[73]

(a) 左洞涌水突泥　　　　　　(b) 右洞 YK36＋895 掌子面超前探孔涌水

图 1.8　莲花隧道突水突泥灾害

3. 塌方冒顶

极软弱围岩具有力学强度低、开挖后稳定性差等特征。隧道开挖后，变形量大、变形速率快、持续时间长、扰动范围大，容易导致塌方冒顶灾害（图 1.9）。塌方冒顶灾害机制主要受岩体结构面和岩体松散压力控制[72]。对于受结构面控制的塌方，因结构面相互交切而产生不利于岩体稳定的组合，形成危岩体，在开挖扰动或地下水等因素诱发下，剪切面之间的滑动剪切力大于抗滑力而导致沿滑动面滑落。对于极软弱围岩，塌方冒顶的原因主要是围岩强度极低，承载能力小，开挖后没有受到足够的支护抗力时在自身重力或高地应力作用下发生位移不稳定增长而最终导致垮落。

(a) 洞顶塌陷（ZK37＋482.5）　　(b) 拱顶塌方（ZK37＋482.5）　　(c) 拱顶塌方（4 号人行横洞）

图 1.9　莲花隧道建设期间出现的洞顶塌陷和拱顶塌方

参 考 文 献

[1] Kanji M A. Critical issues in soft rocks[J]. Journal of Rock Mechanics and Geotechnical Engineering, 2014, 6(3): 186-195.

[2] He M. Latest progress of soft rock mechanics and engineering in China[J]. Journal of Rock Mechanics and Geotechnical Engineering, 2014, 6(3): 165-179.

[3] 何满潮, 邹正盛, 邹友峰. 软岩巷道工程概论[M]. 徐州: 中国矿业大学出版社, 1993.

[4] Cripps J C, Moon C F. The engineering geology of weak rocks[Z]. Leeds University Press: 1990.

[5] 何满潮. 中国煤矿软岩巷道支护理论与实践[M]. 徐州: 中国矿业大学出版社, 1996.

[6] 何满潮, 景海河, 孙晓明. 软岩工程力学[M]. 北京: 科学出版社, 2002.

[7] 何满潮, 景海河, 孙晓明. 软岩工程地质力学研究进展[J]. 工程地质学报, 2000(1): 46-62.

[8] 吴顺川, 李利平, 张晓平. 岩石力学[M]. 北京: 高等教育出版社, 2021.

[9] 何满潮, 晏玉书, 王同良, 等. 软岩的概念及其分类[A]. 北京: 中国岩石力学与工程学会, 1999: 37-47.

[10] 何满潮. 深部软岩工程的研究进展与挑战[J]. 煤炭学报, 2014, 39(8): 1409-1417.

[11] 顾宝和, 曲永新, 彭涛. 劣质岩 (问题岩) 的类型及其工程特性[J]. 工程勘察, 2006(1): 1-7.

[12] Hoek, Evert. Support of underground excavations in hard rock[M]. Support of underground excavations in hard rock, 1995.

[13] Brown EHT. Practical estimates of rock mass strength[J]. International Journal of Rock Mechanics and Mining Sciences, 1997.

[14] Hoek E, Marinos P, Benissi M. Applicability of the geological strength index (GSI) classification for very weak and sheared rock masses. The case of the Athens Schist Formation[J]. Bulletin of Engineering Geology and the Environment, 1998, 57(2): 151-160.

[15] Hoek E, Marinos P. Predicting squeeze[J]. Tunnels & Tunnelling International, 2000, 32.

[16] Marinos P, Hoek E. Estimating the geotechnical properties of heterogeneous rock masses such as flysch[J]. Bulletin of Engineering Geology and the Environment, 2001, 60(2): 85-92.

[17] 张晓平. 片状岩石变形破坏过程及强度特性研究——以丹巴二云英片岩为例[D]. 北京: 中国科学院地质与地球物理研究所, 2010.

[18] Yun H, Seo Y. Classification of geological and engineering properties in weak rock: a case study of a tunnel in a fault zone in southeastern Korea[J]. Bulletin of Engineering Geology and the Environment, 2019, 78(1): 445-458.

[19] Osada M, Funato A, Yoshinaka R, et al. Geotechnical description and JGS engineering classification system for rock mass[J]. International Journal of the JCRM, 2005, 1(1): 7-17.

[20] Reinhold C, Cordes T, Bergmeister K. Geotechnical rock mass characterisation and classification at the Brenner Base Tunnel project – Methodology and solutions[J]. Geomechanics and Tunnelling, 2019, 12(5): 564-574.

[21] Hudson, John A. Engineering rock mechanics[J]. 1997: 207-221.

[22] 杨新安, 黄宏伟, 张禹. 软弱岩体分类及其变形规律的研究[J]. 上海铁道大学学报, 1997(4): 118-123.

[23] 陈庆敏, 马文顶, 袁亮, 等. 软岩的工程分类及其支护原则[J]. 矿山压力与顶板管理, 1997(Z1): 120-123.

[24] 林育梁. 软岩工程力学若干理论问题的探讨[J]. 岩石力学与工程学报, 1999(6): 690-693.

[25] 张广泽, 邓建辉, 王栋, 等. 隧道围岩构造软岩大变形发生机理及分级方法[J]. 工程科学与技术, 2021, 53(1): 1-12.

[26] 徐国文, 何川, 代聪, 等. 复杂地质条件下软岩隧道大变形破坏机制及开挖方法研究[J]. 现代隧道技术, 2017, 54(5): 146-154.

[27] 丁秀丽, 张雨霆, 黄书岭, 等. 隧洞围岩大变形机制、挤压大变形预测及应用[J]. 岩石力学与工程学报, 2023, 42(3): 521-544.

[28] 谢和平, 彭瑞东, 鞠杨, 等. 岩石破坏的能量分析初探[J]. 岩石力学与工程学报, 2005(15): 2603-2608.

[29] 谢和平, 鞠杨, 黎立云. 基于能量耗散与释放原理的岩石强度与整体破坏准则[J]. 岩石力学与工程学报, 2005(17): 3003-3010.

[30] 官凤强, 闫景一, 李夕兵. 基于线性储能规律和剩余弹性能指数的岩爆倾向性判据[J]. 岩石力学与工程学报, 2018, 37(9): 1993-2014.

[31] 官凤强, 罗松, 李夕兵, 等. 红砂岩张拉破坏过程中的线性储能和耗能规律[J]. 岩石力学与工程学报, 2018, 37(2): 352-363.

[32] 申艳军, 徐光黎, 朱可俊. RMi岩体指标评价法优化及其应用[J]. 中南大学学报（自然科学版）, 2011, 42(5): 1375-1383.

[33] Palmström A. Combining the RMR, Q, and RMi classification systems[J]. Tunnelling and Underground Space Technology, 2009, 24(4): 491-492.

[34] 宋建波, 张倬元, 刘汉超. 应用RMI指标进行工程岩体分类的方法[J]. 矿业研究与开发, 2002(1): 20-22.

[35] 崔旭, 张玉. 膨胀岩的判别分级与隧洞工程[J]. 甘肃水利水电技术, 2000(3): 186-191.

[36] 张金富. 膨胀性软质围岩隧道的施工处理与定量性判别指标的初步探讨[J]. 工程勘察, 1987(2): 21-27.

[37] 曲永新, 徐晓岚, 时梦熊, 等. 泥质岩的工程分类和膨胀势的快速预测[J]. 水文地质工程地质, 1988(5): 14-16.

[38] 王小军. 膨胀岩的判别与分类和隧道工程[J]. 水文地质工程地质, 1995(2): 44-48.

[39] 文江泉, 韩会增. 膨胀岩的判别与分类初探[J]. 铁道工程学报, 1996(2): 231-237.

[40] 孙小明, 武雄, 何满潮, 等. 强膨胀性软岩的判别与分级标准[J]. 岩石力学与工程学报, 2005(1): 128-132.

[41] Zhu X G. Research on the criterion and classification of swelling rock[J]. Advanced Materials Research, 2011: 261-263, 1836-1840.

[42] 朱训国, 杨庆. 膨胀岩的判别与分类标准[J]. 岩土力学, 2009, 30(S2): 174-177.

[43] 刘志春, 朱永全, 李文江, 等. 挤压性围岩隧道大变形机理及分级标准研究[J]. 岩土工程学报, 2008(5): 690-697.

[44] 姜云. 公路隧道围岩大变形的预测预报与对策研究[D]. 成都: 成都理工大学, 2004.

[45] 李磊, 谭忠盛, 郭小龙, 等. 高地应力陡倾互层千枚岩地层隧道大变形研究[J]. 岩石力学与工程学报, 2017, 36(7): 1611-1622.

[46] 卿三惠, 黄润秋. 乌鞘岭特长隧道软弱围岩大变形特性研究[J]. 现代隧道技术, 2005, 42(2): 7-14, 24.

[47] 吴树元, 程勇, 谢全敏, 等. 西藏米拉山隧道围岩大变形成因分析[J]. 现代隧道技术, 2019, 56(4): 69-73.

[48] 陈宝林, 宋建民. 对宝中线堡子梁隧道变形的整治和认识[J]. 铁道建筑, 1999(12): 23-24.

[49] 周航, 陈仕阔, 刘彤, 等. 复杂山区深埋隧道软岩大变形机理研究——以杨家坪隧道为例[J]. 工程地质学报, 2021: 1-11.

[50] 石州, 罗彦斌, 陈建勋, 等. 木寨岭公路隧道大变形综合评价预测[J]. 公路交通科技, 2020, 37(8): 90-98.

[51] 王永刚, 丁文其, 刘志强, 等. 木寨岭隧道大变形分级标准与支护时机研究[J]. 地下空间与工程学报, 2020, 16(4): 1116-1122.

[52] 苟彪, 张奕斌. 新蜀河隧道炭质片岩大变形控制技术研究[J]. 铁道工程学报, 2009(11): 40-44.

[53] 刘强. 新蜀河隧道挤压性炭质片岩大变形成因与对策[J]. 西部探矿工程, 2012, 24(4): 186-188, 193.

[54] 刘强. 襄渝铁路二线挤压性炭质片岩隧道大变形成因与控制技术研究[D]. 石家庄: 石家庄铁道大学, 2017.

[55] 陈桂虎, 韩爱果, 陈锦涛. 成兰铁路云屯堡隧道软岩大变形特征及地质成因分析[J]. 铁道建筑, 2017, 57(10): 56-59.

[56] 李子运. 深埋隧道围岩变形能演化及分布规律研究[D]. 成都: 西南交通大学, 2019.

[57] 三小林, 黄彦波. 中外高地应力软岩隧道大变形工程技术措施对比分析——以兰渝铁路木寨岭隧道与瑞士圣哥达基线隧道为例[J]. 隧道建设 (中英文), 2018, 38(10): 1621-1629.

[58] 赵福善. 兰渝铁路两水隧道高地应力软岩大变形控制技术[J]. 隧道建设, 2014, 34(6): 546-553.

[59] 廖俊. 毛羽山隧道软岩大变形特征及原因分析[J]. 铁道建筑, 2013(8): 79-81.

[60] 彭学军, 李一萍, 陈彬, 等. 藏噶隧道蚀变花岗岩地层围岩大变形控制措施研究[J]. 施工技术, 2021, 50(11): 92-95, 128.

[61] 郭富利. 堡镇软岩隧道大变形机理及控制技术研究[D]. 北京: 北京交通大学, 2010.

[62] 陈建勋, 陈丽俊, 罗彦斌, 等. 大跨度绿泥石片岩隧道大变形机理与控制方法[J]. 交通运输工程学报, 2021, 21(2): 93-106.

[63] 司红江, 刘成禹, 邓志刚, 等. 丽香铁路中义隧道初期支护大变形的力学机制[J]. 水利与建筑工程学报, 2019, 17(5): 168-173.

[64] 高付才. 白石头隧道软岩大变形影响因素及控制措施研究[J]. 铁道建筑技术, 2022(11): 136-139.

[65] 陈长生, 何林青, 李银泉, 等. 深埋长隧洞软岩工程地质特性及变形预测研究[J]. 水利水电快报, 2022, 43(6): 35-41.

[66] 李金瑞. 引水隧洞主洞与施工支洞交汇区围岩变形特征及变形风险评价研究[D]. 济南: 山东大学, 2022.

[67] 尤哲敏, 陈建平, 左昌群. 火车岭隧道软弱地层围岩分级研究[J]. 隧道建设, 2009, 29(1): 24-27.

[68] 路新景. 软岩/硬土强度与变形特性试验方法研究[M]. 郑州: 黄河水利出版社, 2011.

[69] 龚海军, 赵耿鹏, 严健, 等. 川藏公路矮拉山隧道大变形特征及其影响因素分析[J]. 隧道建设 (中英文), 2021, 41(S2): 129-136.

[70] 代仲宇, 寇昊, 扶亲强, 等. 高地应力软岩隧道仰拱隆起处治措施研究[J]. 施工技术 (中英文), 2023, 52(1): 69-73.

[71] 王传武, 陈丽俊, 陈建勋, 等. 大跨度软岩公路隧道仰拱承载性能及安全性研究[J]. 中国公路学报, 2022, 35(7): 203-215.

[72] 薛翊国, 孔凡猛, 杨为民, 等. 川藏铁路沿线主要不良地质条件与工程地质问题[J]. 岩石力学与工程学报, 2020, 39(3): 445-468.

[73] 程浩, 曹振生, 张少强, 等. 类岩堆体地层结构特征与隧道围岩稳定性分析——以云南建 (个) 元高速公路他依隧道为例[J]. 隧道建设 (中英文), 2021, 41(S2): 274-283.

第 2 章

极软弱围岩段隧道开挖大变形

2.1 极软弱围岩隧道大变形演化特征

极软弱围岩通常具有"见风成土,遇水成泥"的特点,在隧道洞口洞段及穿越山谷等埋深较浅处或深埋断层破碎带中最为常见,一般强度较低、松散破碎、富含黏土矿物。在高地应力或极高地应力下,强度较高、结构较为完整的岩体也会表现出极软弱围岩的特性。极软弱围岩在隧道建设过程中极易出现大变形,导致支护衬砌结构破坏、塌方冒顶、隧洞底鼓等工程灾害,在富水段容易发生突水突泥。本节总结了极软弱围岩大变形灾害的演化特征。

2.1.1 极软弱围岩大变形时间特征

极软弱围岩大变形时间上的变形破坏特征体现在:

(1)变形速率快。极软弱围岩隧道开挖后发生快速变形,尤其是在开挖初期变形速率很大,使得围岩与支护结构在短时间内紧密接触,支护结构将承受较大的围岩压力。如莲花隧道 ZK37+217 断面开挖两周内拱顶沉降达到 400mm,米拉山隧道 YK4480+550 断面在地应力较高的情况下,开挖三天拱顶沉降达到 700mm[1]。

(2)变形持续时间长。极软弱围岩隧道开挖后变形持续时间较长,且对开挖扰动极为敏感,在开挖过程中往往受到地下水压力、机械、爆破等因素的扰动,从而增加大变形的持续时间,导致变形难以收敛。即使在支护结构闭合及二衬施作后,极软弱围岩还可能呈现出一定蠕变特征,造成仰拱和二衬结构的开裂。

下面以兴源隧道[2]大变形段现场监测的围岩变形数据为例,对上述特点进行阐述:兴源隧道 DK409+710 段为Ⅵ级极软弱围岩,岩性为强风化炭质泥岩,片理、节理裂隙极发育,局部含砂质泥岩夹层。该断面拱顶沉降和左右拱腰收敛情况见图 2.1,围岩压力变化见图 2.2。

由图 2.1 可以看出,该断面大变形特征如下:①变形量大。隧道开挖后 70d 时,拱顶沉降值最大达到 553.7mm,右拱腰水平收敛达 358.9mm,左拱腰水平收敛达 370.2mm。②初期变形速率大。在开挖后第 4d 拱顶下沉速率达到 15mm/d；开挖后第 9d 右拱腰水平收敛速率达到 17mm/d，支护施作后拱顶沉降速率逐渐减小。③受开挖扰动影响大。在第 20d 时由于口台阶的开挖导致上台阶钢拱架受到的承载力变小，并且对围岩产生一定的扰动，从而引起拱顶下沉速率暂时增大，最大达到 22mm/d。④变形持续时间长。隧道开挖后及初期支护施作后变形仍未停止，且一直增长甚至有所发展，收敛特征不明显，这说明围岩具有一定的流变特征。

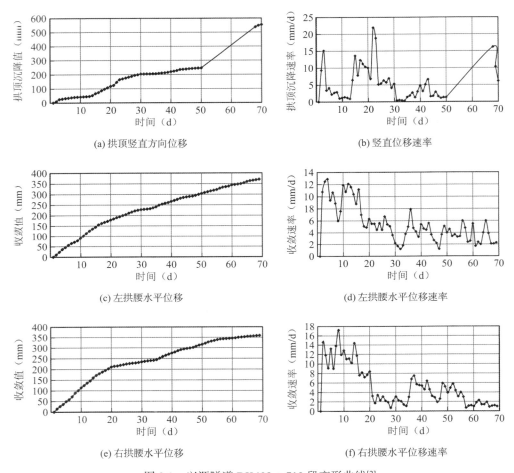

图 2.1　兴源隧道 DK409+710 段变形曲线[2]

开挖后围岩与支护结构的接触力变化（图 2.2）说明拱顶处围岩压力较大，最终达到 786kPa。隧道开挖后，围岩变形发展迅速。初支施作后很快受力，且围岩与初支的接触力增长迅速，在 4d 之内便达到了 146kPa。之后，由于中台阶的开挖导致对上台阶的承载力减小，从而引起拱顶围岩压力小幅减小，但是很快随着围岩进一步变形拱顶围岩压力逐渐稳定增长。由于围岩具有流变性，在二次衬砌施作后围岩压力继续缓慢增长，最终在二次衬砌的作用下趋于稳定。该过程持续时间很长，整个增长过程超过 80d。

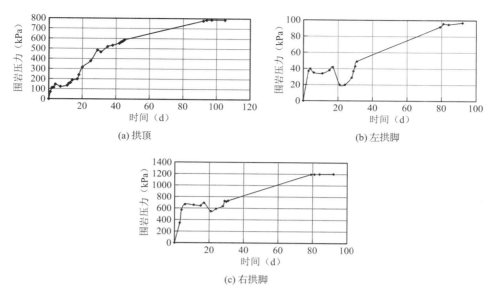

图 2.2 兴源隧道 DK409+710 段变形曲线[2]

2.1.2 极软弱围岩大变形空间特征

极软弱围岩大变形空间特征主要为以下三种：

（1）拱顶沉降和周边收敛。极软弱围岩大变形最直接表现形式为较大的拱顶沉降和周边收敛，变形量值最大可达米级以上，如木寨岭隧道最大变形量达 1051mm（DK181+295）[3]；莲花隧道最大变形量达到 1162.4mm（YK37+278）。通常导致围岩侵限严重（图 2.3）、钢拱架扭曲破坏、侧壁鼓出。当隧道埋深较浅时，隧道内的变形可能发展到地表，引起边仰坡的开裂、滑移和地表的坍塌冒顶。

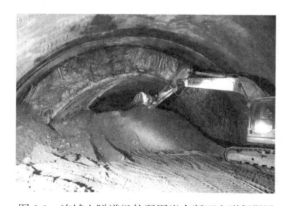

图 2.3 连城山隧道极软弱围岩全断面变形侵限[4]

（2）隧道掌子水平挤出。根据新意法的理念，掌子面变形是围岩变形的重要组成部分（图 2.4）。在没有对软弱围岩掌子面进行有效加固或预留核心土时，极易发生掌子面水平挤出，甚至造成掌子面垮塌[5]。

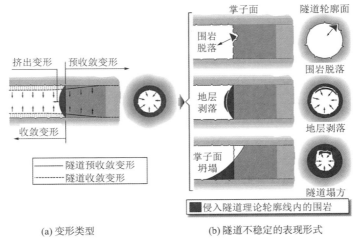

图 2.4 掌子面失稳类型及隧道变形类型[5]

（3）非对称变形。当极软弱围岩隧道在进出洞或埋深较浅时，经常发生由于偏压导致的围岩和支护结构非对称变形。通常情况下偏压荷载形成的原因有：①地形原因。隧道洞顶覆盖较薄，地面沿隧道横断面方向为倾斜的松散、软质或土质围岩，多见于洞口浅埋地段及傍山浅埋地段（图2.5）。②地质原因。围岩为倾斜层状结构，层间粘结力差或洞身有倾角较陡的软弱结构面（图2.6）。

图 2.5 地形偏压

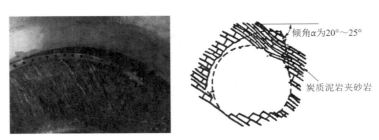

图 2.6 层状围岩导致的偏压[2]

2.1.3 极软弱围岩大变形工程灾害

极软弱围岩隧道大变形通常会导致支护结构破坏、塌方、掌子面垮塌、底鼓、边仰坡开裂滑移以及在富水条件下的突水突泥等灾害。

（1）初支结构破坏

主要表现为初期支护钢拱架扭曲折断以及喷射混凝土开裂掉块（图2.7）。

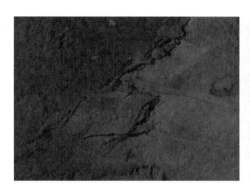 

图2.7 钢拱架扭曲折断、喷射混凝土开裂掉块[7]

（2）塌方

极软弱围岩自稳能力弱，受到开挖扰动时极易发生失稳坍塌，这往往会对生产安全及施工进度产生巨大影响。如西康高速大棕坡隧道在2008年10月建设时，隧道A标段掌子面发生较大规模坍塌，塌落堆积体达1600余m^3，塌方时靠近掌子面5m距离内的初期支护被击穿，10m内的初期支护侵限严重，之后掌子面附近7m的洞室被完全掩埋。此次塌方导致隧道停工75d，塌方段围岩为极松散堆积体，基本无自稳能力，后经过对该段围岩进行全断面径向固结注浆加固后才得以继续开挖[8]。

（3）掌子面垮塌

在极软弱围岩中开挖隧道，若未对掌子面进行有效的加固或预留核心土，掌子面的稳定及掌子面前方围岩成拱效应的形成无法得到保证，极易发生掌子面水平挤出，甚至导致掌子面垮塌和上方围岩塌方。如沈海复线胭脂畈隧道下穿河沟段施工时，由于未对掌子面前方土体进行超前加固，上台阶核心土向外挤出，发生约2m的滑移。虽然马上向掌子面喷射混凝土、挂网予以封闭，但掌子面继续向前滑移，且靠近掌子面的工字钢支撑发生扭曲变形，混凝土开裂、脱落。施工人员撤出洞外后，掌子面顶部发生塌方直至地表，塌方纵向长约10m，跨度8m，地表形成约$5m^2$的塌方区[9]。

（4）底鼓

隧道底鼓的方式及其机理取决于隧道所处的地质条件、仰拱底部围岩性质和应力状态。对于地质软岩，隧洞底鼓的常见表现形式为遇水膨胀型底鼓，即当隧道底部岩层含有蒙脱石、泥质岩时，遇水后发生膨胀扩容。同时，膨胀产生的应力加剧了岩体的变形，从而出现隧道底鼓。对于高应力条件下的工程软岩，常见的底鼓破坏形式为挠曲褶皱型底鼓、剪切错动型底鼓和挤压流动型底鼓（图 2.8）[10]。

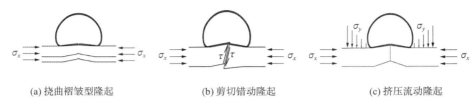

(a) 挠曲褶皱型隆起　　　　(b) 剪切错动隆起　　　　(c) 挤压流动隆起

图 2.8　高地应力条件下工程软岩三种底鼓力学模式[10]

①挠曲褶皱型底鼓。此类型底鼓通常发生在层状岩体中，并且在中硬岩体的隧道中也有可能出现。层状岩体在水平压力作用下产生挠曲变形，沿隧道底板临空方向凸起，引起隧道底鼓。

②剪切错动型底鼓。当隧道底板为节理岩体时，底板岩体在剪切作用条件下沿剪切弱面形成滑移体，剪切滑移岩块在外压力作用下发生剪切错动，并向隧道内凸出，形成底鼓。

③挤压流动型底鼓。此类型底鼓通常发生在隧道底板为软弱破碎岩体的岩层，底板软弱破碎岩体在上部应力作用下被挤压流动到隧道界限内，形成底鼓。

对于一些处在复杂环境条件下的隧道工程，隧道围岩通常会受到多种因素的影响，如水平构造应力、剪切应力、膨胀应力等，这种情况下容易引发多因素共同作用的复合型隧道底鼓。

（5）突水突泥

突水突泥灾害一般发生在富水的断层破碎带内，其机制主要包括直接揭露和渗透变形两种类型[11]：①极软弱断层破碎带围岩固结程度差、松散破碎且富含地下水，开挖揭露该类型断层破碎带将直接出现突水突泥灾害；②当隧道靠近富水断层破碎带时，渗透变形发生在未固结或弱固结的断层破碎带边界，断层泥在渗流作用下发生移动，形成贯通的水流通道，造成突水突泥灾害。

突水突泥灾害因为其突发性对隧道安全建设具有极大威胁，例如乌鞘岭隧道进入断层YK2390＋021 处时，掌子面左拱腰处一股承压水突然涌出，带动散碎围岩倾泻而下，掌子面围岩不断垮塌，形成突泥。塌方体冲击拱腰处钢架结合部位，将钢架冲毁。此外，由于较长的时间内各类大小的涌水一直存在，导致初期支护背后的围岩被冲蚀，形成大小不同的空腔。拱脚岩体受地下水浸泡，岩体强度下降，地基承载力降低，导致初期支护下沉，喷射混凝土产生剥落[12]。

（6）边仰坡开裂、滑移

山岭隧道边仰坡通常为松散堆积体，堆积体空隙率大、透水性好、自稳能力差，且松散堆积与围岩存在明显分界线，由于施工扰动和雨水侵蚀，促使洞口段滑坡体的滑移。例如其古顶隧道出口右洞施工期间出现较大沉降，同时由于覆土较浅，岩体位移扩展至洞顶坡面，导致坡面多次出现裂隙。通过现场踏勘发现洞口右侧边仰坡出现一条长约60m、宽3~30mm的贯穿裂缝，其周边零星分布着长3~10mm的小裂缝。套拱拱顶左侧也出现一条长0.7m、宽3mm的裂缝，洞口仰坡挂网喷混凝土出现多处开裂[13]。若边仰坡开裂未能及时治理，则极易引发滑坡，例如先锋顶进口端ZK8+845~ZK8+956段仰坡与两侧边坡开挖后恰逢雨季，在未及时跟进边仰坡支护的情况下发生变形坍塌。

2.2 极软弱围岩大变形机理

2.2.1 极软弱围岩大变形力学机制

极软弱围岩大变形产生的原因复杂多样，形成的机理也互不相同。围岩变形破坏取决于围岩条件，包括围岩的岩性、岩石强度、岩体结构条件、地质构造特征等，是产生大变形的物质基础；还受到围岩的赋存环境条件即地应力的大小和方向、地下水的分布和发育特征、地温等情况的影响；同时也与开挖工序、开挖后的支护时机、支护强度等人为因素密切相关。

Terzaghi[14]首次提出了挤出性岩石和膨胀性岩石的概念。后续学者一般认为，挤出性岩石大变形主要指开挖导致应力重分布，局部集中应力接近或到达围岩强度而缓慢发生的塑性化挤出变形；膨胀性岩石大变形主要指岩石中某些矿物和水反应而发生的膨胀变形。陈宗基[15]认为围岩收敛变形机理应包括塑性楔体、流动变形、围岩膨胀、扩容和挠曲五个方面。何满潮[16]根据围岩变形破坏特征、特征性矿物和力学作用机制，将软岩变形机制分为与软岩本身分子结构的化学性质有关、与力源有关、与洞室结构和岩体结构面的组合特性有关的三大类（表2.1），即物化膨胀型Ⅰ、应力扩容型Ⅱ和结构变形型Ⅲ，分别对应其工程软岩分类（表1.8）中膨胀型软岩、高应力软岩和节理化软岩的变形机制。姜云[17]按照不同的主控因素，将大变形分为围岩岩性控制型、岩体结构控制型以及人工扰动控制型。刘高[18]从围岩的岩性条件、地下水条件、地应力条件以及隧道变形破坏特征等方面，探讨了木寨岭隧道大变形的原因和机制，认为大变形是围岩塑性流动与围岩膨胀变形综合作用的结果。王成虎[19]将大变形分为应力型、材料型与结构型三种。王建宇[20]和梅志荣[21]按成因将大变形分为松动型、膨胀型和挤压型三大类。

工程软岩变形机制及破坏特征　　　　　表2.1

类型	亚型	控制因素	特征型	软岩巷道破坏特点
Ⅰ	I_A	分子吸水机制	蒙脱石型	围岩暴露后，容易风化、软化、裂隙化，因而怕风、水、振动；Ⅰ型巷道底鼓、挤帮、难支护，其严重程度从I_A、I_{AB}、I_B依次减弱；I_C看裂隙发育程度
	I_{AB}	I_A和I_B决定于混层比	伊/蒙混层型	
	I_B	胶体吸水机制	高岭石型	
	I_C	微隙-毛细吸水机制	微隙型	

续表

类型	亚型	控制因素	特征型	软岩巷道破坏特点
Ⅱ	Ⅱ$_A$	残余构造应力	构造应力型	变形破坏与方向有关，与深度无关
	Ⅱ$_B$	自重应力	重力型	与方向无关，与深度有关
	Ⅱ$_C$	地下水	水力型	仅与地下水有关
	Ⅱ$_D$	工程开挖扰动	工程偏应力型	与设计有关，巷道密集，岩柱偏小
Ⅲ	Ⅲ$_A$	断层、断裂带	断层型	塌方、冒顶
	Ⅲ$_B$	软弱夹层	弱层型	超挖、平顶
	Ⅲ$_C$	层理	层理型	规则锯齿状
	Ⅲ$_D$	优势节理	节理型	不规则锯齿状
	Ⅲ$_E$	随机节理	随机节理型	掉块

综合前人研究成果，软岩大变形可划分为八种主要力学机制（图2.9），具体包括：层间错动、挤压碎裂、塑形流动、结构流变、薄层板梁弯曲变形、塑形楔体剪切滑移、遇水膨胀、围岩侧向扩展。

（1）层间错动。主要发生于破碎带附近，围岩一般赋存于较高应力环境中。在隧道开挖前，断层中断层泥等松散软弱物质组成的破碎带在较高围压作用下紧密闭合，开挖后在构造应力和重力作用下，发生层间错动，产生大变形。

（2）塑性流动。主要发生于岩体强度低、岩体强度应力比值较小时。围岩在开挖后的应力重分布作用下，承载能力降低，塑性区域扩展，隧道围岩像"挤牙膏"一样被挤压、剪切，从而导致围岩产生持续变形。

（3）挤压碎裂。主要发生在构造节理发育带，如节理密集带、褶皱核部及转折端。在开挖扰动前碎裂状围岩受围压作用，整体稳定。隧道开挖后，由于开挖卸荷和洞周应力重分布，碎裂结构体滑移，持续扩容松弛，产生大变形。

（4）结构流变。由结构面控制的流变大变形发生在结构面附近，呈现局部化特征。结构面发育的岩体在高地应力作用下，沿结构面进一步被切割、剪胀，产生错动、滑移。

（5）薄层板梁弯曲变形。隧道穿过薄层状岩体时，拱顶水平层状岩体或侧壁垂直层状岩体容易在开挖后集中应力挤压作用下屈服，出现挠曲破坏，顶部或侧壁岩体被挤出，发生大变形。

（6）塑性楔体剪切滑移。当软弱层理等结构面与隧道轴线方向小角度相交时，在隧道拱脚、拱腰以及仰拱处产生较大的应力集中，导致塑性楔体剪切滑移大变形。

（7）遇水膨胀。常发生于富含黏土类膨胀性矿物的围岩中，膨胀性岩体吸水膨胀引起围岩体积剧烈变化，且自身强度下降，黏聚力降低，产生膨胀变形。

（8）围岩侧向扩展。此类变形由岩体剪切和滑动破坏导致，主要包括沿层面的滑动和完整岩石的剪切两种破坏方式，往往发生于受采空区影响的岩体中。

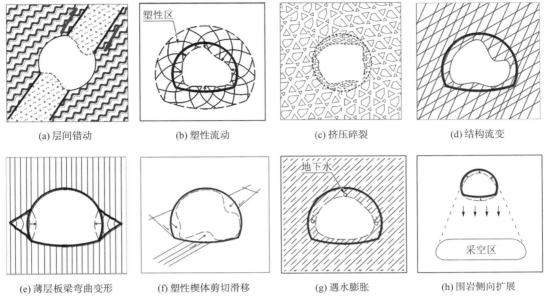

图 2.9　软岩大变形力学机制

极软弱围岩通常强度应力比极低，更容易出现大变形灾害。此类围岩一般在上覆岩层自重作用下发生挤压变形、破裂碎胀变形、与水作用后产生膨胀变形及其组合形式的变形，其最常见的大变形力学机制为以下三种：

（1）挤压变形。由于极软弱围岩自身强度极低、强度应力比小，在开挖后的应力重分布作用下，围岩塑性区域扩展。当塑性变形过大，使塑性区进入了破裂阶段，在较大的形变压力作用下发生严重的挤压、剪切等塑性流动现象，导致地下工程全面失稳破坏。

（2）破裂碎胀变形。破裂碎胀变形容易发生于断层破碎带、挤压蚀变带等松散地层之中。此类地层中围岩一般节理裂隙显著发育、完整性较差，在开挖后由于卸荷作用及围岩应力重分布，松散破碎的岩土体自重超过极软弱围岩承载能力，或在较高的地应力作用下，使得洞周围岩裂隙进一步张开，成为脱离母岩的分离块体和松散体，发生松散、垮塌等破裂碎胀变形。若隧道跨度较大，则加剧围岩的松弛，同时隧道拱脚周边围岩由于应力集中易形成剪切破坏带，围岩整体稳定性显著降低，进而发生突变失稳。极软弱围岩破裂碎胀变形具有断续性和突发性，变形程度及破坏范围难以预见。

（3）膨胀变形。极软弱围岩中的黏土类矿物如蒙脱石、高岭土、绿泥石等，吸水后体积可膨胀 10%～30%；硬石膏遇水后发生化学反应，体积增大 60%；芒硝遇水后体积增大 150%左右。当含有这些物质的围岩在开挖后遇水或吸收空气中的水分，发生不失去整体性的膨胀变形并且向隧道内挤压，且自身强度下降、黏聚力降低，从而使隧道围岩产生大变形。

2.2.2 极软弱围岩大变形影响因素

1. 围岩特性

极软弱围岩普遍为强风化或全风化的炭质页岩、泥岩、薄层状板岩、炭质板岩、千枚岩、绢云母千枚岩、炭质千枚岩等,此类岩体强度低,开挖扰动后围岩变形大。部分围岩还具有膨胀性、塑性、流变性和崩解性等特点。当蒙脱石类成分增多时,围岩易吸水膨胀,导致支护结构局部受力过大造成支护内鼓[5];塑性和易扰动性导致围岩极易受到开挖作用而发生膨胀、节理面滑移、扩容等,从而导致不可逆变形;流变性导致支护结构因围岩黏塑性或黏弹-塑性长时间持续受到形变压力而变形破坏;崩解性指围岩胶结物因爆破振动、风化潮解、遇水软化或酸性腐蚀等解体,围岩松散酥碎失去自稳能力,导致围岩发生溜坍、空洞,支护结构因应力集中而局部变形加剧。因此,围岩类别及矿物组分、胶结物性质等是围岩变形的物质基础。

2. 地质构造和地形因素

除了由于岩体强度低、易扰动等因素导致围岩大变形外,隧道穿越断层破碎带、偏压、边仰坡滑坡等地质因素也是导致围岩大变形的重要原因。

断层破碎带围岩在形成过程中由于受到强烈的构造运动,原岩发生严重的变形,整体性遭到破坏,在地下水等其他不良因素的长期作用下,围岩呈压碎状、完整性差。隧道穿越断层破碎带时,掌子面开挖后围岩自稳时间很短或基本上没有自稳时间,尤其是拱部围岩,在隧道开挖失去支承后极易发生大变形、坍塌、冒顶等工程事故。

偏压也能引起围岩大变形。通常情况下,隧道围岩受力和变形是左右对称的,但是由于地形、地质等因素的影响,隧道左右两侧所受到的荷载差异较大,造成隧道左右两侧围岩的内力不均衡,即隧道偏压,从而引起隧道围岩的非对称大变形。

当隧道上方覆土或隧道洞口段边仰坡出现滑坡灾害时,容易对隧道结构受力产生影响,从而导致大变形。当隧道处于滑坡地带时,原本处于平衡状态的隧道衬砌结构受力发生改变,导致衬砌开裂、错动、边墙收敛、路基变形、底鼓、地表下沉等灾害。

3. 地下水环境因素

地下水主要通过润滑作用、软化或泥化作用和崩解作用三种方式使围岩的力学性能降低。对于节理岩体,由于受到地下水渗流的影响,岩体节理面及其中的填充物会被不断软化,导致抗剪强度逐渐降低,容易发生剪切运动。对于透水性较低的围岩,在隧道开挖后发生一定变形,岩体内部的微裂隙张开;同时,静水压力也促使节理、裂隙产生扩容变形,使得渗透性和连通性增强,不但在宏观上造成围岩损伤增加,而且还打破了原有的应力场和渗流场平衡,促进了地下水对岩体的软化作用。此外,当软弱围岩长期遭受地下水的浸泡或冲刷时,拱脚和拱底处的围岩也会被不断软化,其力学性质不断变差,甚至最终发生泥化(图2.10)。若围岩的耐崩解性较差,在围岩遇水情况下崩解垮塌,从而导致围岩对支护结构的承载能力降低,从而出现大变形情况(图 2.11)。

 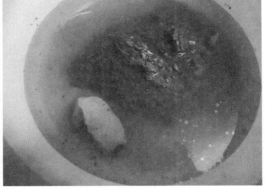

图 2.10 太和洞隧道全风化泥质粉砂岩遇水泥化[10]　　图 2.11 连城山隧道绿泥石片岩遇水崩解[4]

4. 施工方法的影响

除了极软弱围岩岩性和地质构造等物质基础和赋存环境条件外,施工方法和施工扰动这些外因也是导致大变形产生的重要因素。施工方法对大变形主要有以下几个方面的影响:

(1) 开挖工法

在极软弱围岩隧道的开挖过程中,为了减小对岩体的扰动,通常采用分步开挖的方法(图 2.12),不同的开挖方法对围岩变形的影响是不同的。台阶法(尤其是超短台阶)和环形开挖预留核心土法有利于大型机械施工、支护封闭成环早,但对于大断面开挖,由于支护跨度大,不利于支护的稳定;中隔壁法(CD 法)和交叉中隔壁法(CRD 法)通过将断面分割成多个小空间,各自封闭成环,有利于支护的稳定,适合大断面不良地质条件下的隧道开挖,但是其施工工序复杂,对围岩扰动次数多,不利于大型机械设备施工,施工进度慢;而双侧壁导坑法适用于小断面的不良地质隧道施工,可以起到超前预报和增强支护稳定性的作用[5]。

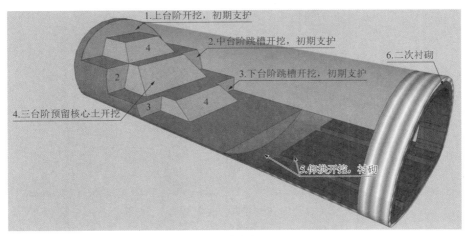

(a) 台阶法

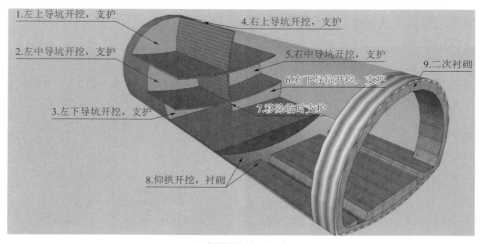

(b) 中隔壁法（CD 法）

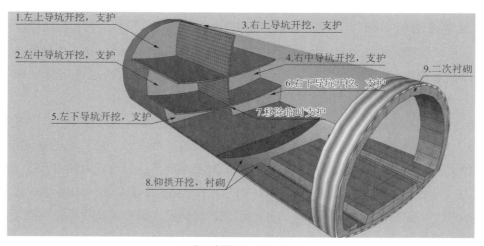

(c) 交叉中隔壁法（CRD 法）

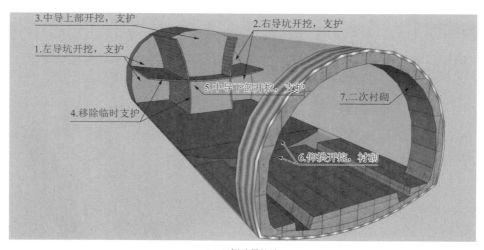

(d) 双侧壁导坑法

图 2.12　软岩隧道常用的分步开挖工法[22]

在分步开挖过程中，每个步骤的进行仍会对围岩造成不同程度的扰动。兴源隧道的大变形曲线（图 2.2）表明监测断面各观测点的位移曲线表现出一定的阶梯性，这主要是因为在各台阶开挖的时候都会引起围岩的应力释放和扰动。因此，可以采取缩短台阶长度、缩短开挖进尺、减少开挖分部以及尽早封闭成环等措施。

（2）支护设计

施工过程中没有根据掌子面实际揭露围岩条件、超前地质预报结果和变形监测结果等现场情况及时进行动态变更设计导致支护参数偏弱、开挖工法不合理等。如锁脚锚杆长度不足、锁脚锚杆数量不足，角度不合理，钢筋网强度低、直径小，支护结构所提供的支护力不能满足控制变形要求。此外，对于极软弱围岩，开挖后围岩变形速率较大，应及时进行支护以控制拱脚下沉，若错过最佳支护时机，也会导致变形失控。

（3）施工质量控制

如果隧道超欠挖严重、支护表面不平滑等导致应力集中，造成支护结构局部破坏失效。喷层厚度不足，对围岩保护效果欠佳，围岩裸露风化潮解，也会加速围岩破坏。变形控制要求工序衔接紧凑，快挖、快支、快封闭。若为了追求施工效率，台阶长度过大，则会导致支护结构封闭成环不及时，从而诱发大变形。

参 考 文 献

[1] 吴树元,程勇,谢全敏,等.西藏米拉山隧道围岩大变形成因分析[J].现代隧道技术,2019,56(4): 69-73.

[2] 杨进京.炭质泥岩夹砂岩隧道大变形机理及控制措施研究[D].兰州:兰州交通大学,2015.

[3] 王永刚,丁文其,刘志强,等.木寨岭隧道大变形分级标准与支护时机研究[J].地下空间与工程学报, 2020,16(4): 7.

[4] 陈建勋,陈丽俊,罗彦斌,等.大跨度绿泥石片岩隧道大变形机理与控制方法[J].交通运输工程学报, 2021,21(2): 93-106.

[5] 翟进营,杨会军,王莉莉.新意法隧道设计施工概述[J].隧道建设,2008(1): 46-50+55.

[6] 彭述,王志.隧道浅埋偏压段洞室施工围岩变形特点及其控制处理[J].资源环境与工程,2011,25(1): 33-37,55.

[7] 郭骏伟.炭质页岩大变形隧道施工方法研究[D].兰州:兰州交通大学,2016.

[8] 李雷明.断层塌方等恶劣地质条件下隧道贯通技术[J].山西建筑,2011,37(11): 2.

[9] 聂树东,滕晓艳.胭脂畈隧道过河沟段施工技术[J].河北企业,2008(11): 72-74.

[10] 张喆.全风化泥质粉砂岩流变特性与隧道变形控制技术研究[D].西安:西安建筑科技大学,2019.

[11] 薛翊国,孔凡猛,杨为民,等.川藏铁路沿线主要不良地质条件与工程地质问题[J].岩石力学与工程 学报,2020,39(3): 445-468.

[12] 李生杰,谢永利,朱小明.高速公路乌鞘岭隧道穿越F4断层破碎带涌水塌方工程对策研究[J].岩石 力学与工程学报,2013,32(S2): 3602-3609.

[13] 张怡兴,刘晓,刘俊锋,等.基于条块模型法的隧道边仰坡稳定性分析[J].广东公路交通,2021,47(6): 38-43,63.

[14] Terzaghi K. Rock defects and loads on tunnel supports[J]. Rock tunneling with steel supports, 1946.

[15] 陈宗基.地下巷道长期稳定性的力学问题[J].岩石力学与工程学报,1982(1): 1-20.

[16] 何满潮,晏玉书,王同良,等.软岩的概念及其分类[A].北京:中国岩石力学与工程学会,1999: 37-47.

[17] 姜云,李永林,李天斌,等.隧道工程围岩大变形类型与机制研究[J].地质灾害与环境保护,2004, 15(4): 46-51.

[18] 刘高,张帆宇,李新召,等.木寨岭隧道大变形特征及机理分析[J].岩石力学与工程学报,2005(S2): 5521-5526.

[19] 王成虎,沙鹏,胡元芳,等.隧道围岩挤压变形问题探究[J].岩土力学,2011,32(S2): 143-147.

[20] 王建宇,胡元芳,刘志强,等.高地应力软弱围岩隧道挤压型变形和可让性支护原理[J].现代隧道技 术,2012,49(3): 9-17.

[21] 梅志荣,李传富,张军伟,等.成兰铁路高地应力软岩隧道大变形发生机理及控制技术[C]//中国土 木工程学会隧道及地下工程分会.2014中国隧道与地下工程大会(CTUC)暨中国土木工程学会隧道及 地下工程分会第十八届年会论文集.成都:《现代隧道技术》编辑部,2014: 9.

[22] 毛燕飞.基于岩土控制变形分析法的软弱围岩隧道开挖变形控制技术[D].西安:长安大学,2015.

第 3 章

极软弱围岩开挖与支护控制

极软弱围岩稳定性差、开挖后变形大，隧道施工过程中易导致支护结构开裂、失稳和坍塌等工程问题，严重时甚至会造成重大的人员伤亡和经济财产损失。因此，对科学开挖和变形控制提出了更高的要求。针对极软弱围岩中隧道建设，需要利用超前地质预报等手段预测地质条件变化，基于围岩大变形控制理论和控制原则，选择合适的开挖方法和支护技术，对仰拱下方软弱围岩进行加固处理，并根据监控量测结果进行动态调整和优化，确保工程高效施工和后期的安全运行。

3.1 极软弱围岩大变形控制理论和总体原则

3.1.1 围岩变形控制理论和方法发展历程

软岩大变形控制理论主要基于不同理念，通过具体支护措施来实现围岩变形控制。19世纪，主要采用工程类比法，提出控制隧道围岩变形的支护措施。20世纪初，基于古典压力理论，通过计算支护所需提供的荷载来设计支护结构。20世纪中叶，基于弹塑性力学，根据开挖后隧道围岩应力-应变和塑性区分布范围进行支护设计，成为确定支护方案的重要手段。20世纪60年代，奥地利学者开创了新奥法，该方法以喷射混凝土和锚杆为主要支护手段，通过监控量测围岩变形，动态调整开挖工序、支护方案和支护时机，充分发挥围岩自承载能力。我国引入该方法后，在软岩隧道中提出了科学全面的"管超前、严注浆、短开挖、强支护、快封闭、勤量测"十八字诀[1]。20世纪70年代中期，新意法诞生，新意法又称为岩土控制变形分析法，该方法通过对掌子面前方超前核心岩土进行勘察、量测，预报围岩的应力-应变状态，并将掌子面前方围岩的稳定状态划分为稳定、暂时稳定以及不稳定三种类型，针对不同类型开展支护措施的动态设计，确保隧道安全穿越各种地层（尤其是复杂不良地层）和实现全断面开挖。同时期，挪威法被提出，该方法是由正确的围岩评价、合理的支护参数和高性能支护材料三要素组成的一种经济、安全、快捷的隧道施工方法。正确的围岩评价体系主要是采用 Q 系统进行围岩分级，合理的支护参数是指根据隧道每个开挖循环过程中的观测和量测记录，计算Q值，动态调整支护参数；高性能支护材料是指采用高质量的湿喷钢纤维混凝土和全长胶结型高拉应力耐腐蚀锚杆[2-3]。该支护体系的最大特点是仅施作一次支护，只有在围岩等级较差，运营后可能出现漏水和冰霜等危害的情况下，才施作二次衬砌。

从20世纪70年代至21世纪初，随着我国煤炭等地下资源的开采，针对矿山（煤矿为主）软弱破碎围岩的支护控制理论和控制方法也取得了长足发展，轴变理论、锚喷-弧板支护理论、松动圈理论、主次承载区支护理论、工程地质学支护理论被提出。

于学馥教授等[4]提出轴变理论，认为矿山巷道坍落可以自行稳定，巷道围岩破坏是由于围岩应力超过岩体强度极限所致。岩体坍落改变了巷道轴比，导致应力重分布，高应力下降、低应力上升，直到自稳平衡。从理论上讲，应力均匀分布的轴比是巷道最稳定的轴比。

同济大学孙钧院士、安徽理工大学（原淮南矿院）朱效嘉教授、东北大学郑雨天教授等[5]提出锚喷-弧板支护理论，认为对软岩不能只强调让压，让压到一定程度后，要采用高强度钢筋混凝土弧板作为刚性支护，坚决限制和顶住围岩向临空面位移，以满足软岩支护"边支边让、先柔后刚、柔让适度、刚强足够"的特点。

董方庭教授[6]提出围岩松动圈支护理论，认为巷道开挖后，围岩受力状态由三向变为近似两向，导致围岩应力重分布和局部应力集中，造成岩体承载能力大幅下降。若集中的应力值小于下降后的岩体承载能力，则围岩处于弹塑性状态，可自行稳定；如果相反，围岩将发生破坏，这种破坏从巷道周边逐渐向围岩深部扩展，直至达到新的三向应力平衡状态，此时在巷道周边依次形成破裂区、塑性区和弹性区。需要通过现场实测围岩松动圈的大小来选择合理的支护参数。

方祖烈教授[7]提出围岩主次承载区理论，认为隧道开挖后围岩由内向外依次为松弛区（由破碎区和松动区组成）和承载区（由塑性承载区和弹性承载区组成）。承载区是一个因开挖形成的压缩区，承担深部围岩传来的荷载，为主承载区。经锚固作用加固的松弛区具有一定承载能力，为次承载区。隧道的稳定性取决于两者的协调作用状态，隧道支护形式及参数动态设计的主要依据为主承载区和次承载区在协调变形、相互作用过程中表现出来的动态特征。

何满潮院士[8]运用工程地质学和现代大变形力学相结合的方法，提出了工程力学支护理论，认为软岩的变形力学机制通常是多种变形力学机制的复合，复合型变形力学机制是软岩变形和破坏的根本原因。因此，要想有效地进行软岩巷道支护，单一的支护方法是难以奏效的，必须采取"对症下药"的联合支护方法。其关键是正确地确定软岩变形力学机制的复合类型，合理地运用变形力学机制的转化技术，有效地将复合型变形力学机制转化为单一型，从而实现大变形的有效控制。

何满潮院士[9]提出关键部位耦合支护理论，认为巷道支护破坏大多是由于支护系统与围岩在强度、刚度、结构等方面存在不耦合造成的，并且总是从某一部位损伤发展为整个支护系统失稳。因此要采取措施，实现支护系统和围岩在关键部位的再次组合，形成优化组合拱以支撑拱外荷载,从而改变围岩受力状态,增加围岩自承能力,达到耦合支护力学状态。

从21世纪初至今,随着我国大量公路铁路交通隧道、引水隧洞、综合管廊等地下工程的兴建,不同学者又提出了强力支护理论、分部联合控制理论、高强预应力一次型支护体系、及时-强-让压支护理论等支护理论和方法。

王梦恕院士[10]提出强力支护理论,认为隧道开挖后应尽快施作锚喷支护,及时给围岩施加一定量的围压,以期尽早提供较强的支护,不允许围岩发生过大变形。

刘泉声教授[11]提出分部联合控制理论,基于围岩的坚硬性和完整性、岩石强度、原岩应力、支护自稳时间等对煤矿岩巷围岩进行了分级,认为不同的支护措施应根据具体围岩级别联合应用,分步实施。对深部岩巷Ⅰ级围岩,采用高预应力超强锚杆支护实现围岩应力状态的恢复改善和围岩增强,即能控制其稳定;对Ⅱ级围岩,除了采用高预应力超强锚杆支护外,还需采用滞后注浆固结修复破裂损伤区围岩,需要将应力状态恢复、围岩增强和破裂损伤修复三项对策并用;对Ⅲ级围岩,需要在Ⅱ级围岩的支护措施基础上辅助以巷道断面形状的优化,并在高预应力超强锚杆的基础上增加预应力锚索,使巷道表面应力状态得到进一步恢复与改善,锚杆锚固区围岩进一步得到增强;同时,还能将锚杆锚固区与深部围岩联为一体,实现应力峰值向深部的转移和围岩承载圈的扩大;而对Ⅳ、Ⅴ级围岩,还需在Ⅲ级围岩的对策基础上,采用施工临时支护措施:在工作面施工超前注浆锚杆对破碎围岩进行预固结和预增强,并架棚支护。临时支护的作用一方面是为了防止工作面冒顶、片帮,控制施工安全;另一方面,可随着围岩变形对围岩表面施加被动应力,与锚杆锚索共同形成围岩应力状态恢复改善的联合支护体系,使围岩表面的侧限压力达到更高的水平,通过分步联合支护措施实现围岩稳定和施工安全的有效控制。

李志军等[12]提出高强预应力一次型支护体系,认为应主动对围岩进行约束,从而大幅提升围岩峰后强度,充分发挥围岩的自承能力,尽可能地保持围岩整体完整性。该体系以高强预应力锚索(高预紧力强力型锚索)体系为支护核心的一次(组合型)支护体系,构建"一次"采用预应力锚索体系提升围岩强度。

汪波教授[13]提出及时-强-让压支护理论,在强力支护理论的基础上增加了"让压"理念,从围岩形变能合理释放、进而优化支护结构受力的思想出发,研制了集让压锚杆、让压喷射混凝土和可缩式钢拱架于一体的让压支护体系。

上述软岩大变形支护理论和方法,可主要归纳为四种:一是单纯的"让(放)",即采用常规支护措施,通过增大预留变形量,充分释放围岩应力;二是"强支硬顶",即强力支护理论,主要采取增强初期支护刚度,及早施作二衬(强化型)的方式;三是"让压支护",即"抗-放"结合理念,采用"边支边让"的方式,让至一定程度再坚决顶住;四是"主动支护",通过采用高强预应力锚杆/索,尽可能维持开挖后的围岩完整性,减小岩体承载能力降低,构建以围岩-锚杆/索为承载主体的支护体系,从而实现大变形支护控制。

当前隧道工程实践中的软岩大变形控制方法主要包括三类,分别是"强支护""先让后抗"、"让抗结合"。"强支护"是指采用大刚度支护和衬砌结构或大范围加固围岩,具体包括增加喷射混凝土厚度、用大刚度的 H 型钢拱架代替工字钢,模筑混凝土结构,整体浇筑仰拱,甚至采用仰拱桁架结构达到增加支护结构刚度的目的。但是盲目地增加支护刚度会导致衬砌结构受压过大而破坏,这也是先前软岩大变形隧道中结构破坏频发的原因之一[14]。"先让后抗"即先采用格栅钢架等柔性支护并加大预留变形量,而后增设工字钢套拱等作为后期刚性支护,该原则可有效控制隧道变形,使得钢拱架屈曲、衬砌混凝土开裂的现象明显减少。"让抗结合"即采用同时增大预留变形量和初期支护刚度的方式来控制围岩大变形[15]。从支护和围岩相互作用、充分发挥围岩自稳能力的角度出发,软岩大变形的控制应以"让抗结合"为原则,但具体以让为主还是以抗为主,需要按照现场地质条件和技术要求进行确定。

3.1.2 极软弱围岩大变形控制总体原则

极软弱围岩隧道开挖后一般会产生较严重的大变形,宜采用"让抗结合"的变形控制理念,由于极软弱围岩自承能力低,如果"让"得太多,会使其变得更加松散。因此,要及时支护,并通过超前地质预报,预测隧址区围岩变化,优化支护设计方案、加固围岩、调整开挖进度以控制大变形。开挖方案和支护形式对极软弱围岩隧道的大变形控制有着直接和首要的影响。为了有效控制隧道极软弱围岩大变形,开挖和支护应遵循如下基本原则:

(1)开挖前应进行超前支护。可施作超前锚杆、超前小导管、超前管棚、超前水平旋喷桩等进行超前支护,也可采用玻璃纤维锚杆对隧道掌子面进行全断面预加固后进行开挖。

(2)宜采用开挖分部少、可快速闭合的施工方法。分部开挖后,初支、仰拱应及时封闭成环。

(3)极软弱围岩段一般需对仰拱下围岩进行加固处理(如采用钢花管注浆/预制桩加固),防止地基承载力过低造成不能封闭成环或软弱岩土体从底部挤出,造成隧道结构整体下沉或仰拱开裂等问题。

(4)控制开挖进尺。宜基于围岩条件、变形大小及发展趋势、现场施工条件等实际情况,采用微台阶、短进尺的开挖方式。

(5)上台阶或中台阶开挖立拱后,应加强对钢拱架的支撑。如采用扩大拱脚或锁脚锚杆等措施,发挥钢拱架支承作用。

(6)特殊区段让压考虑。特殊区段可施作让压支护降低大变形期间作用在初期支护上的围岩压力,主要包括多层延期支护技术、可让压式结构(可缩式钢拱架、可让压型衬砌、可缩性喷射混凝土、让压式锚杆)等。由于极软弱围岩风化程度或破碎程度较高,让压式锚杆的锚固性和稳定性难以保证,宜根据实际情况进行使用。

(7)合理处理地下水和施工用水。设置导流管或临时水沟引排地下水和施工用水,尽可能减少水对极软弱围岩的不利影响。

(8)加强预报监测。应根据超前地质预报结果和变形监控量测数据,及时调整开挖方案和预留变形量,动态优化支护方案。

3.2 极软弱围岩超前地质预报

3.2.1 极软弱围岩隧道超前地质预报目的

隧道工程设计前期的地质勘探工作只能为设计人员提供基本的隧道施工区域地质概况。受作业条件、经济成本等多种因素的限制,隧道施工前的勘探工作中,对地质情况的调查往往不够充分,勘察人员一般是根据有限的勘探钻孔资料和地质调查资料推测隧道沿线的地质情况,勘察设计所采用的地层信息与真实的地质状况往往存在差异。因此,在极软弱围岩中进行隧道施工时,有必要通过超前地质预报,进一步查清隧道掌子面前方的工程地质与水文地质,尤其是断层破碎带、富水区等不良地质条件,以便进行及时预警,降低工程灾害发生的概率和危害程度,保证隧道工程的施工安全。

3.2.2 极软弱围岩隧道超前地质预报内容

极软弱围岩隧道超前地质预报工作主要内容包括以下方面:

(1)地层岩性预报,特别是对软弱夹层、破碎地层等的岩性预报。

(2)地质构造预报,特别是对断层、节理裂隙密集带、褶皱等影响岩体完整性的构造发育情况的预报。

(3)不良地质预报,特别是对岩溶、人为坑洞、瓦斯等发育情况的预报。

(4)地下水预报,特别是对岩溶管道水以及富水断层、富水褶皱轴、富水地层中的裂隙水等发育情况的预报。

(5)有害气体预报,预报隧道掌子面前方有害气体含量、成分及其危害性。

3.2.3 极软弱围岩隧道超前地质预报方法

针对上述预报内容,极软弱围岩中超前地质预报方法主要包括:地质调查法、物探法和超前钻探法。

1. 地质调查法

地质调查法是根据隧道已有勘察资料、地表补充地质调查资料和隧道内地质素描,通过地层层序对比、地层分界线及构造线地下和地表相关性分析、断层空间展布与隧道下穿区域的相关性分析、隧道附近不良地质体的前兆(表3.1)信息分析等,利用常规地质理论、地质作图和趋势分析等。推测掌子面前方地质情况的一种超前地质预报方法。地质调查法包括隧道地表补充地质调查、隧道内地质素描等。

隧道附近不良地质体前兆　　　　　　　　　　　　　　　表 3.1

临近大型溶洞水体或暗河的可能前兆	临近断层破碎带的可能前兆	大规模塌方的可能前兆
（1）裂隙、溶隙间出现较多的黏土 （2）岩层明显湿化、软化，或出现淋水现象 （3）小溶洞出现的频率增加，且多有水流、河沙或水流痕迹 （4）钻孔中的涌水量剧增，且夹有泥沙或小砾石 （5）有"哗哗"的流水声 （6）钻孔中有凉风冒出	（1）节理组数急剧增加 （2）岩层牵引褶曲的出现 （3）岩石强度的明显降低 （4）压碎岩、碎裂岩、断层角砾岩等的出现 （5）临近富水断层前断层下盘泥岩、页岩等隔水岩层明显湿化、软化，或出现淋水和其他涌突水现象	（1）拱顶岩石开裂，裂缝旁有岩粉喷出或洞内无故尘土飞扬 （2）初支开裂掉块、支撑拱架变形或发声响 （3）拱顶岩石掉块或裂缝逐渐扩大 （4）干燥围岩突然涌水等

隧道地表补充地质调查应包括下列主要内容：

（1）对已有地质勘察资料的核查和确认。

（2）对地层、岩性在隧道地表的出露及接触关系，特别是对标志层的核实和确认。

（3）查明断层、褶皱、节理密集带等地质构造在隧道地表的出露位置、规模、性质及其产状变化情况。

（4）查明特殊地层在地表的出露位置、宽度及其产状变化情况。

（5）根据隧道地表补充地质调查结果，结合勘察设计文件、资料和图纸，核实和修正超前地质预报重点区段。

隧道内地质素描是将隧道所揭露的地层岩性、地质构造、结构面产状、地下水出露点位置及出水状态、出水量等信息准确记录下来并绘制成图表，包括掌子面地质素描和洞身地质素描。

隧道内地质素描分为洞身地质素描与开挖面地质素描，包含的主要内容有：

（1）对隧址附近的工程地质情况进行描述，包括地层岩性（地层时代、岩性、层间结合程度、风化程度等）。以及地质构造（描述褶皱、断层、节理裂隙特征、岩层产状等。断层的位置、产状、性质、破碎带的宽度、物质成分含水情况以及与隧道的关系。节理裂隙的组数、产状、间距、充填物、延伸长度、张开度及节理面特征、力学性质，分析组合特征、判断岩体完整程度）等信息。

（2）对隧址附近的水文地质情况进行描述，包括地下水的分布、出露形态及围岩的透水性等信息。

（3）对隧址附近不良地质段进行记录。对极软弱围岩段、高应力地段、地下水富集区段、断层破碎带等重点区段进行研究分析，记录评价结果。

（4）记录围岩稳定性特征及支护情况，包括不同工程地质、水文地质条件下隧道围岩稳定性、支护方式以及初期支护后的变形情况。对发生围岩失稳或变形较大的地段，需要详细分析、描述围岩失稳或变形发生的原因、过程、结果等。

2. 物探法

物探法根据预报原理可分为：地震反射类、电磁类以及其他方法（核磁共振法、红外探水法、温度探测法等）。由于每类探测方法是以地质介质的某一性质（如弹性性质、导电性质、导热性质等)差异为物理基础,所以有各自的适用范围、敏感特性和优缺点。

(1)地震波反射法

地震波反射法是隧道超前地质预报应用最广泛的地球物理方法,常用的地震波反射法包括隧道负视速度法、隧道地震预报(Tunnel Seismic Prediction,TSP)、隧道反射成像(Tunnel Reflection Tomography,TRT)、隧道地震层析成像法(Tunnel Seismic Tomography,TST)以及极小偏移距地震波法等。其主要观测方式包括直线类观测方式、空间观测方式和极小偏移距地震观测方式,如图3.1所示。

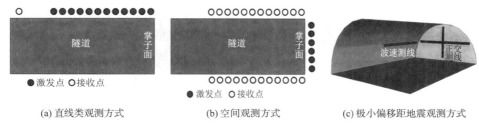

(a) 直线类观测方式　　(b) 空间观测方式　　(c) 极小偏移距地震观测方式

图 3.1　隧道地震超前探测的主要观测方式[16]

负视速度法和隧道地震预报法(TSP法)均是直线测线观测方式。这两种方法的基本原理均为利用地震波以球面波的形式在波阻抗有差异的地质体之间发生波的反射和投射的信息差异来判断全空间的隧道地质情况。利用负视速度法进行探测时,在已开挖洞段靠近掌子面的侧壁或底板一定范围内布设一个激振点和一系列接收点,选用多炮共道或多道共炮方式记录地震波信号通过分析地震反射波及其同相轴的特征,预报隧道掌子面前方岩性界面、断层带和破碎带等位置。TSP法为在已开挖洞段靠近掌子面的侧壁一定范围内等间隔布置多个激振孔,依次进行微弱爆破,然后利用两个三分量检波器地震信息,通过TSP303等软件接收提取各地震波反射界面,估算岩体相关物理力学参数,从而预报隧道前方及周围临近区域的地质情况(图3.2)。这两种方法在我国隧道工程领域的应用非常广泛,对规模较大的不良地质体特别是与隧道轴线近似垂直的不连续体(断层、破碎岩体等)界面探测效果较好,但是从反射地震探测原理来分析,直线测线布置方式难以获取掌子面前方的波速分布,从而导致定位不准确、探测结果不可靠[16]。

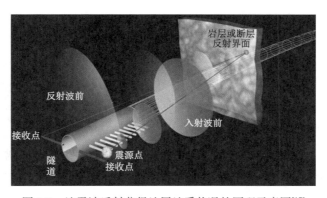

图 3.2　地震波反射获得地层地质状况的原理示意图[17]

隧道反射成像法（TRT）和隧道地震层析成像法（TST）属于空间观测方式。这种方法采用空间多点激发和接收的观测方式，根据以地震波走时与波速的乘积而形成的椭圆面的叠加强度来确定岩体中反射界面的位置，提取围岩波速，划分围岩类别。从原理来讲空间观测方式有利于获得可靠的速度分布结果，可提高地质体的定位精度，但这种探测方式需占用掌子面和两侧边墙，耗时较长。

陆地声纳法（Land Sonar）属于极小偏移距地震波法，陆地声纳法是"陆上极小偏移距高频弹性波反射连续剖面法"的简称，也称高频地震反射波法或地震映像法。在隧道掌子面布置极小偏移距的地震波激发与接收系统，采用锤击或声发射装置激发高频地震波或声波，在激振点附近单点接收或在其两侧对称位置上同时接收高频地震波或声波信号，用分窗口带通滤波的方法进行处理，提取不同频谱的高频地震波或声波信息，以突出不同深度、不同规模目标体的反射波图像，达到预报掌子面前方不良地质体的目的[18]。这种方式震检距很小，激发地震波在传播中转换波很少，能量较为集中，对中小规模的溶洞和与轴线小角度相交的异常体有较好的探测效果。

由于极软弱围岩孔隙裂隙发育、地震波在其传播过程中能量衰减速度过快，所以地震波反射法的探测距离有一定限制。地震波反射法在极软弱围岩段一般每次预报距离应为100m左右，不宜超过150m，连续预报时前后两次应重叠10m以上。此外，反射地震法对具有弹性差异的异常体有较敏感的响应，但难以辨识是否含水。

（2）电磁波反射类

电磁类物探方法主要包括地质雷达法（Ground Penetrating Radar，GPR）和隧道瞬变电磁法（Transient Electromagnetic Method，TEM）。

地质雷达法通过激发高频电磁波向介质传播并发生反射与透射，地表仪器接收反射回来的电磁波，形成相应的数字信号，数字信号特征能够反映隧道的地质情况。高频电磁波与地震波的特征类似，可以使用与地震波类似的处理与解释方法[19]。由于电磁波对含水体响应较敏感，所以该方法常用于对含水体的识别和定位。该方法的探测距离较短（20m左右）[20]，在极软弱围岩段一般的有效探测距离宜取10~20m，并结合雷达波形判定，连续预报时前后两次宜重叠5m以上。

瞬变电磁法是一种时间域的电磁勘探方法，通过不接地的电偶源或回线向被探测区域发射一次磁场，并在断电后测量地下激发的二次感应磁场随时间的衰减特征，从而达到勘探地下地质情况的效果。瞬变电磁法不仅具备众多物探方法的优点（轻便、快速、廉价、无损等），而且能够穿透高阻屏蔽层，较好地分辨其下方的地质构造，并且对含水构造特别灵敏，具备较高的勘探分辨率和较大的勘探深度[21]。近年来许多学者提出了隧道环境中瞬变电磁的解译方法，如等效导电平面解译方法[22]、视纵向微分电导成像技术[23-24]和三维瞬变电磁探测技术[25-26]，在定位精度、界面识别效果方面有显著提高，目前在富水的极软弱围岩和断层破碎带中的可靠的探测距离约为80m，连续探测时前后两次宜重叠10m以上。

（3）其他物探方法

除了上述技术，红外探测法、岩体温度法也被用于探测掌子面前方的含水体等地质异常。红外探测法通过测量地下岩体的红外辐射场判断探测工区是否是富水区。该方法对地下水、岩溶区的探测比较敏感。岩体温度法根据地下水对不同距离处岩体温度的影响进行含水体预报。这两类技术由于缺乏温度场分布与含水体位置相关关系的理论或试验数据，仅能对掌子面前方一定范围内有无含水体做定性预报，难以进行定位[27]。

3. 超前地质钻探法

超前地质钻探是利用钻机在隧道掌子面进行钻探获取地质信息的一种超前地质预报方法。超前地质钻探法能够比较直观地探明钻孔所经过部位的地层岩性、岩体完整程度、岩溶及地下水发育情况。与物探方法相比，它具有直观性和客观性，不存在物探手段经常发生的多解性、不确定性。但超前钻探法也具有"一孔之见"的不足，对范围较小的溶洞有漏报的可能。超前地质钻探法适用于大多数地质条件下的隧道超前地质预报。但是，对富水的极软弱围岩进行钻探时，若直接揭露承压水、岩溶水、断层破碎带，则存在较大的涌突水风险。

超前地质钻探法应结合地质调查和物探报告综合预报，宜采用中距离钻探，必要时可采用长距离钻探，连续钻探时前后两次宜重叠5～10m。一般地段可采用冲击钻，复杂地段宜采用回转取芯钻。超前地质钻探孔数、孔位应根据隧道断面大小和地质复杂程度确定。断层、节理裂隙密集区或其他破碎富水地层应布设1～3个孔，终孔于隧道开挖轮廓线以外5～8m。采用取芯钻探的钻孔直径应满足取芯、取样和孔内测试要求。

超前钻探过程中应做好现场记录，包括钻孔位置、开（终）孔时间、孔深、钻进压力、钻进速度随钻孔深度变化情况；冲洗液颜色和流量变化；涌砂、空洞、振动、卡钻位置；突进里程、冲击器声音的变化等。在富水地段进行超前钻探时必须采取防突水措施。钻探过程中应根据钻孔情况适时调整钻孔角度与深度。超前钻探成果应与地表、洞内地质调查资料、已有地质资料对比印证，综合分析，形成超前地质钻探报告。

4. 超前地质预报方法选择

极软弱围岩隧道超前地质预报主要预报极软弱围岩、断层破碎带、岩溶等不良地质体和地下水，同时关注有效预报距离和预报精度。一般来说，预报距离越近，预报精度越高。极软弱围岩隧道超前地质预报可采用地质调查法、物探法、超前钻探法等一种或多种方法相结合的方式对隧道掌子面前方情况进行超前预报。针对不同的预报目的与要求，超前预报方法选择见表3.2。

物探预报方法及性能[19]　　表3.2

预报目的	预报距离	适用方法	预报精度
断层、破碎带、岩溶等不良地质体	中长距离（50～250m）	地震负视速度法、TSP、TRT、超前地质钻探法	低
	短距离（<50m）	地质雷达法、陆地声纳、TEM	高

续表

预报目的	预报距离	适用方法	预报精度
地下水	中长距离（50～250m）	TSP、TRT、超前地质钻探法	低
	短距离（<50m）	地质雷达法	高
		红外探测法	低

物探超前预报方法种类较多且各具优点，而单一的物探方法具备局限性而无法直接应用于隧道灾害预报。需要选择多种物探方法并组合使用，弥补单一物探方法的缺点并提高预报准确度。选择 TSP 法、探地雷达法、瞬变电磁法三种方法为综合物探预报方法，从探测能力、适用范围与预报精度三方面分析综合物探预报方法的优势。

从探测能力来看，TSP 法的探测深度最大，其次是瞬变电磁法、探地雷达法，单一的物探方法只能探测部分区域，无法获得相对全面的地质结构与潜在不良地质体的信息。三种方法组合能够实现从长、中、短距离递进的综合预报，能够对掌子面前面一定距离内的地质体重复测量，保证探测距离并减小误报的可能性。

从适用范围来看，TSP 法适用于波阻抗差异较大且具有一定规模的断层、破碎带、软弱层等地质构造，能够分析地质体的物理力学参数并评价围岩的类别。探地雷达法同样对断层、破碎带等探测效果较好，但是由于高频电磁波在以水为代表的高损耗介质中会被迅速吸收，因此在含水区域的探测能力较弱。瞬变电磁法在采空区、溶洞等区域的探测能力较好，但是在探测金属结构体、金属矿脉时效果不佳。三种方法各有优缺点并能够相互弥补，理论上能够适用于复杂地质条件下的预报工作。

从探测精度来看，TSP 法与瞬变电磁法的探测精度相对较低，容易出现误报和漏报，而探地雷达的探测精度相对较高，一定程度上能够弥补 TSP 法与瞬变电磁法探测精度不足的问题。其次，三种物探方法的资料收集与处理独立进行，不会相互干扰，资料处理的结果能够相互印证并减少误报的可能性，进一步确定不良地质体的工程参数并提高预报的准确度。

3.2.4　萍莲高速莲花隧道极软弱围岩段超前地质预报实例

萍莲高速莲花隧道极软弱围岩段超前地质预报采用电磁波法、地震波法、瞬变电磁法等多种物探方式结合超前钻探对突水突泥段以及极软弱围岩段掌子面前方不良地质情况进行综合预报。下述为四个典型不良地质段的超前地质预报结果。

1. 仪器设备

（1）电磁波法

电磁波法预报工作选用瑞典 MALA 地质雷达主机和 100MHz 频率天线（图 3.3）、瑞典脉冲 CrossOver®CO730 双频天线（图 3.4）。

图 3.3　MALA 地质雷达 100MHz 频率天线　　图 3.4　瑞典脉冲 730 双频天线

（2）地震波法

地震波法预报工作选用瑞士 Amberg TSP 303 Plus（图 3.5）。

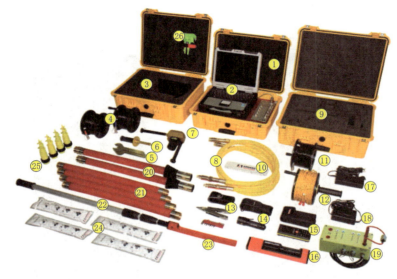

图 3.5　瑞士 Amberg TSP 303Plus 仪器

（3）瞬变电磁法

瞬变电磁法预报工作选用 ADTEM-18 瞬变电磁仪（图 3.6）。

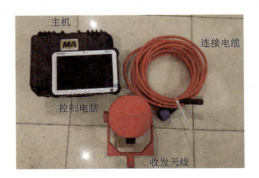

图 3.6　ADTEM-18 瞬变电磁仪

2. 莲花隧道部分极软弱围岩段超前地质预报验证情况

（1）莲花隧道进口左洞（ZK36+807～ZK36+848 段）（表 3.3，图 3.7～图 3.10）

莲花隧道进口左洞 ZK36+807~ZK36+848 段超前地质预报及验证情况表　　表3.3

预报方法	预报结论	综合预报结论	掌子面揭露验证情况
瞬变电磁法	ZK36+816~ZK36+832 段探测结果中，电阻率偏低，推断其区域可能存在断层破碎带、含水概率较高	掌子面前方 ZK36+809~ZK36+826 范围内可能存在断层破碎带，ZK36+807~ZK36+848 范围内含水概率较高、可能存在富水区	ZK36+807~ZK36+848 段围岩为泥盆系白云质灰岩、泥灰岩夹钙质砂岩，受 F6 断层影响较大，岩体较破碎，水量丰富，左右洞地下水有一定的连通性，与预报结论基本吻合。部分掌子面揭露照片见图 3.10
电磁波法	掌子面 ZK36+803 段探测结果中，前方 0~17m 范围内电磁波信号以低频反射信号为主，部分信号同相轴连续均一，呈层面状反射，信号振幅强，且存在多次振荡，推断 ZK36+803~ZK36+823 段围岩破碎，裂隙发育，掌子面 ZK36+803~ZK36+820 范围内可能存在富水区		
地震波法	ZK36+809~ZK36+826 段探测结果中，围岩 V_p 及密度偏低，推断其段落内可能存在破碎带，ZK36+807~ZK36+848 段附近 V_p/V_s 及泊松比增大，推断其段落内含水概率较高，V_p 为纵波，V_s 为横波		

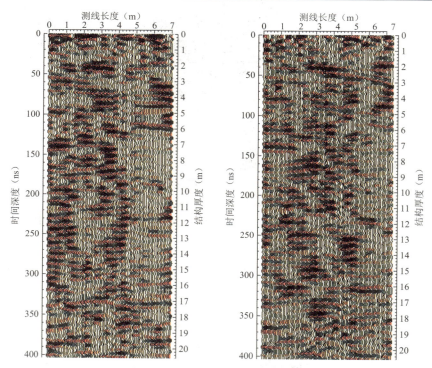

图 3.7　ZK36+803~ZK36+823 段雷达波型图

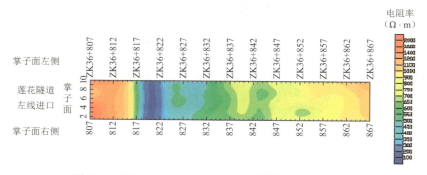

图 3.8　ZK36+807~ZK36+848 段瞬变电磁法探测图

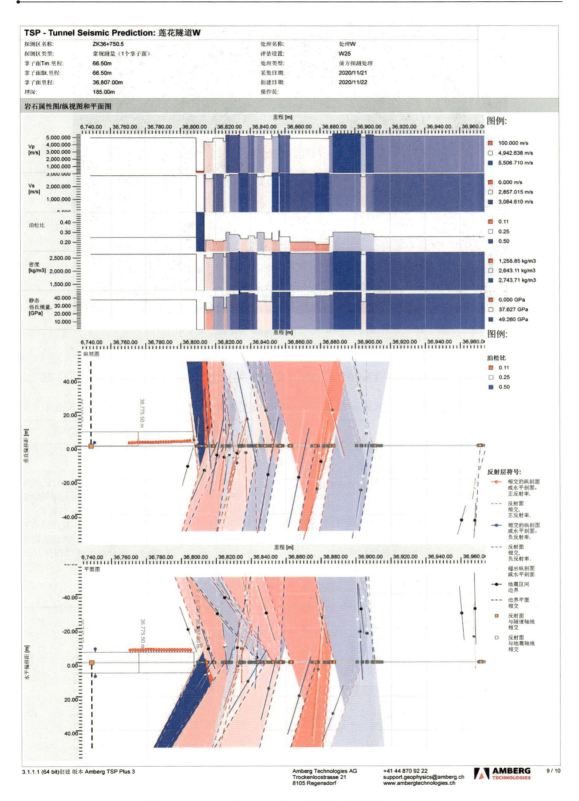

图 3.9 ZK36＋807～ZK36＋848 段 TSP303Plus 探测图

图 3.10　掌子面 ZK36+807 掌子面涌水突泥、ZK36+807～
ZK36+848 段存在多处断层破碎带及富水区

（2）莲花隧道进口右洞（YK36+893～YK36+918 段）（表 3.4，图 3.11～图 3.13）

莲花隧道进口右洞 YK36+893～YK36+918 段超前地质预报及验证情况表　　表 3.4

预报方法	预报结论	综合预报结论	掌子面揭露验证情况
瞬变电磁法	YK36+893～YK36+916 段探测结果中，电阻率偏低，推断其区域可能存在断层破碎带、含水概率较高	掌子面前方 YK36+893～YK36+918 段可能存在断层破碎带，含水概率较高、可能存在富水区	YK36+893～YK36+918 段围岩为泥盆系白云质灰岩、泥灰岩夹钙质砂岩，受 F6 断层影响较大，岩体较破碎，水量丰富，左右洞地下水有一定的连通性，与预报结论基本吻合。部分掌子面揭露照片见图 3.13
地震波法	K36+900～YK36+918 段探测结果中，围岩 V_p 及密度等参数偏低，推断该区域范围内可能存在破碎带，YK36+893～YK36+900 段及 YK36+918 附近 V_p/V_s 及泊松比增大，上述区域可能存在富水区		

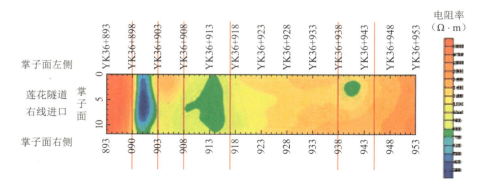

图 3.11　YK36+893～YK36+918 段瞬变电磁法探测图

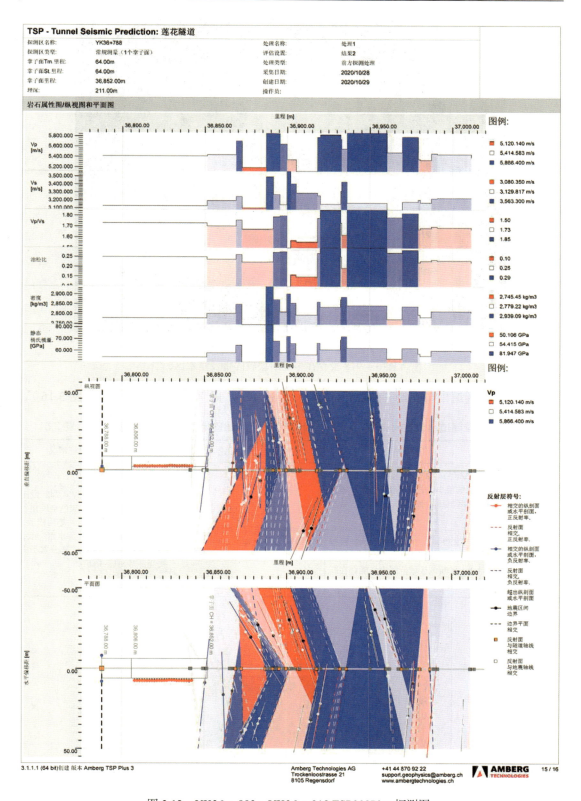

图 3.12　YK36＋893～YK36＋918 TSP303Plus 探测图

图 3.13 掌子面 YK36＋895 掌子面涌水、YK36＋895～
YK36＋918 段存在多处断层破碎带及富水区

（3）莲花隧道出口左洞（ZK37＋272～ZK37＋242 段）（表 3.5，图 3.14～图 3.16）

莲花隧道出口左洞 ZK37＋272～ZK37＋242 段超前地质预报及验证情况表　　表 3.5

预报方法	预报结论	综合预报结论	掌子面揭露验证情况
瞬变电磁法	ZK37＋272～ZK37＋242 段探测结果中，电阻率相对较低，推断其区域围岩破碎、裂隙发育，含水概率一般	ZK37＋272～ZK37＋242 段围岩破碎、裂隙发育，可能存在断层破碎带，含水概率一般	ZK37＋272～ZK37＋242 段围岩为黄色夹杂红色、灰色全风化砂质、泥质、钙质页岩，结构松散，手捏易碎呈粉土状，含水率一般，与预报结论基本吻合。部分掌子面揭露照片见图 3.16
地震波法	ZK37＋272～ZK37＋242 段探测结果中，围岩 V_p 及密度等参数偏低，推断该区域范围内可能存在断层破碎带，含水概率一般		

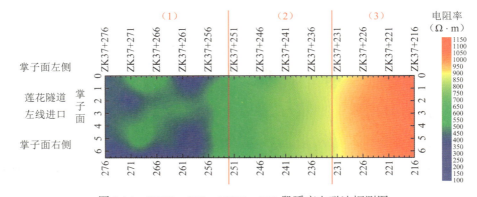

图 3.14　ZK37＋272～ZK37＋242 段瞬变电磁法探测图

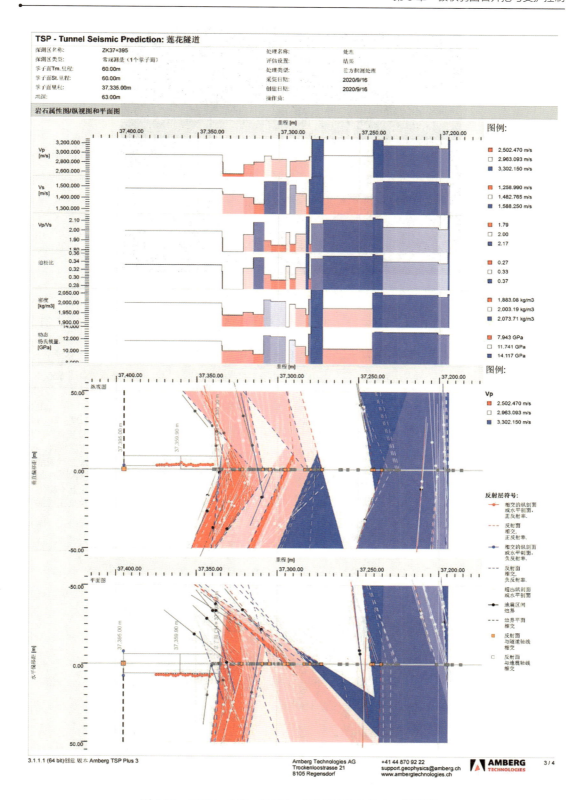

图 3.15　ZK37＋272～ZK37＋242 段 TSP303Plus 探测图

图 3.16　ZK37+272～ZK37+242 段围岩实际揭露照片

（4）莲花隧道出口右洞（YK37+253～YK37+215 段）（表 3.6，图 3.17～图 3.21）

莲花隧道出口右洞 YK37+253～YK37+215 段超前地质预报及验证情况表　表 3.6

预报方法	预报结论	综合预报结论	掌子面揭露验证情况
瞬变电磁法	YK37+253～YK37+215 段探测结果中，多处电阻率偏低，推断其区域围岩破碎、裂隙发育，含水概率较高	YK37+253～YK37+215 段围岩破碎、裂隙发育，可能存在断层破碎带及富水区	YK37+253～YK37+215 段围岩主要为强风化粉砂质页岩、绿泥石砂岩，互层状，岩质较软，岩体破碎，结构较松散，呈碎裂结构，断层破碎带发育，该区域多处存在富水区，与预报结论基本吻合。部分掌子面揭露照片见图 3.20 和图 3.21
电磁波法	YK37+250～YK37+230 段信号以较均匀中低频反射信号为主，变化较快，波形分布较为杂乱，局部反射信号振幅强，且存在多次或二次振荡信号，推断该区域内围岩破碎、裂隙发育，含水概率较高		

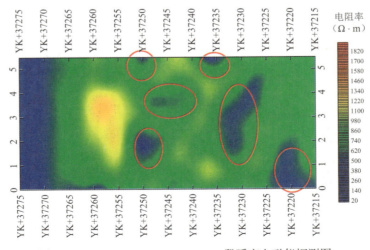

图 3.17　YK37+253～YK37+215 段瞬变电磁仪探测图

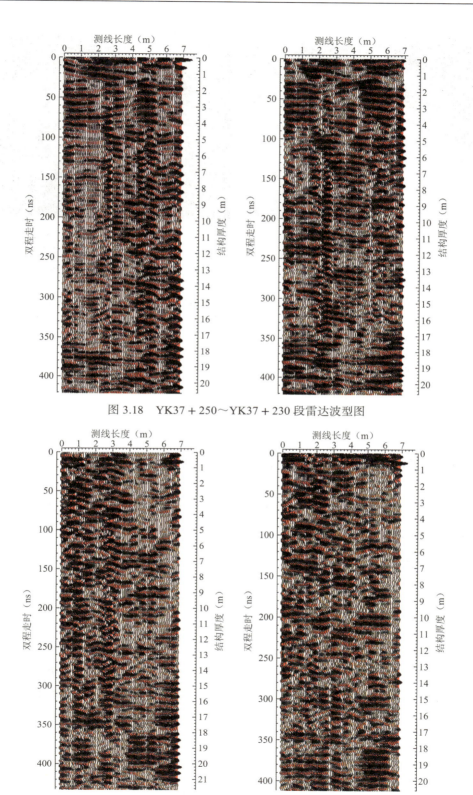

图 3.18 YK37+250～YK37+230 段雷达波型图

图 3.19 YK37+235～YK37+215 段雷达波型图

图3.20 YK37+253~YK37+215段围岩实际揭露照片,掌子面围岩结构松散,呈碎裂结构,左侧拱顶淋雨状出水

图3.21 YK37+253~YK37+215段围岩实际揭露照片,掌子面围岩破碎、裂隙发育,左侧拱顶有小股水流涌出,左侧拱顶坍塌

萍莲高速莲花隧道极软弱围岩段超前地质预报采用电磁波法、地震波法、瞬变电磁法进行的综合预报结论与实际掌子面围岩揭露情况基本吻合,为施工过程中ZK36+807、YK35+895两处掌子面处的突水突泥灾害和ZK37+272段附近的大变形灾害提供了准确预警。验证了三种方法在理论上的探测能力、预报精度以及适用领域等能够实现互相补充和完善,基本能够预报隧道中的多种地质异常。莲花隧道中超前地质预报的成功应用案例也可以为其他极软弱围岩段隧道工程超前地质预报提供借鉴。

3.3 洞口极软弱围岩洞段开挖与支护控制

隧道洞口洞段通常埋深浅,围岩风化程度高,一般软弱破碎,自稳能力差,相较于洞身洞段,更加易受开挖扰动。若处理不当,则易引发大变形甚至塌方滑坡等工程事故。因此,洞口段施工技术是隧道工程建设的难点之一。

3.3.1 洞口洞段开挖方法

由于洞口洞段隧道埋深较浅,在隧道进出洞施工过程中,难以形成一个稳定的承载拱。因此,在洞口洞段的开挖和支护难度较大,若处理不当,易导致边坡变形和滑塌。因此,隧道洞口洞段施工需要依据工程实际特点选取合理的开挖方法,保证隧道进洞安全顺利。基于当前施工、设计水平和机械设备条件,适合洞口极软弱围岩洞段的开挖方法主要有环形开挖预留核心土法、交叉中隔壁法(CRD法)、双侧壁导坑法、中隔壁法(CD法)[28]。

(1)环形开挖预留核心土法

环形开挖预留核心土法又称台阶分部开挖法,由台阶法改良演变而来,该方法将隧道开挖面分为上部环形拱部、上部核心土和下部台阶三部分。开挖过程中,先开挖环形拱部围岩,上部预留的核心土支挡着开挖面,能及时地施作拱部初期支护,支护好后开挖上部核心围岩，最后对下部台阶进行开挖。该方法可提高开挖过程中工作面的稳定性，减小围岩的变形，进而降低前方掌子面发生坍塌破坏的概率，适用于易坍塌的软弱围岩隧道开挖，其工序示意图如图 3.22 所示。

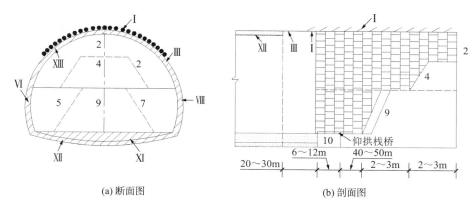

(a) 断面图　　　　　　　　　(b) 剖面图

Ⅰ—超前支护；2—上部弧形导坑开挖；Ⅲ—上部初期支护；4—上部核心土开挖；5、7—两侧开挖；
Ⅵ、Ⅷ—两侧初期支护；9—下部核心土开挖；10—仰拱开挖；Ⅺ—仰拱初期支护；Ⅻ—仰拱填充混凝土；ⅩⅢ—拱墙混凝土

图 3.22　环形开挖预留核心土法工序示意图

（2）中隔壁法

中隔壁法又称 CD 法，该方法利用中隔壁将整个开挖断面分为左、右两部分，先采用台阶法对断面左侧岩土体自上而下分台阶开挖施工，并施作初期支护和临时中隔壁；随后，对另一侧岩土体采用同样的方式开挖，待该侧初期支护完成后，全断面封闭成环，最后拆除中隔壁。该方法主要适用于围岩较差和隧道断面跨度大的地下工程施工，其工序示意图如图 3.23 所示。

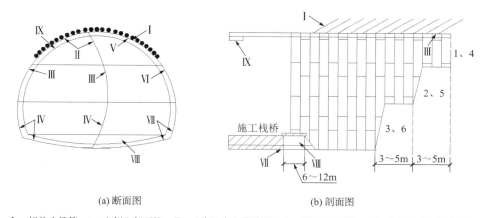

(a) 断面图　　　　　　　　　(b) 剖面图

Ⅰ—超前小导管；1—左侧上部开挖；Ⅱ—左侧上部初期支护；2—左侧中部开挖；Ⅲ—左侧中部初期支护；
3—左侧下部开挖；Ⅳ—左侧下部初期支护；4—右侧上部开挖；Ⅴ—右侧上部初期支护；5—右侧中部开挖；
Ⅵ—右侧中部初期支护；6—右侧下部开挖；Ⅶ—右侧下部初期支护；Ⅷ—仰拱及填充混凝土；
Ⅸ—拆除中隔壁后作拱墙二次衬砌

图 3.23　中隔壁法（CD 法）法工序示意图

（3）交叉中隔壁法

交叉中隔壁法，即 CRD 法，该方法利用中隔壁和临时仰拱等措施将整个工作面分成 4 个或者 6 个小断面，然后按照一定的施工顺序，对这些小断面分别进行开挖，每一部分开挖完成后及时封闭成环，最后形成全断面的封闭大环。该方法能够非常有效地控制拱部下沉与收敛，适用于围岩较差的浅埋隧道、膨胀土隧道的开挖。其开挖工序示意图如图 3.24 所示。

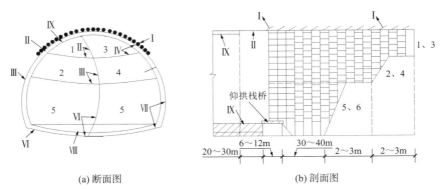

Ⅰ—超前小导管；1—左侧上部开挖；Ⅱ—左侧上部初期支护成环；2—左侧中部开挖；Ⅲ—左侧中部初期支护成环；3—右侧上部开挖；Ⅳ—右侧上部初期支护成环；4—右侧中部开挖；Ⅴ—右侧中部初期支护成环；5—左侧下部开挖；Ⅵ—左侧下部初期支护成环；6—右侧下部开挖；Ⅶ—右侧下部初期支护成环；7—拆除中隔墙及临时仰拱；Ⅷ—仰拱及填充混凝土；Ⅸ—拱墙二次衬砌

图 3.24 交叉中隔壁法（CRD 法）法工序示意图

（4）双侧壁导坑法

双侧壁导坑法又称眼镜工法，利用左右两个侧壁将隧道断面分为左右导坑、中间台阶、上部台阶和下部台阶四个部分。开挖过程中，先对隧道两侧的导坑进行开挖，完成后及时对两侧工作面施作初期支护或临时支撑以封闭导坑，然后采用台阶法对中间剩余部分进行开挖。该开挖方法对围岩变形有很好的控制效果，适用于跨度较大、地表沉降要求严格、围岩较差的浅埋隧道。其工序如图 3.25 所示。

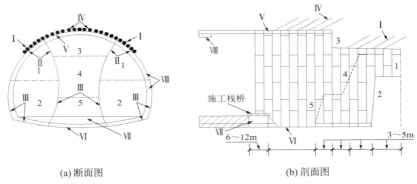

Ⅰ—两侧超前小导管；1—两侧上部开挖；Ⅱ—两侧上部初期支护；2—两侧下部开挖；Ⅲ—两侧下部初期支护；3—中壁上部开挖；Ⅳ—拱部超前小导管；Ⅴ—中壁上部初期支护；4、5—中壁中部开挖；Ⅵ—中壁下部初期支护；6—中壁下部开挖；Ⅶ—仰拱及填充混凝土；Ⅷ—拱墙二次衬砌

图 3.25 双侧壁导坑法工序示意图

隧道洞口洞段施工是工程的关键环节，在极软弱围岩隧道洞口洞段开挖时，可根据现场施工条件以及地质情况选取合适的开挖方法，如环形开挖预留核心土法、CD法、CRD法、双侧壁导坑法。其次应选用合理的围岩超前支护措施，保证隧道进出洞安全顺利。

3.3.2 洞口洞段超前支护措施

根据国内外施工经验，隧道洞口极软弱围岩洞段开挖前应施作超前支护，再进行开挖施工。常采用的超前支护措施包括超前锚杆、超前小导管、超前管棚和超前水平旋喷桩等[28-32]。

（1）超前锚杆

超前锚杆（图3.26）即在隧道洞口开挖前，沿着开挖断面轮廓线，以一定的外插角（5°~12°），向岩体内打入一系列锚杆，使得围岩与锚杆形成一层围岩加固圈，从而稳定软弱围岩。超前锚杆支护技术施工方便，见效快。

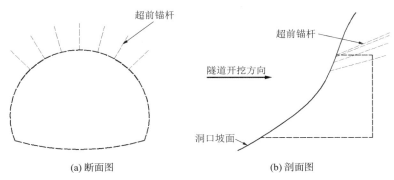

图3.26 超前锚杆加固示意图

（2）超前小导管

超前小导管（图3.27）是指沿开挖外轮廓线以一定的外插角（一般为10°~15°，可根据钢拱架间距进行调整）打入小导管，随后压注水泥或化学浆液以达到预加固效果的支护方法。超前小导管尾端支撑于钢拱架上并焊接牢固，搭接长度应控制在1m以内，管口应设置止浆阀；超前小导管支护刚度不足时可在钢管内增设粗钢筋；当超前小导管与围岩间出现间隙时，应采用喷射混凝土填满；开挖时小导管间围岩若有掉块，应立即补打导管，并应在下一环小导管施工时适当加密[30]。通过超前小导管压注浆液后，浆液以填充、劈裂等方式置换岩土体孔隙的水和空气，凝结后使最初松散破碎的软弱岩体胶结成一个整体，进而改善围岩的承载能力。该方法适用于松散、无粘结土层、自稳时间短的砂层及砂砾（卵）石层等软弱地层。

超前小导管的作用和布置方式与超前锚杆相似，但超前小导管较超前锚杆适应更多的地层，在砂土地层、堆积地层、断层破碎带和塌方地段更容易施作成形，支护范围更大。它既能起到对未开挖段围岩的预支护作用，又能起到对围岩的预加固作用。超前小导管尾端与初期支护钢拱架焊接，共同组成棚架支护体系，也称"小管棚"。

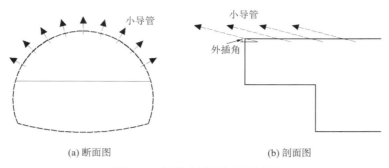

图 3.27 超前小导管加固示意图

（3）超前管棚

超前管棚[图 3.28（a）]是沿隧道开挖轮廓线，以 0.5°~2°的外插角并排打入一系列钢管，钢管直径为 89~110mm，与初期支护钢拱架结合形成棚架，其现场施作如图 3.28（b）所示。超前管棚一次支护距离长、支护能力强，适用于砂土地层、堆积地层、断层破碎带、水平薄层状地层、浅埋和塌方地段、充填岩溶等。在隧道洞口开挖施工中，已大量采用管棚超前支护，能有效地控制围岩变形和地面沉降，可以保持边仰坡稳定和洞口施工安全[30]。超前管棚支护施工流程为：浇筑导向墙（包括安设导向管）→钻孔→打设管棚钢管→插入钢筋笼→管棚钢管内注浆。

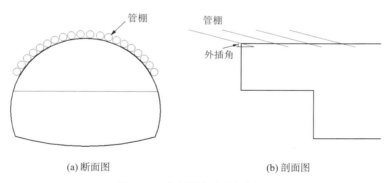

图 3.28 超前管棚加固示意图

（4）超前水平旋喷桩

超前水平旋喷桩（图 3.29）以高压泵为动力源，通过水平钻机钻杆上的喷嘴把配制好的浆液喷射到土体内，强制土颗粒与浆液搅拌混合，浆液凝固后形成水平旋喷桩。相邻旋喷桩之间有一定的重叠，重叠的桩体在隧道拱顶及周边形成连续的水平旋喷帷幕体，在其保护下进行隧道掘进，从而达到提高隧道施工的安全性、防止地表下沉、降低支护费用、加快施工进度等目的。围岩极软弱破碎情况下，水平旋喷桩在超前管棚难以控制大变形时使用或者两者联合使用（图 3.30）。该方法主要适用于开挖后自稳能力极差的地层，如含水砂层、淤泥地层、含水全风化地层、第三系含水未成岩地层等。

水平旋喷桩施工主要包括以下几个步骤[31]：①施工准备。测量放线，定位旋喷桩施作位置。②设备安装调试。安装钻机并检查运行是否正常，按设计要求调整钻机角度和方位。③钻进。钻进过程中要使用水平导向仪辅助测量，及时纠正偏斜，直至钻至设计深度。④高压旋喷。在孔底高压喷浆时应停留一定时间，然后缓慢外拔钻杆，同时高压喷浆，当钻杆拔至孔口 0.5m 时停止喷浆，关闭浆液通道后再缓慢拔出钻杆。浆液水灰比一般为 1∶1，注浆压力一般为 35～40MPa，可根据工程需要进行调整[32]。⑤封孔。

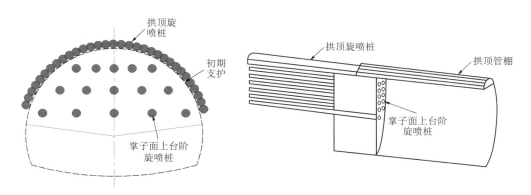

图 3.29 水平旋喷桩断面布设示意图　　图 3.30 管棚旋喷桩组合示意图

（5）初支贴壁法隧道进洞技术

初支贴壁法隧道进洞技术是公路隧道进洞的一种新型设计与施工方法。该方法在洞外不扰动、不开挖山体的情况下，采用套拱（基础加固）、长管棚、暗洞初期支护明做，实现环、纵向初支贴壁（图 3.31）；在洞内根据开挖断面地层状况，采用环形开挖预留核心土法、CD 法或 CRD 法等施工方法开挖施工[33]。

初支贴壁法隧道进洞施工基本步骤：

第一步：清理孤石，施工洞顶截水沟（如有必要）。

第二步：根据实测地面高程及地质情况，测量放样，确定套拱位置。

第三步：开挖套拱基础，采用注浆钢管、钢管内设置钢筋笼，注浆加固套拱基础。

第四步：逐榀架立套拱工字钢，焊接连接钢筋。

第五步：采用洞口段支护参数，逐榀施工洞口外露部分工字钢及锁脚锚管，焊接连接钢筋、钢筋网直至纵向贴壁，延伸至天然山体仰坡坡面。

第六步：安装管棚导向管，导向管前端与山体自然仰坡坡面衔接密实。

第七步：立模浇筑套拱混凝土。

第八步：外露部分初期支护采用竹胶板作为底模，喷射 C25 混凝土。

第九步：超前管棚施工并注浆，洞外辅助施工完成后，转入洞内开挖及支护施工。

第十步：洞内开挖根据地质情况及开挖断面，采用上下台阶留核心土法、CD 法、CRD 法施工，逐榀开挖逐榀支护，快速成环。

第十一步：根据第十步循环施工，直至洞内完成1～3模二衬施工后，退出二衬台车，施工明洞衬砌和洞门。

第十二步：明洞及洞口段回填、洞口排水系统和绿化工程施工。

第十三步：转入暗洞正常掘进施工。

初支贴壁法隧道进洞技术的优势主要有以下几个方面：①洞口施工过程中不扰动、不开挖山体，有效地保护洞口山体自然生态系统；②采用暗洞初期支护明做，实现纵、环向初支贴壁施工，取消了大量的边仰坡防护工程，减少洞外施工时间，降低了水文气候对洞口施工的影响；③消除了边仰坡，保护了山体原生岩土体，既能保证山体稳定和保护原生植被，还能实现安全快速、"零开挖"进洞施工；④消除了边仰坡，可取消大量洞顶截水沟，进一步提高施工效率，减少对环境的破坏。

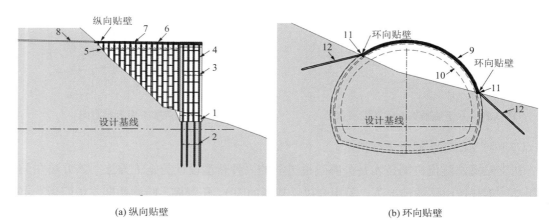

(a) 纵向贴壁　　　　　　　　　　(b) 环向贴壁

1—套拱基础；2—基础注浆管；3—套拱工字钢；4—套拱钢筋；5—外露段初支工字钢；6—导向管；
7—导向管与工字钢连接件；8—长管棚；9—外露段初支喷射混凝土；10—外露段二衬混凝土；
11—工字钢连接钢板；12—锁脚锚管

图3.31　初支贴壁示意图

（6）异形套拱

在隧道进出口地处陡崖、路线与原有山体斜交条件下，进行开挖进洞施工时，易引起工程灾害及安全事故。现有工程处理一般将洞口位置的边仰坡通过爆破、机械开挖后，进行支护结构施作。施工用时较长，功效低，进洞时间慢，对原有山体破坏严重，不利于绿色施工[34]。异形套拱进洞法，即依据地形设置平行四边形套拱 [图3.32（a）] 或梯形套拱 [图3.32（b）]，顺应斜交山体地形、地质情况，实现"零开挖"进洞。根据套拱设计形式，斜交进洞可分为斜交斜作和斜交正作[35]。

斜交斜作即贴壁斜交进洞，设置平行四边形套拱，隧道左右侧开挖进尺不同，进洞后逐步过渡到与隧道轴线垂直的正交施工阶段。该方法对洞口围岩等级要求较高，斜向开挖增大洞口段开挖跨度，钢拱架复杂、加工困难，山体埋深较浅一侧无支挡措施，不利于结构受力稳定，因此使用较少。

斜交正作即采用梯形套拱，与隧道轴线垂直修筑，再施作管棚预支护进洞。钢拱架与隧道轴线始终垂直，山体一侧开槽，临时坡面支护。该方法能有效降低洞口边仰坡的高度，利用虚拟洞壁（长边侧）改善洞口偏压，可承受较大的水平推力，并根据工程需要灵活增加挡墙等支挡结构。其施工工序为：

第一步：清理洞口附近的破碎围岩，做好防排水设施，在洞口坡面进行喷射混凝土预处理，做好边坡、仰坡的防护工作。

第二步：对隧道洞口坡面按照设计进行开槽。

第三步：安装异形套拱的钢拱架，开槽段通过膨胀螺栓将钢拱架固定在槽内。

第四步：架设模板，在模板内预留导向管，水平方向设置定位梁，施加超前锚杆或管棚进行预加固。

第五步：浇筑混凝土并进行养护，待梯形套拱强度达到要求后，施作超前管棚支护。

第六步：采用左右不同进尺开挖进洞，逐渐从斜交过渡到正交进洞。

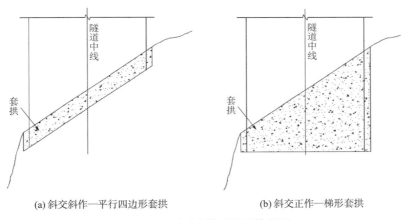

(a) 斜交斜作—平行四边形套拱　　　　(b) 斜交正作—梯形套拱

图 3.32　异形套拱进洞法俯视图

除以上超前支护措施以外，为防止洞口极软弱围岩洞段施工后仰拱出现底鼓开裂、不均匀沉降、翻浆冒泥和路面渗水等危害，可采用预注浆或增设桩基对底部围岩进行加固，保证地层有足够的强度和承载力。

3.3.3　洞口洞段地表稳定措施

为了确保隧道洞口极软弱围岩洞段施工过程能够安全顺利地进行，需要在隧道开挖前采取一定的措施来稳定地表，提高边坡、仰坡以及山体自身的整体性。常用的方法包括削坡减载和填土反压、坡面防护、地表水处理、抗滑桩和预应力锚索、抗滑挡墙、地表锚杆、地表注浆等[28]。

（1）削坡减载和填土反压

削坡减载（图 3.33）即在隧道开挖前，采用边坡平整和刷坡的方式改善洞外地表轮廓形状，削弱边坡产生的偏压作用，达到提高地表边坡稳定性的目的。削坡减载具有造价低、施工简单等优点，但对地层扰动较大，且对山体植被有一定的破坏，不符合环保理念，因此目前使用较少。

填土反压是目前水土保持中常用的边坡防治措施。该方法在滑坡体前堆土加载，抵消边坡偏压作用下产生的下滑力，增加隧道和坡体稳定性，防止不稳定坡面发生滑移等工程事故。该方法适用于易滑坡山体或有明显偏压特性的隧道洞口段，具有抵抗边坡下滑效果好、造价低、施工进度快等特点，但对于偏压程度较大的山体，采用该加固措施效果不明显。

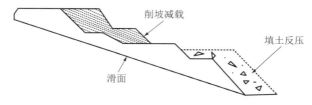

图 3.33 削坡减载和填土反压示意图

（2）坡面防护

隧道洞口上方顺着隧道线路方向的坡称为仰坡，洞口两侧的坡称为边坡，洞门的作用即是保证洞口仰坡和两侧路堑边坡的稳定。由于极软弱围岩自承能力较差，因此在洞口洞段施工前要采取措施保证边仰坡的稳定。

坡面防护的主要方法为[36]：①仰坡开挖尽量避免影响围岩的整体稳定，采用控制爆破减少对坡体的扰动；②边仰坡表面喷 20cm 厚的混凝土，内设双层钢丝网，焊接在锚杆尾端上；③垂直于边坡面设置砂浆锚杆，间距 2～3m，呈梅花形布置，锚杆长 4～14m，参数根据实际需求确定。

（3）地表水处理

对于极软弱围岩隧道，要本着"先排水再进洞"的原则，减少地表水对隧道进洞工序造成过多的干扰。同时防排水要"以排为主，防、排、截、堵相结合"，目的是使洞口处排水流畅、杜绝安全隐患[30]。

结合洞口的地形情况，如果隧道施工现场的地势比较低，可增加一道环形截水沟（图 3.34）来加快隧道排水，不设置截水沟时需要根据地形进行合理的引排。与此同时，也可以通过构建枝状排水系统来加快排出隧道洞口不稳定部位处的地表水，避免因积水下渗而引发隧道洞口掉块等问题。截水沟需要设置在洞口开挖线 5m 以外，截引地表水，并与路基排水系统或天然水沟连接，组成综合排水系统。洞口截排水设施应符合下列规定：①应结合地形条件设置，具备有效拦截、排水顺畅的能力；②不应冲刷路基坡面及桥涵锥坡等设施；③洞口截、排水设施应在雨季和融雪期之前完成；④截水沟迎水面不得高于原地面，回填应密实且不易被水淘空；⑤截水沟应防止渗漏和变形。莲花隧道截水沟与路基排水系统连接见图 3.35。

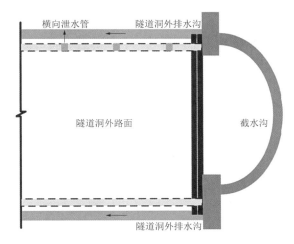

图 3.34　隧道截水沟布设示意图

(a) 莲花隧道截水沟　　　　　　　(b) 连接路基排水系统

图 3.35　莲花隧道截水沟布设示意图

（4）抗滑桩和预应力锚索

抗滑桩是应对边坡滑动的一种洞外预加固处理措施。该方法将抗滑桩柱锚固于滑动面下部的稳固地层，承受滑动体的下滑推力，从而增加边坡稳定性，具有平衡滑动体的下滑力、稳定边坡的作用，适用于围岩较软弱破碎的坡体。

预应力锚索也是洞外地表边坡加固治理措施之一。该方法通过锚头将锚索锚入岩体内，将边坡易滑体与稳固岩层连在一起，以改变边坡岩体的应力状态，提高边坡不稳定岩体的整体性和强度。该方法治理效果较好，但工程造价相对较高。预应力锚索常与抗滑桩联合使用形成预应力锚索抗滑桩，如图 3.36 所示。

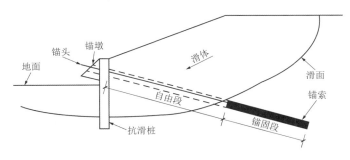

图 3.36　预应力锚索抗滑桩示意图

（5）抗滑挡墙

抗滑挡墙（图 3.37）是滑坡整治中一种较为有效的边坡防治措施，该方法通过在坡体底部设立挡墙，以支承路基填土或山坡土体的下滑力，从而防止坡体变形失稳。主要适用于隧道洞口段，能够抵挡坡体下滑、削弱山体偏压力和增强端墙稳定性，在国内应用较为广泛。

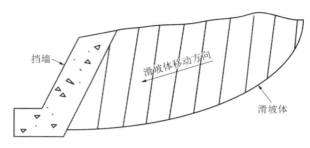

图 3.37　抗滑挡墙示意图

（6）地表锚杆

地表锚杆是一种地表预加固措施，该方法通过向围岩内部打入锚杆，改变围岩原有的力学状态，增强围岩的整体性，以达到维护隧道和边坡稳定的目的。它适用于浅埋暗挖和岩体松软破碎地段，能够减小隧道地表纵向滑移和地表沉降。

（7）地表注浆

地表注浆通过灌注水泥砂浆以填充岩体内部孔隙，改善岩体原有的物理特性，从而提高围岩整体稳定性以进行地表预加固。它适用于地层非常松散破碎、易发生大规模坍塌或失稳的浅埋偏压隧道，同时为增强注浆加固效果，可在地表施作一层喷混凝土，并将钢筋网与注浆管焊接为整体。值得注意的是，注浆初始阶段对围岩强度有一定的削弱，直至浆液凝结后才呈现加固作用，因此注浆后需要有足够的凝结时间。

3.4　洞身极软弱围岩洞段开挖与支护控制

在极软弱围岩洞段的施工过程中，应选取合理的开挖与支护控制方法，将围岩变形控制在容许范围之内，确保隧道净空和隧道结构体系的长期稳定。本节对洞身段开挖方法、让压支护变形控制技术、增强支护整体刚度的变形控制技术以及动态开挖支护进行阐述。

3.4.1　洞身段开挖方法

对极软弱围岩洞段，开挖后围岩变形难以控制，因此多采用分部开挖法，如环形开挖预留核心土法、CD 法、CRD 法、双侧壁导坑法等，这些方法和洞口极软弱围岩洞段开挖方法相似，详见 3.3.1 节。除了这些常见的开挖方法，也可根据情况选择采用超前预加固法和冻结法等进行开挖施工。

（1）超前预加固法

超前预加固法开挖是在对掌子面前方围岩进行预加固和预约束前提下的一种全断面开挖方法。新意法认为掌子面超前核心土体系的稳定是隧道开挖能否安全进行的决定性因素，主张各种超前工法，并提出了两种最基本的保证超前核心土强度和稳定性的措施：①保护性干预措施（预约束）：即在超前核心土周围，通过一系列措施（近水平旋喷桩技术、机械预切槽技术等）保护超前核心土原有的强度和变形特性，使成拱效应靠近洞壁周围产生；②加固性干预措施（预加固）：通过适当的加固技术（玻璃纤维结构件加固超前核心土等）直接作用于超前核心土，加固掌子面，改善其强度和稳定性[37]。

（2）冻结法

冻结法是在要开挖的岩土层布置冻结器，采用机械压缩方法制冷，通过低温盐水在冻结器内循环，吸收松散含水地层的热量，使得地层冰冻，逐渐形成一个封闭的能够抵挡水土压力的人工冻结岩体壁，增加开挖断面周围土体强度和稳定性的一种特殊施工方法。实践表明，冻结法开挖在处理复杂不利地质条件时是十分有效的，它能提高不利地质条件的岩土体强度，隔绝地下水，在冻土层的保护下，提高施工的安全性和可靠性，该方法多用于城市中的地下工程施工，山岭隧道使用较少[38]。

3.4.2 洞身洞段超前支护措施

与隧道洞口洞段开挖相似，洞身极软弱围岩洞段开挖前，也需要施作超前支护，防止开挖导致坍塌和控制掌子面挤出变形，保护施工安全。可将洞身洞段的超前支护措施分为三类[39]：

（1）围岩约束措施。通过增大掌子面最小主应力提高掌子面稳定性，包括施作掌子面锚杆、掌子面水平旋喷桩等措施。

（2）围岩改良措施。通过增强围岩的力学性能提高掌子面稳定性，包括掌子面预注浆、冻结等措施。

（3）围岩保护措施。通过对围岩压力的正确转移，以减小掌子面所受围岩压力，提高掌子面稳定性，包括施作超前锚杆、超前小导管、超前管棚、预衬砌、拱部水平旋喷桩等措施。

不同超前支护措施的加固材料、施工工艺和支护重点不同，具体选用哪种措施要视围岩质量、变形大小和发展情况、施工机械等条件而定。超前支护施作后，可一定程度防止极软弱围岩发生大规模变形破坏和塌方，为后续的开挖和让压支护体系施作创造条件。

3.4.3 让压支护的变形控制技术

对于极软弱围岩隧道的支护控制，需要通过"让"的方式降低初支上的围岩压力以保护初支，即采用可与围岩一起变形的让压支护体系。但仅采用让压是不够的，随着围岩变形逐步增大,围岩压力也不断增加,若变形过大则会侵占净空,因此支护结构在变形后期还必须保证刚度足够,遵循"让抗结合"的支护原则。要求支护结构既可以发生一定的变形量以释放部分围岩压力,减小作用在支护上的荷载,又能保证有较大的整体刚度以提供足够的支护反力,确保隧道变形趋于稳定。

国内外研究人员提出了较多的让压变形控制方法,例如多层延期支护技术、可让压式结构(包括可缩式钢拱架、可让压型衬砌、可缩性喷射混凝土、让压式锚杆)等。

1. 多层延期支护

多层延期支护是指采用多层支护结构或多层衬砌结构,但各层支护结构不是同时施作,而是通过延期施作逐步施加上去的支护方式[15]。这实际上是一种"边抗边让"的支护方式,它一方面通过增加支护刚度和衬砌厚度来提高支护强度,另一方面通过各层结构的延期施作来释放部分围岩应力。与强支护相比,多层延期支护可以通过各层间的延期施作来释放部分围岩应力,使最终作用在支护上的力得到降低,是一种比较经济的支护措施。但该方法工序较为烦琐,且逐层进行支护会导致工期延长。

2. 可让压式结构

国内外学者针对让压支护提出了可缩式钢拱架结构、可让压式锚杆结构、可让压型衬砌结构以及限阻耗能构件结构等[3](图3.38)。让压支护结构的原理是"收敛约束法",随着支护结构的压缩变形,大致要经历弹性阶段、让压支护阶段和刚性支护阶段,让压支护特征曲线见图3.39。初期围岩压力较小,支护结构处于弹性阶段且变形较小。随着围岩压力的持续增加,让压构件开始发挥作用,支护结构进入让压阶段,该阶段作用在支护结构上的力变化不大,但支护结构的变形可以持续增长,让压阶段的变形量即为该构件的预设让压量。当支护结构变形超过预设让压量时,结构进入刚性支护阶段。

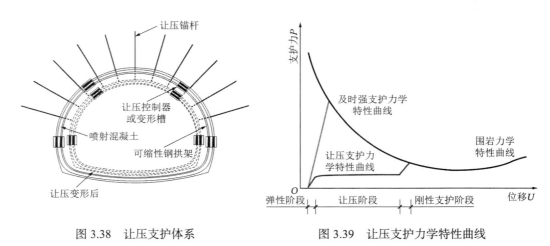

图3.38 让压支护体系　　　　图3.39 让压支护力学特性曲线

1)可缩式钢拱架

可缩式钢拱架是在拱架中按一定间距预留可伸缩式的接头,与普通支护中 H 型钢和工字钢一类钢架采用刚性接头的情况不同，可缩式钢拱架可以通过接头的滑移缩短钢架的周长，避免或减少因大变形而产生扭转、屈曲破坏。钢拱架让压一般通过两种方式实现：①设置 U 型钢或 H 型钢可伸缩性钢拱架，如图 3.40 所示，其中国内外采用的可缩动钢支架多是 U 型钢可缩动钢支架；②采用专门的让压控制器（Lining Sliding Damper，LSD），LSD 主要由定位钢、让压管、承载板组成，如图 3.41 所示。可缩式钢拱架初撑力较高、增阻速度快、支护强度大且具有一定可缩性，常应用于煤矿的主巷支护和交通隧道软岩破碎围岩段的初次衬砌。

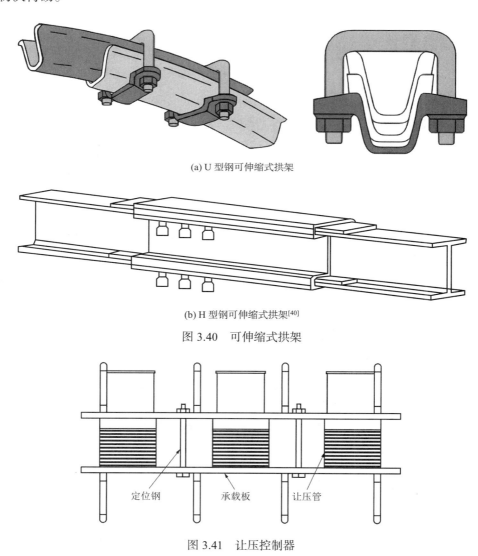

(a) U 型钢可伸缩式拱架

(b) H 型钢可伸缩式拱架[40]

图 3.40　可伸缩式拱架

图 3.41　让压控制器

2）可让压型衬砌

可让压型衬砌（图 3.42）的设计理念是允许支护结构随围岩一起发生较大的变形而不破坏，以释放围岩应力[15]。基于这种理念，可让压型衬砌主要的设计方法为在衬砌背后增加可压缩层，使隧道衬砌结构在围岩变形初期随地层收敛而发生变形。

图 3.42 可让压型衬砌

3）可缩性喷射混凝土

喷射混凝土让压功能一般可通过两种方式实现：一是在喷射混凝土中设置预留变形槽（图 3.43）；或者在预留变形槽内加入让压屈服单元，以保持喷射混凝土结构的完整。早期喷射混凝土的让压功能通过预留变形槽实现，但开口变形槽降低了喷射混凝土支护的承载能力，并且在变形槽附近易产生剪切破坏，为了使变形槽具有承载能力，通过在变形槽中设置屈服单元，其可在喷射混凝土衬砌段之间传递轴向力。目前工程上在切槽式喷射混凝土中植入的屈服元件有多种，包括 hiDCon（Highly Deformable Concrete）构件、LSC（Lining Stress Controller）构件、Wabe 构件、限阻器构件等。

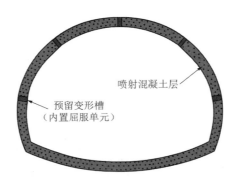

图 3.43 喷射混凝土中设置预留变形槽

（1）hiDCon 构件

hiDCon 构件（图 3.44）是一种由水泥、钢纤维、空心玻璃微珠和钢筋等材料组成的高强度延性混凝土构件，其中空心玻璃微珠主要用于增大构件的孔隙率，提高构件的延性。图 3.45 是在意大利 Politecnico di Torino 试验室建立的 hiDCon 单元的荷载-位移曲线[41]。由图 3.45 中的黑色线和绿色线条可知，hiDCon 构件表现出一种较好的变形特性，它的初始刚度较高，在超过其峰值荷载后，在很大的位移变化范围内，其所承受的荷载几乎保持不变。hiDCon 构件不会发生突然的脆性失效，在达到设计变形能力后，其抗压强度会增加[42]。

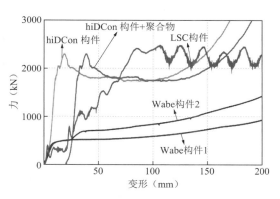

图 3.44 hiDCon 构件　　　　图 3.45 各耗能构件的荷载位移曲线

（2）LSC 构件

LSC 构件（图 3.46）是一种经过特殊处理的柔性可伸缩钢套筒构件，套筒内有一些弯曲的特殊钢材料，起到"弹簧"的作用。通过设计合适的内部可压缩钢管尺寸和数量来控制构件的刚度和屈服强度，确保在衬砌受到较大荷载时，LSC 构件会首先压缩，"弹簧"发挥作用，屈服变形后的材料一边吸收变形能，一边提供恒定的反力[15]。

该构件由几组轴向负载的钢管组成，这种变形的构件利用了钢管在屈曲变形中的优势。LSC 元件的承载能力可以通过调整其制备过程中使用的钢管数量和长度来进行控制。在实践中，为了优化元件性能，通常在元件底部安装比承重管短的额外钢管，并与承重钢管同心排列。在图 3.45 中，绘制了由四根屈服钢管组成的 LSC 构件的代表性荷载-位移曲线，其中两根钢管短了 30mm。在压缩位移达到 80mm 时，LSC 元件提供了几乎线性增长的抗压能力。随着进一步缩短，钢管屈曲变形导致的抗压能力在 2050~2500kN 之间。

(a) LSC 构件　　　　　(b) LSC 构件在隧道衬砌中的位置示意图

图 3.46 LSC 构件示意图

（3）Wabe 构件

Wabe 构件（图 3.47）也是一种钢管型耗能构件，通过在衬砌间的预留缝中插入空心开口钢筒来实现支护前期的可收缩能力。不同于 LSC 构件，Wabe 构件的钢管受力方向和钢管的轴向垂直，在受荷过程中钢管产生横向压缩变形。Wabe 构件的截面一般也是由多组钢管平行排列而成,共同承担衬砌传递的力。在钢筒受压缩变形的过程中还可以插入较小直径的空心开口钢管,调节施工过程中的衬砌的让压力。在外侧钢筒达到一定的压缩变形后,新插入的钢管进一步发生压缩形变,提高 Wabe 构件支护系统的强度[15]。

图 3.47 Wabe 构件示意图

（4）限阻器构件

仇文革等[43]研发了一种适应隧道大变形的限阻耗能型支护结构,该结构在混凝土切槽内安装了一种限阻器,限阻器由上下传力连接钢板和竖向限阻钢板组成,上下连接钢板平行放置,竖向限阻钢板垂直焊接在上下连接钢板上。这种限阻耗能型支护结构在高地应力水平岩层隧道中得到了较好的应用。施工设计如下:

限阻器用于与隧道初期支护的环向连接,其设计原则为:①限阻器峰值须大于仰拱闭合前结构内力,并小于结构极限抗压强度,保证初期支护的施工期安全稳定与后期限阻变形。②限阻器须保证一定的恒阻值,控制支护变形速度和收敛时机在工程可接受范围内。③限阻器须留有足够的恒阻变形空间,确保围岩压力能够释放到结构可支护能力之内。

为保证限阻器与隧道初期支护结构的有效连接和共同工作,限阻器与结构连接采取的措施为:①限阻器与格栅钢架环向连接。在连接钢板上开螺栓孔,格栅钢架和限阻器通过接头螺栓连接。②限阻器与喷射混凝土环向连接。在连接钢板上垂直焊接连接钢筋,通过连接钢筋来保证限阻器和喷射混凝土有效连接,并在限阻器 1.0m 范围内挂双侧钢筋网,防止局部应力集中导致混凝土开裂。③限阻器纵向连接。在前后两榀限阻器的上下连接钢板处用钢筋或钢板帮焊连接,使各榀限阻器在隧道纵向上连接成一条纵梁,如图 3.48 所示。

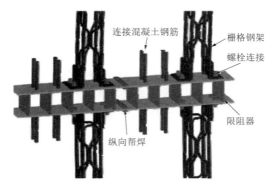

图 3.48 限阻器组装示意图

为保证限阻器发挥有效作用和施工安全，应采取如下措施：①限阻器有效工作措施。在限阻器安装施工时，采用土工布堵住竖向钢板间空隙，以防混凝土喷入而导致限阻器失去工作能力。在进行下一循环初期支护施工时取出土工布，保证限阻器正常工作。②限阻器封闭措施。在施工期间密切监测限阻器和初期支护变形，当限阻器压缩变形量超过限定值时，或初期支护变形已收敛需施作二衬时，采用喷射混凝土喷实限阻器竖向钢板间空隙，并辅以小导管注浆对限阻器进行封闭处理，保证初期支护的整体性。

4）让压式锚杆

让压式锚杆是延伸性较好、具有可让压性的一类锚杆。由于其自身允许变形量可以与围岩的大变形相适应，所以不会因为变形太大而出现被拉断。但在极软弱围岩隧道施工过程中，由于围岩风化程度较高，可让压式锚杆结构的锚固性和稳定性难以保证。因此，宜根据实际情况合理进行使用。几种常见的大变形让压式锚杆见表 3.7[44-46]。

让压式锚杆类型表　　　　　　　　　表 3.7

类型/国家	基本原理	优缺点	结构示意图
锥形锚杆（Cone Bolt）/南非	主要由光滑杆体、锥形体、托板和螺母构成。安装时，首先在围岩中钻孔，然后在杆体表面涂抹蜡状材料，将锚杆放入锚固孔中后用水泥砂浆封装，自由端由螺母和托板固定。当岩体变形时，托板与锚杆之间将产生变形，导致锚杆受到拉力荷载作用，当拉力荷载超过设计值时，杆体与锚固剂之间发生剪切滑移以吸收围岩变形能	优点：吸收能量能力强 缺点：浆液需要较长的时间才能到达一定强度；岩体剪切变形可能会造成锚杆锁死；成本高	（托板、光滑杆体、锥形体）
树脂锚固锥形锚杆（Modified Cone Bolt，MCB）/加拿大	树脂锚固锥形锚杆工作原理与锥形锚杆类似，但其锚固剂采用树脂锚固剂，且在锥形末端增加了一个叶片，用来搅拌树脂药卷，改进后的锚杆锚固效果更好	优点：吸收能量能力强；安装后即可提供支撑力 缺点：涂抹层脱落可能导致锚杆失效；岩体剪切变形可能会造成锚杆锁死；成本高	（球形阀座和圆顶螺母、圆顶板、脱黏剂、树脂型搅拌片、锥形体）
Garford 锚杆（Garford Solid Bolt）/澳大利亚	由树脂搅拌装置、屈服装置、杆体、垫板及螺母组成。屈服装置是一个短钢套筒，内部的杆体头部较粗。当围岩变形时，拉力荷载使杆体从屈服装置中拉出，承载力基本保持不变	优点：安装后即可提供支撑力 缺点：需要较深的钻孔；成本较高	（套有聚乙烯管的杆体、屈服装置、树脂搅拌装置、承载垫板）

续表

类型/国家	基本原理	优缺点	结构示意图
Roofex 锚杆（Roofex Bolt）/奥地利	由钢套筒、锚定件、光滑杆体、垫板和螺母组成。锚杆的工作原理与Garford锚杆类似，当围岩变形并使锚杆达到设计屈服荷载时，光滑杆体从锚定件中被拉出以吸收变形能和调整围岩位移	优点：吸收能力强 缺点：需要较深的钻孔；成本很高	（螺母、垫板、光滑杆体、锚定件兼屈服装置、钢套筒）
Yield-Lok 锚杆（Yield-Lok Bolt）/加拿大	由一根直径17.2mm的圆钢制作而成的杆体，杆体末端为镦粗的锚头，杆体和锚头被完全包裹在聚合物包壳内。当拉力荷载超过设计极限值时，镦粗的锚头在聚合物包壳内产生滑移，以吸收和转移围岩变形能	优点：安装后即可提供支撑力 缺点：需要钻孔径较大且长度较深的钻孔；成本较高	（螺母、垫板、聚合物包壳、锚头）
D 锚杆（D-Bolt）/挪威	由光滑杆体及杆体上的锚定件组成。锚定件包括叶片式和波形式两种。锚杆杆体中的锚定件比光滑杆部分具有更高的强度和刚度，当围岩变形时，光滑杆部分首先发生屈服而产生塑性伸长，并且光滑杆部分各单元独立工作，部分单元失效不会影响其余部分继续工作	优点：多个锚固点，锚固效果好；锚杆易于安装 缺点：不能施加预应力；各单元之间的变形能力小	叶片式D锚杆 波形式D锚杆 （锚定件）
一种新型大尺度让压锚杆/中国	主要包括锚头、锚腔和锚杆。锚头为下部带有短锥面的圆柱体。围岩向洞内净空变形时，锚头在锚腔内相对滑动，产生让压量	优点：吸收能力强；锚杆发生结构变形阶段，仍然能够保持恒定的工作阻力和稳定的变形量 缺点：实施效果过分依赖岩体预测变形量的准确性	（垫板、螺母、锚孔、砂浆、锚杆、锚腔、锚头）
恒阻大变形锚杆/中国	主要包括螺母、托盘、恒阻装置、杆体。当围岩变形能较大时，施加于杆体上的轴力大于或等于恒阻大变形锚杆的设计恒阻力，恒阻装置内的恒阻体沿着套管内壁发生摩擦滑移，在滑移过程中保持恒阻特性，依靠恒阻装置的结构变形抵抗岩体的变形破坏	优点：吸收能力强；锚杆发生结构变形阶段，仍然保持恒定的工作阻力 缺点：成本较高	（螺母、恒阻装置、连接套、杆体、锚固段、托盘）

3.4.4 增加支护整体刚度的变形控制技术

对于极软弱围岩地层隧道,支护结构还要有足够的强度储备来抵御大变形。然而,单纯依靠增加喷射混凝土厚度和减小钢拱架间距来增强支护结构的整体刚度是有限的。因此,还需要从结构上进行改进,并采取初支结构增强和地层加固措施。

1. 结构改进

初期支护结构改进形式主要包括钢管混凝土和预制装配式空间网架。

(1) 钢管混凝土

钢管混凝土(图3.49)是在钢管外壳内填装混凝土组成的支护构件,其工作原理是钢管管壳约束作用下的混凝土处于三向受压状态,从而使夹心混凝土具有更高的抗压强度,内填混凝土与钢管管壳共同承受轴向压力,充分利用钢管和混凝土两种材料在受力过程中的相互作用。

高延法教授在此基础上设计了"早强型钢管混凝土支架+可缩性早强混凝土碹体+泡沫让压层"的钢管混凝土支护体系(图3.50)。可缩性混凝土碹体与泡沫让压层能够给予巷道一定的变形空间和支架核心混凝土硬化时间,有利于支架早期承载力的提升和释放围岩能量,较大程度地保持围岩和支护体的承载力,最终形成较稳定的围岩-支护结构协同承载体系。该结构早期承载力提升快且支架承载力大,能够提供足够的支护阻力,可有效减少巷道早期收敛变形量,防止围岩产生过大塑性变形,保护原岩强度[47-49]。

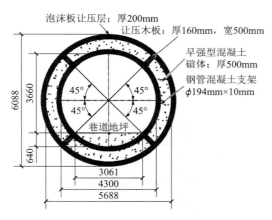
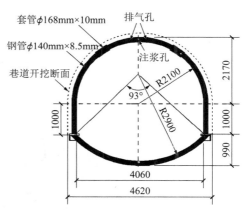

图 3.49 钢管混凝土支护体系　　　图 3.50 钢管混凝土支架支护巷道断面

(2) 预制装配式空间网架

对于极软弱围岩,开挖后尽快支护较为重要。为了缩短支护施作时间和提高支护刚度,中铁十一局张旭东研发了一种适用于隧道的预制装配式空间网架支护结构,提出初期支护应快速成环,提供支护抗力,尽快发挥承载能力的即时支护理念和施工方法[50]。

预制装配式空间网架支护结构剖面(图3.51)利用"外5+内4"或"外4+内5"共

9根钢管，形成"正三角"和"倒三角"相结合的稳定钢网架结构（图3.52）。整环网架分为10块进行组装［图3.53（a）］，单块最大重量610kg，整环重量为5338kg，现场组装图见图3.53（b）。型钢杆件间采用焊接连接，构件间采用法兰盘和高强度螺栓连接环向连接，环间纵向连接采用纵向连接筋及环间法兰盘焊接。

该预制装配式空间网架支护结构承载能力强，可不喷射混凝土，依靠网架结构自身承担全部隧道荷载。对极软弱围岩进行及时支护，也可喷射混凝土，与混凝土结构共同承担隧道荷载。其结构组合简单、安装方便，能有效地提高隧道支护的施工效率。

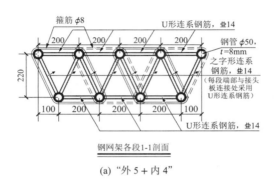

(a)"外5+内4"

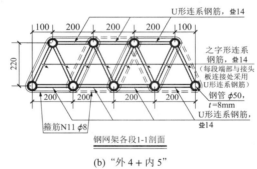

(b)"外4+内5"

图3.51 钢网架结构剖面设计图

图3.52 钢网架图

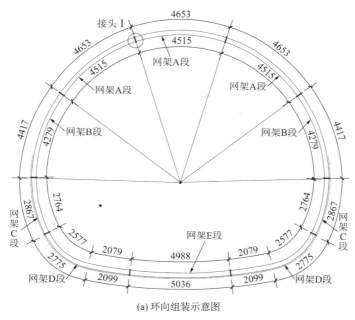

(a) 环向组装示意图

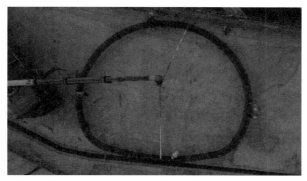

(b) 现场组装图

图 3.53 整环网架

2. 初支结构增强和地层加固措施

由于极软弱围岩对隧道支护结构的承载力较低,未及时封闭成环的初支结构容易出现较大的沉降,需要采取一些措施增加钢拱架拱脚的承载能力,这些措施包括施作锁脚锚杆、纵向连接槽钢、焊接斜撑等措施。在初支封闭成环后,为防止地基承载力过低造成隧道结构整体下沉问题以及软弱岩土体从隧道底部挤出导致的仰拱开裂问题,极软弱围岩段一般须对仰拱下围岩进行加固处理,如采用钢花管注浆/预制桩加固。

(1) 锁脚锚杆

上、下台阶施工时可采用每榀拱架两侧增加锁脚锚杆进行加固,以防止拱脚落空下沉和掉拱。锁脚锚杆在隧道台阶法施工中基本必须施作,在极软弱围岩地层中应加强施作,或改为锁脚小导管进行施作。其施工应符合下列规定[30]:①应在钢架安装就位后立即施作。②安装位置应在钢架连接钢板以上 100～300mm,采用型钢钢架时设于钢拱架两侧,采用格栅钢架时设在钢拱架主筋之间。③锁脚锚杆方向应符合设计规定。④锁脚锚杆杆体可采用螺纹钢或钢管，采用钢管时除锚孔内需注满砂浆外，管内也要注满砂浆，以提高钢管刚度和抗剪强度。⑤锁脚锚杆外露头与型钢钢架焊接时，可采用 U 形连接筋辅助焊接（图 3.54）。⑥上部台阶锁脚锚杆砂浆强度达到设计强度的 70%，方可进行下一台阶开挖。

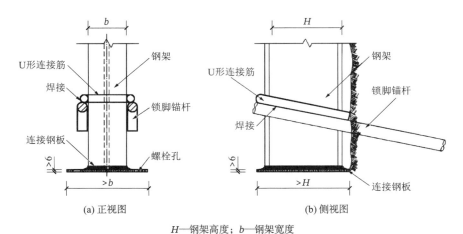

H—钢架高度；b—钢架宽度

图 3.54 锁脚锚杆安装示意图

（2）纵向连接槽钢

极软弱围岩强度较低，受隧道开挖扰动后，易产生围岩大变形，初期支护被迫承受较大围岩荷载。此时，锁脚锚杆作用有限，在自重和围岩应力作用下，纵向钢拱架间易产生不均匀沉降。因此，相邻钢拱架应加强纵向连接结构，并增加连接处的稳定性。可在钢拱架连接板位置采用槽钢进行纵向连接（图 3.55），使得钢拱架环与环之间形成受力整体，提高环向承载力和局部变形抵抗能力，避免发生扭曲破坏。

（3）焊接斜撑

极软弱围岩隧道施工过程中，为减小拱脚下沉，可在拱脚处增设斜撑（图 3.56），并与钢拱架焊接形成一个整体，增大拱脚受力面积，以控制钢拱架下沉。该方法工序简单，实施方便。

图 3.55 纵向槽钢连接拱架

图 3.56 连花隧道拱脚焊接斜撑

（4）仰拱底部围岩预注浆加固

极软弱地层围岩结构松散破碎，承载力低，隧道底部围岩难以承受上部结构及岩土体自重应力，将会产生一定的沉降变形。在埋深较大的位置，侧向压力通过隧道两边向仰拱传递，从而使得底部围岩向上隆起，引发仰拱开裂。可通过灌注水泥浆液至拱脚处及仰拱底部地层以填充岩土体内部孔隙，改善岩土体原有的物理力学特性，从而达到提高围岩整体稳定性和承载能力的目的。莲花隧道极软弱围岩段出现仰拱开裂现象后，采用了隧底注浆加固措施，有效控制了仰拱开裂，隧底注浆设计及现场实施分别如图 3.57 和图 3.58 所示。

隧底注浆应符合下列规定[51]：①应根据病害情况、地质、施工条件合理确定注浆范围、孔距、孔深。②注浆孔宜采用梅花形布置，间距宜为 1.0~2.0m，孔底应至仰拱或底板以下不小于 3.0m 处。注浆管宜采用钢管，管径宜为 42~110mm。③隧底注浆宜采用水泥基浆液，特殊地质条件也可采用化学浆液。④加固注浆可分为压密注浆、渗透注浆、劈裂注浆等。渗透性较好的砂层和渗透性差的黏性土层宜采用劈裂注浆，中砂以上的砂性土和有裂隙的岩石宜采用渗透注浆，中砂地基和有适宜排水条件的黏土地基宜采用压密注浆。⑤注浆压力应根据隧底地层特性及注浆工艺确定。

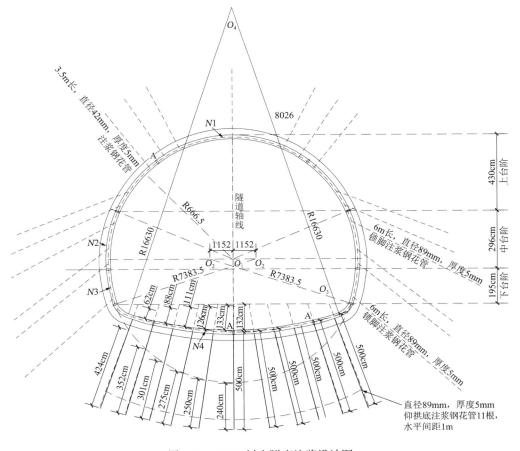

图 3.57　FS5E 衬砌隧底注浆设计图

图 3.58　现场隧底注浆

（5）隧底桩基加固

隧底承载力不足引起的隧道病害还可采取隧底桩基加固方案进行治理，包括树根桩、钢管桩、灰土桩、高压旋喷桩等[51]，见图 3.59。桩基加固对隧底围岩的挤密作用较为明显，而注浆加固的浆液扩散范围较大，其中钢管桩与上述钢花管注浆类似。增设桩基施工比较复杂，技术要求相对较高。其原因是一方面受隧道内空间限制，需要适合在隧道内施工的设备；另一方面要考虑施工振动对隧道结构的影响。隧底桩基加固应符合下列规定：①隧底桩基设计宜进行桩长范围内的复合土层及下卧层地基变形计算。②桩基不得侵入边沟断面内，并应进行桩头封闭处理。桩基对原仰拱结构有影响时，应采取结构补强措施。

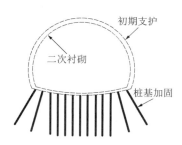

图 3.59　隧底桩基加固示意图

3.4.5　动态开挖支护

由于静态施工方式只适用于相对稳定的地质条件，并不能满足复杂地质条件下隧道施工的需求。因此，动态开挖支护成为软岩隧道建设中的一种重要方式，在施工过程中可保证围岩和隧道结构的稳定和安全，尤其采用新奥法和新意法施工时，需基于监控量测结果，及时调整支护措施与支护时机，控制围岩变形，确保围岩的自承能力得到进一步发挥，形成新的稳定状态。

1. 隧道变形监控量测

为了掌握施工中围岩稳定程度与支护受力、变形的力学形态，以判断设计、施工的安全性与经济性。隧道开挖后需要按设计规定和现场实际情况及时布点并进行监测。监控量测信息是隧道开挖后围岩稳定状态的反应，也是修正设计的依据。

采用新奥法施工时，必须在隧道工程现场进行密集的监控量测，建立起信息收集、分析、传递和反馈系统，为隧道动态设计和施工提供可靠的依据。与新奥法相比，新意法更加重视掌子面超前核心岩土的收敛变形和挤压变形的量测，强调对超前核心岩土的控制和动态设计，突出机械化全断面开挖的理念。挪威法则是根据隧道每个开挖循环过程中的观测和量测记录，计算围岩的Q值，动态调整支护参数。

隧道施工时进行的监控量测，主要采用地质罗盘、收敛计、全站仪、水准仪等，进行洞内外观察和周边位移、拱顶下沉、地表下沉、拱脚下沉等量测。洞内、外观察对掌握围岩动态和支护结构工作状况非常重要，特别是在不良地质条件下更是确保施工安全和工程质量的必不可少的措施。洞内、外观察和其他项目量测结果一起分析，对于优化设计方案、调整施工参数及科学地进行施工组织和管理十分重要[30]。隧道现场监控量测必测项目见表 3.8。

隧道现场监控量测必测项目　　　　表 3.8

序号	项目名称	方法及工具	测点布置	精度
1	洞内外观察	现场观测、地质罗盘等	开挖及初期支护后进行	—
2	周边位移	各种类型收敛计、全站仪或其他非接触量测仪器	每 5～100m 一个断面，每断面 2～3 对测点	0.5mm（预留变形量不大于 30mm 时）；1mm（预留变形量大于 30mm 时）
3	拱顶下沉	水准仪、钢钢尺、全站仪或其他非接触量测仪器	每 5～100m 一个断面	
4	地表下沉	水准仪、钢钢尺、全站仪	洞口段、浅埋段（$h \leqslant 2.5b$），布置不少于 2 个断面，每断面不少于 3 个测点	0.5mm
5	拱脚下沉	水准仪、钢钢尺、全站仪	富水软弱破碎围岩、流砂、软岩大变形、含水黄土、膨胀岩土等不良地质和特殊性岩土	0.5mm

注：b 为隧道开挖宽度，h 为隧道埋深。

除以上必测项目外，还需对一些特殊区段或试验区段进行补充量测，从而更深入地掌握围岩的稳定状态和支护效果，具有指导未开挖洞段设计与施工的作用。补充量测项目主要包括钢拱架应力、围岩内部、两层支护间压力、初期支护和二次衬砌内应力、渗水压力、水流量、地表水平位移等。

2. 动态变更

隧道修建主要的制约因素就是地质条件复杂多变和隐蔽性。施工前勘测工作的重点是查清大的地质构造和工程区的工程地质条件，勘测所得出的工程地质参数决定了隧道的设计方案，由于钻孔等难以覆盖隧道全线，加上地层本身的复杂多变，勘察结果往往与隧道施工中实际遇到的地质条件相差较多。尤其在极软弱围岩洞段施工中，地层情况较差，不良地质灾害多发，设计的支护方案与实际应采取的支护方案往往有所出入。如果设计的支护方案比实际需要的支护方案强，会造成资金和人力浪费；反之，则可能出现塌方等安全事故，造成不同程度的人员伤亡和财产损失。要避免这两种不利情况的发生，保证公路隧道安全、经济、高效地施工，就必须根据公路隧道开挖揭露的实际围岩情况和现场监控量测结果对隧道支护设计进行动态完善和变更。

莲花隧道在施工中即对支护设计进行了动态优化，为应对在勘察阶段未揭露的极软弱围岩段，新增FS5c（加强）、FS5E、FS5F三种加强型支护，变更了ZK36+812～ZK37+360段（548m）和YK36+900～YK37+273段（373m）共921m。昆明西山营隧道交叉口已施工区域Z3K94+753～Z3K94+797段围岩级别为V_1，原设计采用FS5a型衬砌、超前小导管、开挖后5m径向注浆进行预加固，并采用短台阶法开挖。后结合现场揭露的围岩情况，进行变更设计，采用双层钢拱架限制初期支护变形。即在初期支护表面增设I22b工字钢，间距0.8m，两榀工字钢之间采用I14钢架纵向连接，环向间距为1m。

3.5　二次衬砌施作

3.5.1　二次衬砌施作时机

对于极软弱围岩隧道，初期支护变形大且速率快，很难在短时间内稳定，因此二次衬砌必须适时及早施作。如果二次衬砌施作过晚，则可能造成初期支护变形无法控制，以致隧道失稳；如果二次衬砌施作过早，则可能使其受力过大而导致开裂，从而降低隧道结构耐久性。

二次衬砌施作时机是否适宜，关系到二次衬砌承载能力的发挥、隧道结构稳定及运营安全。二次衬砌施作时机的判别准则主要有[52]：变形速率准则、极限位移准则、支护抗力准则和其他准则等。

（1）变形速率准则

对于变形速率准则，《公路隧道施工技术规范》JTG/T 3660—2020[30]明确规定为：周边位移速率小于0.1～0.2mm/d或拱部下沉速率小于0.07～0.15mm/d。按照新奥法的理念，应允许围岩产生一部分有利的变形，充分发挥围岩的自承能力，所以二次衬砌应在围岩变形速率小于上述临界值之后施作。该判定准则仅适用于在施工现场粗略、定性地确定二次衬砌施作时机。

（2）极限位移准则

对于极限位移准则，施作二次衬砌的最佳时机为已发生的各项位移量达到预测位移总量的80%～90%[53]。该准则相比变形速率准则考虑了充分释放围岩应力和变形，故更为可靠、合理。

(3)支护抗力准则

支护抗力准则是通过对现场监测数据进行回归分析,选取二次衬砌结构所受支护抗力最小时刻作为二次衬砌的施作时机[54]。该准则理论上简洁直观、直达本质,且得到的结论相对客观、真实,但需要大量的现场监测辅助工作。

(4)其他准则

施工过程中,还经常使用二次衬砌与掘进面之间的距离(施工安全步距)来直接把握二次衬砌的施作时机。该准则对于施工方较为简单直观、易于操作,但现场实施时,往往依靠施工经验来估算天数,因此准确度不高。

此外还有观察法,即通过观察初期支护表面的开裂剥落稳定程度来判断二次衬砌施作时机,该方法主观性较强。

3.5.2 二次衬砌施工要求

(1)施工质量要求

衬砌填充不密实和衬砌厚度不足等施工缺陷,会使得隧道支护结构承受不均匀荷载,导致应力集中,从而降低支护结构的承载能力,最终造成开裂。衬砌缺陷对结构的变形及损伤影响较大,因此洞身开挖过程中要加强监控量测和超前地质预报,严格控制超欠挖,保证衬砌混凝土浇筑质量。

此外,还要做好施工缝、伸缩缝、沉降缝的处理,避免衬砌结构因"三缝"处理不当而开裂。洞口地段一般埋深较浅,易受自然条件影响,沉降差异较明显,在明洞与暗洞交界处或不设明洞的洞口第一环衬砌与二环衬砌连接位置需要设沉降缝。软硬岩层的地基承载力相差较大时,设置沉降缝有利于减少因结构受力不同不均匀沉降引起的衬砌开裂和其他危害。在严寒地区,由于温度差异,在洞口和易受冻害地段可能产生伸缩变形,因此要设置一定的伸缩缝。

衬砌施工缝应结合沉降缝、伸缩缝调整设置,拱墙衬砌沉降缝、伸缩缝应与仰拱混凝土衬砌沉降缝、伸缩缝竖向对齐。衬砌环向施工缝位置一般受模板长度控制,在设有沉降缝、伸缩缝位置,施工缝可能与沉降缝、伸缩缝错位,此时需进行调整,使衬砌的施工缝与设计的沉降缝、伸缩缝设在同一位置。在有仰拱地段要求仰拱混凝土衬砌变形缝先施作,拱墙衬砌变形缝需要与仰拱混凝土衬砌变形缝竖向对齐,保证变形一致。

(2)不良地质处理

极软弱围岩强度低,成洞性差,施工时可能会遭遇较多的塌腔空洞和偏压等不良地质情况,因此必须采取措施进行处理,避免后续二次衬砌开裂。对于塌腔空洞,在施工过程中应采用回填注浆进行处理,必要时也可增设锚杆,提高空洞处围岩的稳定性。遭遇偏压地层时,应先开挖偏压埋深较浅侧并及时施作初期支护,再开挖埋深较深侧。同时,可在原支护参数基础上有针对性地增加锚杆数量和长度,并在偏压较深测对围岩进行预注浆加固。

3.5.3 材料改良

极软弱围岩洞段的支护设计中往往采用较强的支护参数，对应的混凝土强度等级也较高。研究表明混凝土等级越高，脆性越大，开裂风险增加。因此，可在混凝土材料中加入矿物外加剂和化学外加剂等，抵抗混凝土自收缩和干燥收缩引发的开裂。同时，可根据需要在喷射混凝土中加入不同类型的纤维材料，提高初期支护的韧性和抗拉能力，避免初期支护开裂和剥落。

参 考 文 献

[1] 《中国公路学报》编辑部. 中国隧道工程学术研究综述·2015[J]. 中国公路学报, 2015, 28(5): 1-65.

[2] 林超. 破碎炭质板岩隧道大变形机理及变形控制技术研究[D]. 成都: 西南交通大学, 2019.

[3] 吴顺川, 李利平, 张晓平. 岩石力学[M]. 北京: 高等教育出版社, 2021.

[4] 于学馥, 乔端. 轴变论和围岩稳定轴比三规律[J]. 有色金属, 1981(3): 8-15.

[5] 何满潮. 软岩巷道工程概论[M]. 徐州: 中国矿业大学出版社, 1993.

[6] 董方庭. 巷道围岩松动圈支护理论及应用技术[M]. 北京: 煤炭工业出版社, 2001.

[7] 方祖烈. 拉压域特征及主次承载区的维护理论[C]//中国岩石力学与工程学会软岩工程专业委员会, 煤矿软岩工程技术研究推广中心. 世纪之交软岩工程技术现状与展望. 北京: 煤炭工业出版社, 1999: 4.

[8] 何满潮, 吕晓俭, 景海河. 深部工程围岩特性及非线性动态力学设计理念[J]. 岩石力学与工程学报, 2002, 21(8): 1215-1224.

[9] 何满潮, 王俊臣. 软岩巷道关键部位二次耦合支护技术[C]//中国岩石力学与工程学会软岩工程专业委员会, 煤矿软岩工程技术研究推广中心. 世纪之交软岩工程技术现状与展望. 北京: 煤炭工业出版社, 1999: 6.

[10] 王梦恕. 中国隧道及地下工程修建技术[M]. 北京: 人民交通出版社, 2010.

[11] 袁亮, 薛俊华, 刘泉声, 等. 煤矿深部岩巷围岩控制理论与支护技术[J]. 煤炭学报, 2011, 36(4): 535-543.

[12] 李志军, 郭新新, 马振旺, 等. 挤压大变形隧道研究现状及高强预应力一次(型)支护体系[J]. 隧道建设(中英文), 2020, 40(6): 755-782.

[13] 汪波, 王杰, 吴德兴, 等. 让压支护体系在软岩大变形公路隧道中的应用研究[J]. 铁道科学与工程学报, 2016, 13(10): 1985-1993.

[14] 郭新新. 软岩隧道中基于主动-让压支护理论的大变形控制技术研究[D]. 成都: 西南交通大学, 2021.

[15] 韩常领, 夏才初, 徐晨. 软岩隧道挤压性大变形控制技术研究进展[J]. 地下空间与工程学报, 2020, 16(S1): 492-505.

[16] 李术才, 刘斌, 孙怀凤, 等. 隧道施工超前地质预报研究现状及发展趋势[J]. 岩石力学与工程学报, 2014, 33(6): 1090-1113.

[17] 唐曾智, 田新成, 李二兵, 等. 综合超前地质预报在岩溶隧道施工中的应用[J]. 西华大学学报(自然科学版), 2017, 36(5): 91-96.

[18] 陈登亮. 综合物探法在隧道超前预报中的应用效果分析[D]. 成都: 成都理工大学, 2017.

[19] 张林. 综合物探在隧道超前预报中的应用效果研究[D]. 成都: 成都理工大学, 2019.

[20] 曾昭发. 探地雷达方法原理及应用[M]. 北京: 科学出版社, 2006.

[21] 凌飞. 瞬变电磁法低阻层屏蔽问题研究[D]. 成都: 成都理工大学, 2015.

[22] 王祎鹏, 李貅, 戚志鹏. 基于等效导电平面原理的瞬变电磁三分量解释方法研究[C]//中国地球物理学会. 中国地球物理2012. 合肥: 中国科学技术大学出版社, 2012: 1.

[23] 李超. 瞬变电磁视纵向电导微分成像应用研究[D]. 西安: 长安大学, 2007.

[24] 王文忠, 刘继东. 视纵向电导成像方法在矿井地质灾害调查中的应用[J]. 中国煤炭地质, 2008(2): 57-60.

[25] 邢修举, 蒋齐平, 吴正飞, 等. 全空间定点三维瞬变电磁探测技术研究及应用[J]. 煤田地质与勘探,

2018, 46(S1): 60-65.

[26] 邢修举, 吴正飞, 张依瑞, 等. 三维瞬变电磁超前探测技术在隧道探水中的应用[J]. 现代隧道技术, 2020, 57(1): 162-167.

[27] 王鹰, 陈强, 魏有仪, 等. 红外探测技术在圆梁山隧道突水预报中的应用[J]. 岩石力学与工程学报, 2003, 22(5): 855-857.

[28] 尹启鸣. 浅埋偏压软弱围岩隧道洞口段施工技术与稳定性研究[D]. 重庆: 重庆交通大学, 2020.

[29] 赵慧君, 艾振喜, 张立忠, 等. 复杂地形地质条件下隧道进出洞施工关键技术[M]. 北京: 人民交通出版社, 2022.

[30] 中华人民共和国交通运输部. 公路隧道施工技术规范: JTG/T 3660—2020[S]. 北京: 人民交通出版社, 2020.

[31] 弋琰. 砂土软岩隧道水平旋喷桩施工技术[J]. 铁道建筑技术, 2011, 202(5): 107-109.

[32] 肖广智, 游旭. 高压水平旋喷桩超前支护技术在铁路隧道工程中的应用[J]. 现代隧道技术, 2014, 51(2): 108-114.

[33] 刘劲勇, 邓凌燕. 公路隧道"零开挖"进洞技术研究[J]. 嘉应学院学报, 2022, 40(6): 52-58.

[34] 马建雷, 党铁虎, 吉任, 等. 一种用于斜交隧道洞口的异形套拱结构[P]. 北京市: CN217174856U, 2022-08-12.

[35] 胡亚伟. 公路隧道洞口微开挖进洞技术研究[D]. 西安: 长安大学, 2016.

[36] 尤庆忠. 靠椅山隧道洞口富水软岩段施工[J]. 铁道标准设计, 1999, (Z2): 43-45.

[37] 唐勇三, 林剑飞, 叶飞, 等. 基于新意法原理的隧道全断面预加固效果研究[J]. 公路, 2017, 62(11): 296-301.

[38] 刘稳. 大断面隧道管幕冻结法施工地表变形规律研究[D]. 合肥: 安徽理工大学, 2021.

[39] 张霄. 高速铁路隧道大断面法施工掌子面稳定性分析及超前支护设计方法研究[D]. 成都: 西南交通大学, 2021.

[40] 李恒, 高旭东, 梅元元, 等. 一种用于可伸缩钢拱架的可缩性接头. 四川省: CN210217777U[P]. 2020-03-31.

[41] Moritz B. Yielding elements-requirements, overview and comparison[J]. Geomechanics and Tunnelling, 2011, 4(3): 221-236.

[42] Wu K Shao Z, Qin S, et al. A critical review on the performance of yielding supports in squeezing tunnels[J]. Tunnelling and Underground Space Technology, 2021, 115(4): 103815.

[43] 仇文革, 王刚, 龚伦, 等. 一种适应隧道大变形的限阻耗能型支护结构研发与应用[J]. 岩石力学与工程学报, 2018, 37(8): 1785-1795.

[44] Cai M, Kaiser P K. Rockburst support reference book—volume I: rockburst phenomenon and support characteristics[J]. Laurentian University, 2018, 284: 697-699.

[45] 孙钧, 潘晓明, 王勇. 隧道软弱围岩挤压大变形非线性流变力学特征及其锚固机制研究[J]. 隧道建设, 2015, (10): 969-980.

[46] 何满潮, 郭志飚. 恒阻大变形锚杆力学特性及其工程应用[J]. 岩石力学与工程学报, 2014, 33(7): 1297-1308.

[47] 高延法, 刘珂铭, 冯绍伟, 等. 早强混凝土实验与极软岩巷道钢管混凝土支架应用研究[J]. 采矿与安全工程学报, 2015, 32(4): 537-543.

[48] 李学彬, 高延法, 杨仁树, 等. 巷道支护钢管混凝土支架力学性能测试与分析[J]. 采矿与安全工程学报, 2013, 30(6): 817-821.

[49] 黄万朋, 高延法, 王军. 扰动作用下深部岩巷长期大变形机制及控制技术[J]. 煤炭学报, 2014, 39(5):

822-828.

[50] 张旭东,夏明铄,梅灿,等.用于隧道支护的预制装配式空间网架结构.湖北省: CN210660133U[P], 2020-06-02.

[51] 中华人民共和国交通运输部.公路隧道加固技术规范: JTG/T 5440—2018[S].北京: 人民交通出版社, 2019.

[52] 轩俊杰.高地应力软岩公路隧道力学特性及衬砌施作时机研究[D].兰州: 兰州交通大学, 2022.

[53] 中华人民共和国建设部.岩土锚杆与喷射混凝土支护工程技术规范: GB 50086—2015[S].北京: 中国计划出版社, 2016.

[54] 吴梦军.大跨扁平连拱隧道施工时空效应与二次衬砌最佳支护时机研究[D].重庆: 重庆大学, 2011.

第 4 章

江西省极软弱围岩隧道大变形控制工程实践

4.1 江西省软岩隧道整体分布

江西省的隧道埋深一般在几十米到几百米之间，大多数埋深不超过200m，围岩地应力水平一般不高，软质岩主要是指极软岩、软岩及较软岩，涉及千枚岩、砂岩、炭质页岩、断层破碎带等，岩石类别见表4.1。在进行隧道工程施工时，需要根据具体的软质岩类别、地质构造等情况合理选择开挖方法和支护措施，以保证施工质量和工程安全。

江西省隧道工程中揭露软岩分布统计表　　　　　　　　　表 4.1

地级市	揭露的软岩岩性	工程	工程特点
赣州市	砂岩	杨仙岭隧道	变质砂岩，隧道穿越山体为刃脊状山，山体自然坡度变化较大，上陡下缓，穿越复杂构造带，围岩稳定性较差
		蓉江隧道	强风化砂岩，围岩软化，自稳能力差
		崇义隧道[1]	隧道洞口段为松散结构碎石黏土及破碎结构的全强风化砂岩、岩体极破碎
	弃渣堆积体	晓沅隧道	隧道洞口浅埋段掌子面围岩松散，自稳能力差，易坍塌
	千枚状板岩、砂质板岩	车里隧道[2]	隧道区处于构造剥蚀低山区，进、出洞口皆位于山腰地带，岩体破碎，易掉块
	炭质页岩	梅岭隧道[3]	地质构造复杂，褶皱、断裂发育，后期由于构造运动的加强，而使前期构造进一步复杂化，岩体破碎，自稳能力差
抚州市	—	上殊源隧道	隧道Ⅳ级和Ⅴ级软弱围岩占比极高，施工交通条件差，围岩情况复杂，洞内风化层裂隙发育，岩体破碎
	片岩	佛头岭隧道	岩体破碎，岩体完整性和风化程度差异较大，施工时围岩稳定性较差
	砂岩夹泥岩	来福隧道	隧道主要穿越弱风化的砂岩夹泥岩和泥岩夹砂岩地层，不良地质主要有煤层微断斯、采空区，围岩有一定的变形
上饶市	风化砂质板岩	梅林隧道	隧道围岩类别为Ⅰ～Ⅳ类，拱顶易掉块，围岩稳定性差
	全、强千枚状板岩	洪家坞隧道[4]	地层表层呈蠕动松散状结构，隧道区内断裂构造发育，节理普遍发育，进出口均存在严重的偏压
	全、强风化花岗岩	分水关隧道	软弱围岩为全风化花岗岩，成砂性，遇水成软塑状，隧道的地下水为承压状，水量大
		紫溪隧道[5]	岩体破碎，发育深度大，裂隙水较丰富
	砂岩	陇首一隧道	通车以来，隧道出现衬砌错台、开裂及渗漏水等病害
	断层破碎带	怀玉山隧道	开挖过程中于K21+924位置出现较大塌方，围岩稳定性差

续表

地级市	揭露的软岩岩性	工程	工程特点
鹰潭市	强风化千枚状板岩	三县岭隧道	隧道进出洞口处强风化层深厚，风化强烈，岩体极破碎，主要呈破裂状构造和镶嵌破裂状构造
景德镇市	粉质黏土	浯溪口改线段隧道[6]	岩层多成挤压状态，产状紊乱，岩体破碎，稳定性差
	强风化变泥质粉砂岩	桃墅岭隧道[7]	洞口岩石裂隙较发育，覆盖层较薄，岩体较破碎呈块石及块碎状镶嵌结构，完整性较差，成洞条件难，围岩易坍塌
	全风化石灰岩	蛟岭隧道[8]	基岩岩溶现象发育，基岩面起伏剧烈，在洞体横断面上各向异性严重，在大气降水与洞顶道路上汽车动荷载的作用下，引发山体偏压、滑坡和洞内塌方等灾害
九江市	强风化砂岩	桂林一隧道[9]	岩土的稳定性不高，成洞性差
	断层破碎带、泥质粉砂岩	湖口隧道[10]	压扭性断层带软岩牵引变形，出现小型褶皱，岩层产状小范围内差异大，倾向不稳定
		雁列山隧道[11]	隧道穿越2组压扭性断层，岩体破碎
南昌市	强风化泥质粉砂岩	艾溪湖隧道[12]	湖中段隧道基岩埋深较大，开挖范围内，岩层软弱，变形量较大
宜春市	全风化花岗岩、强风化变余砂岩	铜鼓隧道[13]	围岩风化程度十分严重，遇水后产生脱落、坍塌现象
	弱风化千枚状板岩	石竹坪隧道[14]	岩性软弱，节理裂隙发育，岩体较破碎，围岩分级为Ⅳ级与Ⅴ级
	断层破碎带	九岭山隧道[15]	不利岩层结构面与高地应力释放作用导致隧道出口左线K102+227～K102+243段隧道大坍塌
		南石壁隧道	涌水突泥多发，进一步引发新的岩溶塌陷坑和落水洞
	碳酸盐岩	明月山3号隧道	地质复杂，围岩软化
	砂岩夹页岩、页岩、砂岩	严田隧道	围岩复杂，稳定性差
	全、强风化千枚岩	狮子垴1号隧道	隧道进出口边坡和边仰坡稳定性较差，边坡开挖时易坍塌，且隧道围岩稳定性差，易坍塌，洞顶和侧壁支撑受力较大
	全、强风化二云石英片岩	狮子垴2号隧道	围岩稳定性较差，脱水易崩解，施工过程中易掉块
	薄层状千枚岩	宣峰岭隧道	隧道围岩遇水软化，自稳能力差，岩体破碎，局部存在溶洞
萍乡市	断层破碎带	莲花隧道	隧道穿越10条断裂带，岩体十分破碎，透水性极大，水文地质条件复杂
	强风化泥岩、砂岩	长平隧道[16]	强风化层工程力学性质差，围岩级别低，稳定性差，局部地段岩溶发育
		明山隧道	围岩级别低，稳定性差
	煤炭、炭质页岩	洪口界隧道	隧道穿经V形沟谷挤压破碎带，围岩为煤炭或碳质页岩，岩心破碎、自稳性较差
	粉砂质泥岩	安源隧道	岩体破碎，地质条件属复杂
	碎石土、强风化板岩	白竺1号隧道	围岩为碎石土及强风化板岩，结构较松散开挖后稳定性较差，成洞性差
		白竺2号隧道	地质复杂，安全风险大，施工中遇到煤层、断层

续表

地级市	揭露的软岩岩性	工程	工程特点
萍乡市	碎石土、强风化板岩	白竺3号隧道	隧道围岩破碎，岩溶发育，稳定性差，常常发生涌水现象，还存在瓦斯爆炸隐患，安全风险等级高
		白竺4号隧道	围岩破碎，岩溶发育，稳定性差
	砂页岩、断层破碎带	永莲隧道[17]	隧道水囊蓄水活化断层破碎带充填介质，形成导水突泥通道，诱发突水突泥的地质灾害，严重影响隧道正常开挖施工
吉安市	强风化砂岩	雩山隧道[18]	岩体破碎程度变化很大，Ⅳ、Ⅴ级围岩占比较高
	泥岩、炭质页岩	碧溪隧道[19]	围岩整体性、稳定性差，曾发生拱顶大变形现象
		永新石桥隧道[20]	施工过程中多次发生涌水、掌子面土质滑层等突发事件，洞口段残坡堆积土、洞身段多为全强风化碎石土质围岩，稳定性差
	砂岩、炭质板岩、断层破碎带	睦村隧道	中风化砂岩，细粒结构，中厚层状构造，节理裂隙发育，呈微张状为主，岩体较破碎
		井冈山特长隧道	施工过程中由于炭质板岩的岩块之间的软弱面具有流变特性、位移较缓慢发生，致使YK10+150～YK10+168段初支被压坏而发生塌方现象
		鹅岭隧道[21-22]	隧道开挖时实际揭示围岩风化极其严重，遇水泥化，开挖后的初期支护变形大、不收敛

江西省重点隧道工程分布集中于省西部、北部地区，西部地区以罗霄山脉为主，覆盖吉安市、宜春市、赣州市、萍乡等市，北部地区，以九岭山脉、怀玉山脉为主，覆盖上饶市、景德镇市。

4.2 安源隧道

4.2.1 工程概况

安源隧道（图4.1）位于萍乡市安源区安源煤矿附近，为一连拱式隧道，起止桩号为K6+512～K6+665，隧道长度为153m，净空（宽×高）为13.25m×5m。隧道最大埋深24m。根据《公路隧道设计规范 第一册 土建工程》JTG 3370.1—2018，该隧道属于公路短隧道。

图4.1 安源隧道建设期间洞口照片

安源隧道隧址区属于剥蚀丘陵地貌类型，山脊多呈南西走向，地形起伏较大，地下水丰富。隧址区地层主要为粉砂质泥岩、强风化粗砂岩和砾岩等，局部夹煤层，裂隙发育，岩体较破碎，成洞性差，因此该隧道工程地质条件属复杂类型。隧址区地下水主要为进、出口洞段残坡积土层、风化岩层的孔隙裂隙水及洞身构造带和岩性接触带的基岩裂隙水，水量较丰富。隧道工程地质纵断面如图4.2所示。

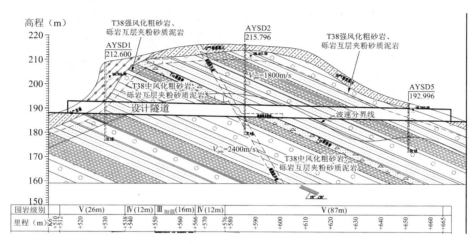

图4.2 安源隧道工程地质纵断面图

4.2.2 隧道开挖及支护

1. 施工工序

（1）抗滑钢管桩施工

进洞施工前，在隧道断面两侧采用抗滑钢管桩对地表进行预加固。施工过程中须保证钢管桩的施工长度和注浆压力，并尽可能减小对山体植被的破坏，避免大刷大挖，尽量因地制宜，就地打桩。

（2）洞口洞段施工

为保障洞口洞段边仰坡的稳定，减少洞口边仰坡暴露面积，洞口洞段施工时应先开挖中间的导洞（开挖中导洞的目的是首先施作中隔墙，同时作为超前导洞进行隧道超前地质预报），再开挖偏压埋深较浅侧先行洞（右洞）；待先行洞洞口段、明洞衬砌及明洞回填施作完成后再进行后行洞（左洞）的开挖，两洞间掌子面距离应超前大于30m。洞口段主要施工工序：洞外截水沟→施作超前管棚支护（图4.3）→施作暗洞→退回完成明洞二次衬砌。洞口浅埋偏压段二次衬砌应及时施作，二次衬砌距掌子面距离不宜大于50m。

（3）洞身段施工工序

洞身V级围岩（K6+512～K6+538、K6+578～K6+665）浅埋偏压段左右洞采用中导洞-侧壁导洞三导洞开挖法施工，如图4.4所示，主洞剩余部分采用台阶法施工。施工原则为中导洞先开挖，浇筑中隔墙，再开挖侧导洞、主洞，左、右主洞掌子面掘进错开，先行洞二次衬砌超前后行洞掌子面 2 倍洞径以上的距离。

图 4.3 隧道出口管棚施工完成情况

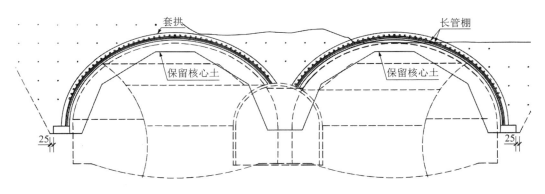

图 4.4 中导洞-侧壁导洞三导洞开挖法示意图

施工顺序：中导洞超前小导管注浆预支护→中导洞开挖→中导洞初期支护→浇筑中隔墙→左（右）导洞超前小导管注浆预支护→左（右）导洞开挖（上下分台阶开挖）→左（右）导洞初期支护→左（右）主洞超前小导管（管棚）注浆预支护→左（右）主洞上部开挖（留核心土）→左（右）主洞拱部初期支护→左（右）主洞中部开挖→左（右）主洞下部开挖→左（右）主洞仰拱初期支护→浇筑左（右）主洞仰拱衬砌→全断面浇筑左（右）主洞二次衬砌。

2. 支护设计

隧道洞身结构按新奥法施工原理进行设计，即初期支护和二次衬砌相结合的复合式衬砌形式，初期支护由系统锚杆、喷射混凝土、钢筋网、钢拱架等组成，隧道洞身衬砌支护参数见表 4.2。

第4章 江西省极软弱围岩隧道大变形控制工程实践

隧道洞身衬砌支护参数表

表 4.2

围岩级别		初期支护				超前支护	二次衬砌	
		锚杆（横向×纵向间距）	喷射混凝土	钢筋网	钢拱架		拱圈	仰拱
主洞	明洞	—	—	—	—	—	75cm厚C30钢筋混凝土	75cm厚C30钢筋混凝土
	V级洞口浅埋偏压段	药卷锚杆，单根长4.0m 1.0m×0.5m	28cm C25混凝土	6@20cm×20cm（2层）	I22b工字钢纵距0.5m	单层φ108×6.0热轧钢管，环距40cm，单层φ42注浆导管，环距40cm	60cm厚30钢筋混凝土	60cm厚C30钢筋混凝土
	IV级洞口浅埋偏压段	药卷锚杆，单根长3.5m 1.0m×0.75m	26cm C25混凝土	6@20cm×20cm（2层）	I22b工字钢纵距0.75m	单层φ42注浆导管，环距40cm	50cm厚C30钢筋混凝土	50cm厚C30钢筋混凝土
中导洞	V级洞口浅埋偏压段	药卷锚杆，单根长2.5m 1.2m×0.5m	20cm C25混凝土	6@20cm×20cm（1层）	I16工字钢纵距0.5m	单层φ42注浆导管，环距40cm	—	—
	IV级洞口浅埋偏压段	药卷锚杆，单根长2.5m 1.2m×0.75m	18cm C25混凝土	6@20cm×20cm（1层）	I14工字钢纵距0.75m	单层φ22药卷锚杆，环距40cm	—	—
侧导洞	V级洞口浅埋偏压段	药卷锚杆，单根长2.5m 1.2m×0.5m	20cm C25混凝土	6@20cm×20cm（1层）	I16工字钢纵距0.5m	单层φ42注浆导管，环距40cm	—	—
	IV级洞口浅埋偏压段	药卷锚杆，单根长2.5m 1.2m×0.75m	18cm C25混凝土	6@20cm×20cm（1层）	I14工字钢纵距0.75m	单层φ22药卷锚杆，环距40cm	—	—

4.2.3　不利施工条件及控制措施

安源隧道在施工过程中遭遇采煤巷道和隧底松散区，对隧道稳定造成了较大的影响。

1. 采煤巷道

根据调绘和勘察资料，隧址区分布三条巷道、一条绞车道和一条骡马道。巷道1呈北东—南西走向，标高在145.2～146.0m之间，与路线K6+560处呈18°相交；巷道2呈西北—东南走向，标高在145.2～145.7m之间，起点位于路线K6+570左侧5m处，与路线呈57°相交；巷道3连接巷道1和绞车道，长度约30m，标高约145m，与路线K6+630呈近90°相交；绞车道起点位于路线K6+570的坡顶处，标高约216m，与线位近平行走向，向下延伸呈30°；骡马道出口位于K6+615右80m处，与路线K6+615呈100°相交，标高约186m。采煤巷道对隧道开挖后的稳定性影响很大，开挖至ZK6+592洞段处发生塌方（图4.5）。

(a) 现场塌方情况　　　　　　　　　　(b) 塌方岩土体

图4.5　ZK6+592洞段塌方

针对采煤巷道的处治措施为：（1）对已坍塌和回填的巷道进行注浆加固；（2）对揭露的采空区按溶洞的处理方式进行处理，在拱部设置护拱、缓冲层，在侧墙处设置干砌片石、浆砌片石，在底部的小型采空洞采用混凝土回填密实。采煤巷道和绞车道处理方案分别如图4.6和图4.7所示。

2. 隧底松散区

施工过程中采用物探的方式探查安源隧道左洞和右洞隧底以下350m埋深范围内松散区情况，主要包括松散区的位置和规模。勘察结果表明，安源隧道左洞隧底未发现明显的松散区，右洞隧底共发现6处异常体，节理裂隙较发育，岩体较破碎，推断解释为松散区，详见表4.3。

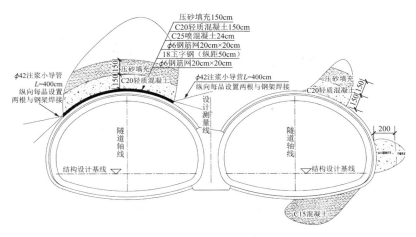

图 4.6 采煤巷道处理方案图

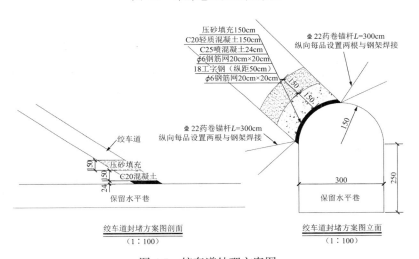

图 4.7 绞车道处理方案图

安源隧道右洞隧底异常体统计表　　　　表 4.3

编号	顶埋深（m）	底埋深（m）	推断解释
1	−7.4	−14.3	松散区，节理裂隙较发育，岩体较破碎
2	−19	−28.3	松散区，节理裂隙较发育，岩体较破碎
3	−7.8	−13.8	松散区，节理裂隙较发育，岩体较破碎
4	−10.8	−15.3	松散区，节理裂隙较发育，岩体较破碎
5	−4.3	−10.4	松散区，可能是下部节理裂隙发育造成，也可能是隧底的基底处理与混凝土浇筑不密实所引起
6	−4.9	−13.5	松散区，可能是下部节理裂隙发育造成，也可能是隧底的基底处理与混凝土浇筑不密实所引起

针对隧底松散区的处治措施为：安源隧道右洞所发现异常体区域下部岩层节理裂隙较发育，岩体较破碎，对其进行钻孔注浆加固处理。具体方案如下：（1）砂浆体墙面封堵施工。隧底左侧和右侧注浆封堵采用$\phi 108mm$钻孔无压灌浆，砂浆采用M7.5，自深孔向浅孔逐步施

工,先右侧再左侧,使两侧形成一堵封闭的砂浆体墙面,A型孔深11.0m,B型孔深14.0m,见图4.8。(2)小导管注浆。砂浆体墙面完成后,中部采用φ60mm小导管进行注浆,间距5.0m,按一字形布置,K6+600~K6+610孔深9.0m,K6+610~K6+625孔深13.0m,见图4.9。

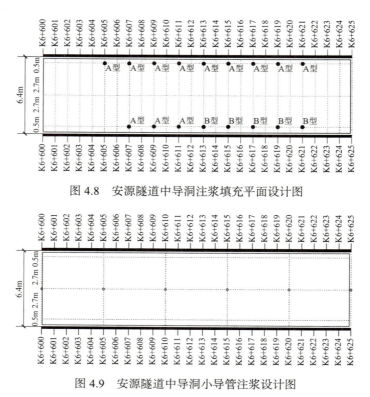

图4.8 安源隧道中导洞注浆填充平面设计图

图4.9 安源隧道中导洞小导管注浆设计图

4.2.4 小结

安源隧道隧址区地形起伏较大,且多条历史采煤巷道穿过,右洞隧底松散区分布较广,岩体较破碎。隧道施工过程中,采用注浆加固、侧墙处设置干砌片石和浆砌片石、混凝土回填等方式对历史采煤巷道进行了处治;通过先施作封闭的砂浆体墙面,后采用小导管注浆对底部松散区进行了加固。采用上述措施后,有效地降低了坍塌和大变形等工程风险,保证了施工质量,经济效益和社会效益显著。

4.3 永莲隧道

4.3.1 工程概况

永莲隧道位于江西省萍乡市境内的吉莲高速公路西段,隧道进口位于永新县龙田镇的刘家村,出口位于莲花县升坊镇的江口村,是吉莲高速公路重要的控制性工程之一。该隧道进、出洞均采用1:1.5削竹式洞口,左线起讫里程ZK90+349~ZK92+835,长2486m。

右线起讫里程 YK90+335～YK92+829，长 2494m。按照《公路隧道设计规范 第一册 土建工程》JTG 3370.1—2018，该隧道属于公路长隧道。

隧址区地貌（图 4.10）包括剥蚀低山岗地、山前冲洪积平原等。地势西南高，西北、东南部较低，海拔在 150～600m 之间，低山斜坡坡度为 15°～30°。山体植被、冲沟较发育，冲沟内汇集大气降水，发育常年或季节性流水。隧址区为亚热带季风气候，年平均气温 18°C，多年平均降水量 1425mm，地下水以第四系松散岩类孔隙水、基岩裂隙水和岩溶水为主。

隧道洞身围岩主要为泥盆系砂岩、页岩及石炭系灰岩。砂岩力学强度较高，中厚层状，其成洞性较好；页岩力学强度较低，薄层状，其成洞性较差；灰岩力学强度较高，中厚—厚层状，但岩溶较发育，其成洞性较差；破碎带呈碎裂松散结构，施工时易产生掉块、脱落，甚至洞壁围岩发生垮塌等，成洞性极差。

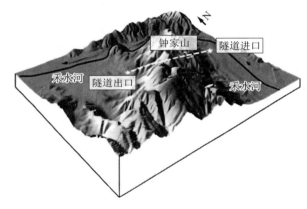

图 4.10 隧址区地形地貌图

4.3.2 隧道开挖及支护

1. 施工方法

永莲隧道采用新奥法施工，施工过程中对围岩和锚喷支护的变形进行监控量测，以适时动态调整支护参数。施工进洞之前，首先做好洞顶山坡截水沟，确保洞顶地表水被拦截在洞门范围外，并清理加固仰坡上的孤石，加强洞口支护，减少对周边围岩及坡面的扰动。主要采用机械开挖作业，Ⅴ级围岩采用导坑法施工，Ⅳ级围岩采用台阶法施工。

2. 支护参数

永莲隧道洞口洞段地质条件较差，均为Ⅴ级围岩，且相对埋深较浅，不易成洞。为了实现"早进晚出"的原则，在隧道洞口均设置了超前长管棚，以保证浅埋洞段开挖的稳定与安全。洞口均进行了必要的防护和绿化设计，洞口排水系统与公路排水系统接为一体。隧道支护结构按新奥法原理设计为复合式衬砌。根据地质勘察揭示的围岩情况，支护类型包括 FS2a、FS2b、FS3a、FS3b、FS4a、FS4b、FS5a、FS5b、FS5c、FSM 共 10 种，对应支护参数见表 4.4。

表 4.4 永连隧道支护参数表

围岩级别		支护类型	初期支护 锚杆 类型	初期支护 锚杆 环距×纵距	初期支护 喷射混凝土	初期支护 钢筋网	初期支护 钢拱架	超前支护	二次衬砌 拱圈	二次衬砌 仰拱
一般断面	明洞	FSM	—	—	—	—	—	—	60cm厚C25钢筋混凝土	60cm厚C25钢筋混凝土
一般断面	Ⅱ	FS2a	φ22 药卷锚杆单根 长2.5m	1.4m×1.4m	8cm C25混凝土	φ6@20cm×20cm（单层）	—	—	30cm厚C25钢筋混凝土	—
一般断面	Ⅱ	FS2b	φ22 药卷锚杆单根 长2.5m	1.4m×1.4m	8cm C25混凝土	φ6@20cm×20cm（单层）	—	—	30cm厚C25钢筋混凝土	—
一般断面	Ⅲ	FS3a	φ22 药卷锚杆单根 长3.0m	1.2m×1.2m	21cm C25混凝土	φ6@20cm×20cm（单层）	I14工字钢 纵距1.2m	—	35cm厚C25钢筋混凝土	—
一般断面	Ⅲ	FS3b	φ22 药卷锚杆单根 长2.5m	1.2m×1.2m	10cm C25混凝土	φ8@20cm×20cm（单层）	—	—	35cm厚C25钢筋混凝土	—
一般断面	Ⅳ	FS4a	φ22 砂浆锚杆单根 长3.0m	1.4m×0.75m	21cm C25混凝土	φ6@20cm×20cm（双层）	I14工字钢 纵距0.75m	4.5m φ22 砂浆锚杆环距50cm，纵距1.5m	40cm厚C25钢筋混凝土	40cm厚C25钢筋混凝土
一般断面	Ⅳ	FS4b	φ22 砂浆锚杆单根 长3.0m	1.4m×1.0m	8cm C25混凝土	φ6@20cm×20cm（双层）	I14工字钢 纵距1.0m	4.5m φ22 砂浆锚杆环距50cm，纵距2m	40cm厚C25钢筋混凝土	40cm厚C25钢筋混凝土
一般断面	Ⅴ	FS5a	φ22 砂浆锚杆单根 长3.5m	1.0m×0.6m	23cm C25混凝土	φ6@20cm×20cm（双层）	I16工字钢 纵距0.6m	5.0m φ22×5 热轧钢 管环距50cm，纵距3.6m	45cm厚C25钢筋混凝土	45cm厚C25钢筋混凝土
一般断面	Ⅴ	FS5b	φ22 砂浆锚杆单根 长3.5m	1.0m×0.75m	23cm C25混凝土	φ6@20cm×20cm（双层）	I16工字钢 纵距0.75m	5.0m φ22×5 热轧钢 管环距50cm，纵距3.75m	45cm厚C25钢筋混凝土	45cm厚C25钢筋混凝土
一般断面	Ⅴ	FS5c	φ22 砂浆锚杆单根 长3.5m	1.0m×0.6m	25cm C25混凝土	φ6@20cm×20cm（双层）	I18工字钢 纵距0.6m	5.0m φ22×5 热轧钢 管环距50cm，纵距3.6m	50cm厚C25钢筋混凝土	50cm厚C25钢筋混凝土

4.3.3 不良地质灾害及成因分析

永莲隧道主体位于泥盆系和石炭系砂、页岩地层，隧道沿线地质构造复杂，区内断层破碎带比较发育。隧道在施工过程中多次发生塌方、突水突泥等事故，并导致山顶出现较大的地面塌陷，历次事故详细情况如下。

1. 突水突泥概况

1）隧道左洞突水突泥情况

2012年7月2日至8月18日期间，隧道进口左洞共发生8次大规模突水突泥，共突出淤泥共约17000m^3，泥水超过50000m^3。

（1）第1次突水突泥（图4.11）：7月2日上午施工至ZK91+316时，隧道出水点位于掌子面右侧拱肩与初支交汇处，水量有逐步增加而后减小的现象。7月2日晚上23:30时，进口左洞右侧出现第1次突水突泥，急剧涌出的泥水约1400m^3，淤泥约600m^3。

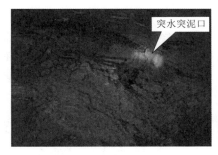 

图4.11 隧道左洞第1次突水突泥　　图4.12 隧道左洞第2次突水突泥

（2）第2次突水突泥（图4.12）：7月3日凌晨4:20，原突水突泥位置出现第2次突水突泥，急剧涌出水量约3800m^3，突出淤泥累计约1200m^3。

（3）第3次突水突泥：7月3日上午10:50，原突水突泥位置狂喷出夹杂沙石的黄泥水，突水突泥前后持续约10min，共涌出泥水约27000m^3，沉积在掌子面附近淤泥约3000m^3。

（4）第4次突水突泥：7月14日下午至7月15日上午，伴随着轰隆隆的塌涌声，进口左洞掌子面出现突水突泥及坍塌，涌出淤积体约1100m^3，未见大量泥水涌出。

（5）第5次突水突泥：7月23日完成第4次突水突泥淤积体清理后，在7月24日下午2:30左右，再次发生突泥，导致距离掌子面约50m的二衬台车向后推移了10m左右，本次突泥后的淤积体约4000m^3，未见大量泥水伴随涌出。

（6）第6~8次突水突泥：8月13日、15日、19日，在对突水突泥淤积体进行部分清理后，掌子面又发生3次突泥现象，涌出淤泥共约为4200m^3。

2）隧道右洞突水突泥情况

2012年8月12日至10月25日期间，隧道进口右洞共发生7次大规模突水突泥，与左洞相比，右洞以突出大量淤泥为主，突出泥水量较小，共突出淤泥累计约22500m^3，泥水约 1400m³。

（1）第 1 次突水突泥：7 月 15 日 YK91+385 拱顶出现一股水流，7 月 28 日 YK91+380 位置侵限量进一步加大。8 月 12 日，伴随着"咚咚咚"的掉块声音，YK91+380 左侧出现一个 3m×4m 的突泥口，出现第一次突水突泥，导致工作台架被压垮，后方初支挤压变形严重，现场涌水量约为 500m³，淤积体约 600m³。

（2）第 2 次突水突泥（图 4.13）：9 月 18 日，YK91+376 顶部涌出泥水急剧增大，呈喷射状，换拱位置初支侵限进一步发展。9 月 19 日，新换拱位置（YK91+370～YK91+376）左侧出现坍塌，并从上午 11:00 开始突泥，现场突出泥水约 900m³，淤积体约 2100m³。

（3）第 3 次突水突泥（图 4.14）：9 月 23 日 15:50 至 16:10，伴随着轰隆隆的声音，YK91+374 附近再次出现突水突泥，涌出淤积体累计约 4200m³，涌出淤泥末端距离掌子面约 140m，并将二衬台车（距离掌子面 25m）向后推移约 70m。

（4）第 4 次和第 5 次突水突泥：10 月 1 日，当淤积清理至 YK91+365 突泥口附近时，晚上 21:40、23:00 左右，YK91+374 附近再次发生 2 次较大规模突水突泥，淤积体约 2200m³。

　　图 4.13　隧道右洞第 2 次突水突泥　　　　图 4.14　隧道右洞第 3 次突水突泥

（5）第 6 次突水突泥（图 4.15）：10 月 7 日早上 7:30，当淤泥清理至 YK91+374 附近时，坍塌口出现第六次突水突泥，导致现场淤泥再次涌至 YK91+255，淤积体约 4900m³。

（6）第 7 次突水突泥（图 4.16）：10 月 25 日凌晨 1:30 进口右洞淤泥清理至 YK91+355 时，再次发生大规模突水突泥，淤泥涌至 YK91+255，约 8500m³，坍塌口后方 80m 范围内二衬断面完全被淤泥填满。

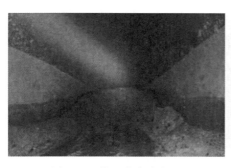 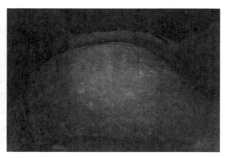

　　　图 4.15　第 6 次突水突泥　　　　　　　图 4.16　第 7 次突水突泥

2. 山顶地表塌陷概况

隧道进口右洞发生第三次突水突泥后，在 YK91+371～YK91+389 设计线内侧 20m 附近（F2 断层内，ZK5 钻孔旁）出现明显地表塌陷，地陷处山顶高程与隧道设计线高差约 190m，地陷平面图呈不规则圆形，直径约 25m，面积约 500m²，深度 8～15m。地陷平面面积及深度随着突水突泥发展进一步扩大，11 月 11 日查勘时，山顶地陷平面为不规则椭圆形，直径 46～62m，面积约 1800m²，深度 15～32m，见图 4.17。YK91+374 断面最大沉降量 62.3mm，YK91+380 断面最大沉降量 155.8mm。

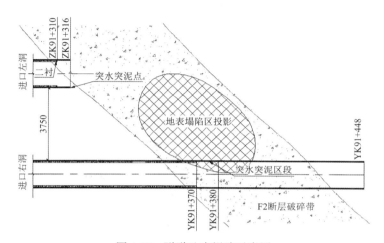

图 4.17 隧道地表塌陷示意图

3. 突水突泥及地表塌陷成因分析

根据隧道区域地质、水文地质条件调查，结合突水突泥洞段主要出水点的水化学特征、示踪试验以及地下水流场，综合分析突水突泥及地表塌陷的原因如下：

（1）受区域性的钟家山—界化垄逆冲断层影响，泥盆系砂页岩地层覆盖于石炭系地层之上，在断层带上由于挤压与摩擦作用，形成了厚度较大的风化破碎岩带。在隧道进口方向附近，又发育了 F2 断层，风化破碎岩带与 F2 断层破碎带在隧道里程 K91+330 附近相交，使得塌陷区一带围岩特别破碎，稳定性差，容易发生坍塌掉块。

（2）隧址区地下水主要赋存于风化破碎岩带与 F2 断层的构造裂隙带中，其特点是构造裂隙带既是储水空间又是导水通道。当隧道开挖揭露断层破碎带中的导水段后，形成新的排泄基准，此时储存在断层破碎带内的地下水在接近 200m 的水头作用下呈喷射状向外冒出，断层破碎带内的泥质成分不断被高压水流带出，造成破碎带围岩失稳，发生坍塌掉块，并最终导致大量的泥沙石块随水流向外流出，引发突水突泥事故。随着断层破碎带内储存的地下水快速流出，涌水量迅速衰减，并呈自然流出状态，以排泄其影响范围内的地下水补给。

（3）风化破碎岩带与 F2 断层破碎带围岩以砂页岩互层为主，砂岩段导水较好，页岩段阻水。因此，隧道开挖过程中陆续揭露多个导水段，并于进洞口左右工作面发生多次突水突泥事故，带出数万立方米的泥沙，使得F2断层带不断向上坍塌，并最终达到地面，形成沿F2断层分布的地表塌陷。隧道塌陷成因示意图如图4.18所示。

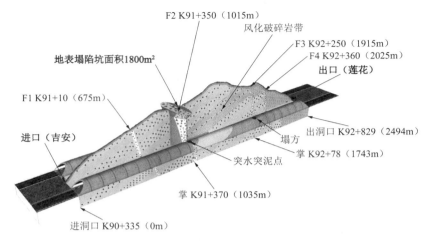

图 4.18 隧道塌陷成因示意图

4.3.4 不良地质灾害控制措施及效果评价

1. 总体设计

针对永莲隧道突水突泥、地表塌陷情况及F2断层地质特点，提出"先探测后注浆、帷幕注浆加固与塌腔充填相结合"的综合治理方案。该方案以新型注浆材料和过程化控制注浆技术为依托，以实时地球物理探测结果和监测信息为依据，应用常规双液浆配合新型可控速凝膏状注浆材料（GT-1）和前进式分段控制注浆技术。在止浆墙防突措施基础上，进口左洞针对ZK91+310～ZK91+400里程段内F2断层破碎带围岩实施超前帷幕预注浆加固治理，进口右洞针对ZK91+370～ZK91+445里程段F2断层破碎带及突泥突水洞段实施周边帷幕注浆加固治理。右洞周边帷幕实施前，需对右洞左侧极松散围岩区，尤其是突泥突水洞段（YK91+370～YK91+380）进行防突注浆加固，为右洞内清淤工作及周边帷幕注浆创造安全条件。两洞帷幕注浆结束后，采用双侧壁导坑法或三台阶法对帷幕注浆段进行开挖，开挖期间针对帷幕薄弱区补充径向小导管注浆。

结合左右洞帷幕注浆，对两隧洞之间围岩进行系统的地球物理探测工作，掌握岩体完整性、塌穴塌腔分布、发育程度及富水情况，并采用深孔对围岩进行系统充填注浆加固，以提高岩体的强度和稳定性。最后设计引排钻孔，对断层破碎带富水区进行深部引排泄压。左右洞均顺利通过断层、洞内围岩和地表塌陷坑稳定后，对地表塌陷区实施系统的全寿命周期防排水及封闭治理。

2. 止浆墙的设计及施作

根据现场条件，隧道进口左洞 ZK91+310～ZK91+340 治理段采用单级平面型混凝土止浆墙（图4.19），厚度设计为3m，止浆墙材料采用C25混凝土，其横断面图和侧视图分别见图 4.19（a）、（b）。周边通过打设径向锚杆与围岩锚固，增强止浆墙稳固性。采用钢管桩对软弱基础进行处理。下部预留排水管，将止浆墙后的涌水集中引排。拱部预留注浆管，以注浆封堵止浆墙与围岩之间的缝隙，确保结合严密，止浆墙背面 ZK91＋313～ZK91＋318 段落采用洞渣及砂浆回填。止浆墙现场施工情况如图 4.20 所示。

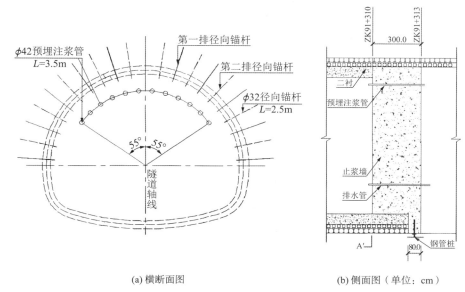

(a) 横断面图　　　　　　　　(b) 侧面图（单位：cm）

图 4.19　止浆墙及注浆孔布设

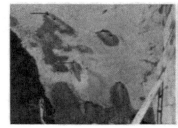

图 4.20　现场施工照片

3. 注浆孔布置

（1）重点涌水钻孔的小偏角原位扫孔注浆

对于揭露出涌水的 39 个钻孔，综合分析水量、水压、出水位置后，对其中 20 个重点钻孔进行小偏角原位扫孔注浆（图 4.21），即在原有的设计钻孔中进行小角度偏移复钻扫孔，偏斜角为 1°～3°，延长钻孔终孔长度 5m，钻孔 20m 后实施前进式分段注浆，注浆段孔深分别为 0～20m、20～25m、25～30m 和 30～35m。其中前 20m 段是对水囊原有骨架支撑围岩的强化加固和对原帷幕加固区围岩进行反复强化注浆，后面几段分别针对近水囊边界围岩实施充填注浆和推移式注浆，充填含水区域，且将水囊边界向前方和右侧方推移，保障隧道开挖及开挖扰动区域内的围岩强度，使被注地层的围岩稳定性得到进一步提高。

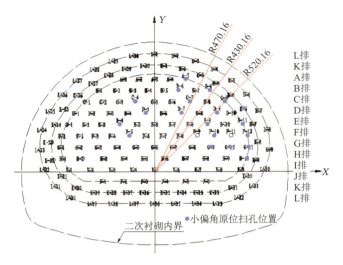

图 4.21　小偏角原位扫孔钻孔孔位布置图

（2）水囊分布区域的加密钻孔注浆

为使钻孔终孔位置到达水囊区域并且尽可能覆盖水囊，在水囊分布区域设置 8 个加密钻孔，进行注浆加固封堵。既能保证对水囊的治理效果，又能对之前注浆过程中可能存在的薄弱环节进行补充。加密钻孔的孔位布置图、剖面图、终孔交圈图分别如图 4.22（a）～（c）所示。

（3）重点区段的帷幕加固圈加厚处理

对加密钻孔和原帷幕扫孔钻孔，均作延伸设计，终孔范围由原加固圈厚 8m 增加至 12m。扩大加固圈范围是扩大对水囊分布区域的治理范围，将水囊位置推移到隧道开挖轮廓线外更远处，可以更加有效地提高对水囊的治理效果，保证开挖时的施工安全和隧道的长期稳定运营。帷幕加固圈加厚处理如图 4.23 所示。

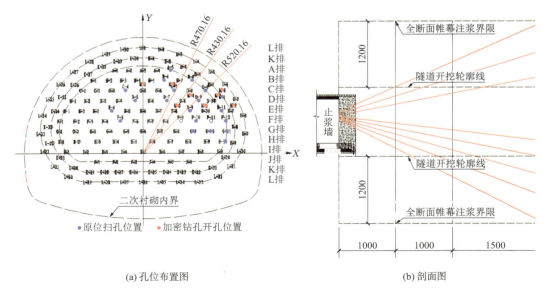

(a) 孔位布置图　　　　　　　　　　　　(b) 剖面图

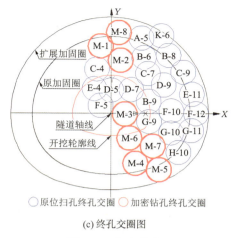

(c) 终孔交圈图

图 4.22 加密钻孔

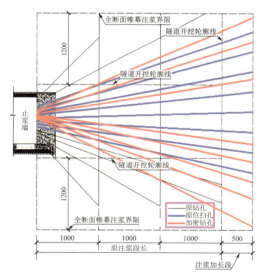

图 4.23 帷幕加固圈加厚处理示意图

4. 注浆材料优选

（1）单液水泥浆

对重点涌水钻孔的小偏角原位钻孔和水囊分布区域的加密钻孔注浆时，在开挖轮廓线外围至水囊边界区域，采用单液水泥浆对水囊骨架支撑围岩补低压增强加固。注浆开始先使用较稀的浆液，一般注入稀浆超过 30min 不起压时，慢慢调浓浆液，单液水泥浆可以灌注的浓度一般在 1.3～1.7g/cm³ 之间。为提高水泥浆的早期强度，可以适当在水泥浆中加入 0.3%～0.5% 的三乙醇胺或者食盐。

（2）水泥-水玻璃双液浆

在开挖轮廓线外围至水囊边界区域低压注浆过程中，当水泥单液浆扩散远远超过加固范围难以控制时,可以更换注浆材料,采用水泥-水玻璃双液浆,保证浆液在隧道开挖近端的有效扩散,以保证水囊骨架支撑围岩的有效加固;在钻孔揭露水囊时,应先采用水泥-水玻璃双液浆进行充填注浆,选用的水玻璃浓度要求在 35~42°Bé′ 之间,模数控制在 2.3~3.0 之间。

（3）新型可控速凝膏状体注浆材料（GT-1）

对于钻孔揭露水囊富水区域,浆液难以留存,宜选择具有初终凝时间可调、扩散控制性好、动水抗分散、早期强度高、环保无毒等优点的可控速凝膏状体注浆材料GT-1。通过GT-1浆液对水囊区域的有效充填,实现水囊边界的缩小和充填加固。

5. 注浆工艺

通过对水囊的探测分析可知,单靠普通的注浆工艺难以实现对水囊的有效治理,应将低压充填和高压排挤式注浆工艺结合,实施分区域渐进式精细化控制注浆技术（图 4.24）。

（1）在开挖轮廓线外围至水囊边界区域,采用水泥单液浆配合使用水泥-水玻璃双液浆,对近隧道开挖端至水囊边界的围岩进行低压充填注浆加固,充填注浆压力控制在 1~2MPa。通过注浆压力和注浆量进行控制,直到达到注浆结束标准。

（2）在钻孔揭露水囊富水区域,采用 GT-1 配合使用水泥-水玻璃双液浆,对水囊空间进行注浆充填处理,采用高压膏状体高压推挤式注浆,水囊充填注浆压力控制在 4~6MPa。通过高压推挤注浆,将水囊边界向开挖轮廓线外侧推移。

（3）通过对水泥-水玻璃、新型速凝注浆材料的配比调节,控制浆液的凝胶固化时间,进而控制浆液扩散状态。

（4）通过严格检查,反复强化,提高水囊骨架围岩强度及稳定性。

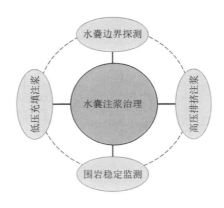

图 4.24 水囊注浆治理工艺示意图

6. 其他

（1）注浆压力

根据上述治理体系分析,并结合工程地下水压力、地层特点和加固要求,左洞超前帷幕钻孔第 1~2 注浆段注浆终压设计为 3MPa,其他注浆段注浆终压设计为 4~6MPa,具体注浆压力控制根据浆液消耗情况及围岩揭露情况进行调整。

（2）注浆顺序及注浆方式

结合本工程实际，注浆采用由外到内，从下往上的原则。其中，水平方向采取跳孔原则，垂直方向上采取隔行跳排原则。根据上述分析，采用前进式分段注浆，注浆段长初定为5m，施工过程中，根据实际情况合理调整。

（3）注浆结束标准

根据本隧道工程特点，注浆结束标准以定量和定压进行控制，以保证注浆质量和效果。

7. 注浆效果评价

注浆结束后，结合本工程实际情况，综合采用P-Q-t分析法、注浆量分析法、检查孔法等方法，对注浆效果进行系统的分析和评价。

（1）P-Q-t曲线分析

钻孔注浆过程中，对注浆压力、注浆量进行实时跟踪记录，并分析其变化规律，评价注浆效果。以掌子面右侧典型钻孔E11为例，选取20～25m、25～30m注浆段，绘制得到注浆过程中的P-Q-t曲线（图4.25）。

分析图4.25（a）可知，该段注浆时，注浆压力先逐步升高，注浆速率逐渐降低，在B时刻压力达到峰值，并发生劈裂作用，形成新的扩展通道，浆液扩展范围增大；劈裂后，注浆压力先降低后急剧上升，并最终达到设计压力，流量也呈现出同步的负相关趋势，说明浆液在岩土体中完成了劈裂—渗透的注浆转换过程，注浆充填加固作用得到强化。由图4.25（b）可知，该段注浆时，注浆压力先迅速提升，完成挤密—渗透的注浆转换过程；随后较长一段时间，注浆压力提升不显著，注浆速率变化较小，说明浆液在空隙和导水通道内持续充填扩散，注浆孔周边岩体得到有效加固；后期注浆压力骤然升高至设计压力，注浆速率急剧降低时，说明岩体已被充填较饱和密实。综合分析P-Q-t曲线特征，说明通过"劈裂—挤密—充填—渗透"的联合注浆过程，断层破碎围岩得到很好的充填加固，注浆效果明显。

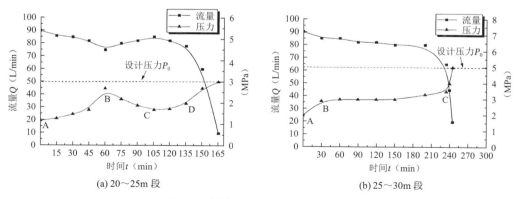

图4.25 钻孔E11注浆过程P-Q-t曲线

（2）注浆量分析

注浆结束后，对注浆量进行了多角度的分析，系统地评价了注浆效果。分析时，按照注浆顺序将加固区域划分为第一环注浆区（L圈钻孔）、第二环注浆区（K圈钻孔）、第三环注浆区（A排、J排钻孔及剩余各排两端钻孔）、第四环注浆区（靠近第三环钻孔）及内部注浆区（余下内部钻孔）五个区域。

由于各注浆区揭露的地质条件存在差异，各注浆区的耗浆量有一定的差别。第三环和第四环耗浆量较大，第一、二环耗浆量次之，内部注浆区耗浆量最小，说明经过外围注浆帷幕的施作，内部注浆区耗浆量大幅减少，浆液扩散有效控制在加固圈范围内。以第一环注浆区不同序列钻孔注浆量空间分布为例，分析可知，第二序钻孔浆量总体上较第一序的耗浆量降低较多，说明第一序钻孔注浆后对围岩起到了较大的改善作用，导致第二序注浆时较快耗浆量降低，注浆效果较好。

（3）检查孔分析

注浆结束后，施作一定数量的检查孔，钻孔结果表明岩芯主要为硬塑状断层岩、断层泥、大量角砾岩，且岩芯内可见大量水泥劈裂面及水泥与断层泥胶结面，由此可知注浆效果显著。

（4）注浆开挖情况

注浆治理后，隧道开挖揭露大面积的充填浆脉，且围岩整体变形较小，说明本次注浆治理效果良好，在F2断层破碎带松散充水介质内起到了有效的加固和阻水作用，提高了隧道围岩的整体稳定性，具有较好的工程意义。

4.3.5 小结

吉莲高速永莲隧道工程地质条件极为复杂，围岩级别低，断裂带部位岩体破碎，地下水发育。隧道修建进入F2断层后，左右洞发生十余次规模大、持续时间长、破坏性强的突水突泥灾害，并且在突水突泥后，隧道山顶出现土体开裂、地表塌陷，给工程建设带来巨大隐患。

针对永莲隧道不良地质灾害的特点，基于安全、可行、经济、环保的要求，提出隧道断层注浆治理原则。建立了由综合探测方法、注浆设计方法、注浆实施及过程控制技术、效果评价等关键技术组成的隧道断层突水突泥注浆治理技术体系。针对永莲隧道F2断层突水突泥的实际情况，建立的注浆治理技术体系取得了良好的效果，可为类似工程提供借鉴。

4.4 杨梅一隧道

4.4.1 项目概况

1. 工程背景

杨梅一隧道位于吉安市安福县严田镇杨梅村附近，为左、右分离式隧道，路面为双向四车道。隧道宽13.56m，高10.89m。设计隧道左/右线桩号为ZK54+850～ZK55+539/YK54+865～YK55+503，长689/638m，属于中长隧道，最大埋深约80m。隧址区处于构造剥蚀低丘地区，山体连绵起伏，植被发育，地下水较丰富。隧道内地质条件复杂，围岩主要以泥盆系上统灰岩、页岩为主，岩体破碎至较破碎，为Ⅴ级围岩，且灰岩区岩溶较为发育。

2. 地形地貌

杨梅一隧道位于武功山隆起构造剥蚀低山丘陵盆地东南侧，属于构造剥蚀丘陵区，受萍乡—广丰区域断裂带构造控制，地层总体呈北东向伸展，隧道走向与山脊走向呈大角度相交。洞轴线最大地面标高约为364.20m，地形起伏程度大。隧道进、出洞口均位于斜坡地段，山体自然边坡20°~30°，坡体为第四系覆盖层所覆盖，植被以根系发达的树木为主，通视条件较差。隧道区内微地貌发育，主要为山脊、山体斜坡及垭口。

3. 气象水文

杨梅一隧道区域属亚热带季风性气候，年平均气温17.7℃，7月平均气温28.9℃，1月平均气温5.9℃，年均降水量1553mm，平均降雨日166d，平均日照时数1649h，年无霜期279d。隧道区的地表水系发育，山坡多为雨季降水形成的季节性面流，沟谷地可能形成短暂季节性洪流。区内地表最大水体为进口处发育的山间溪流，水流量大，勘察期间水深0.5~1.0m，水面宽度约为1m，四季有水。

4.4.2 隧道围岩变形情况与现场处置

1. 典型围岩变形情况

1）出口段初支变形

右线出口段YK55+425~YK55+500段隧道围岩发生明显的初期支护变形和垮塌。该段围岩主要为全风化页岩，泥质含量高，受强降水及丰富的地下水影响，在地表存在地形偏压的条件下，发生膨胀变形，造成初期支护变形、垮塌。

2）YK55+275~YK55+285段变形坍塌及涌水突泥

2022年4月22日至27日，掌子面开挖至YK55+275~YK55+285段，围岩为强风化灰岩夹页岩并有泥砂质充填（图4.26），岩体自稳能力极差，YK55+275~YK55+285、YK55+285~YK55+295段采用加强初期支护设计，且由原来FS5-2复合衬砌变更为FS5-1复合衬砌，以保证施工安全。

图4.26　YK55+275~YK55+285段围岩情况

2022年4月30日，在开挖至YK55+289时，监控量测数据显示YK55+253～YK55+275段拱顶沉降较大，出现膨胀变形。现场随即暂停掌子面作业，并对已支护段采用I20a工字钢施作临时护拱（型钢拱架间距1m，ϕ22钢筋间距1m连接，喷射混凝土稳固支撑）（图4.27）。2022年5月1日至3日，护拱支护锚喷施工完成。

图4.27　YK55+253～YK55+275拱架变形临时护拱

2022年5月3日，掌子面开挖至YK55+291时，YK55+253～YK55+275段沉降变大，护拱开始变形（图4.28），立即停止掌子面施工并对护拱进行挂网补喷增厚并持续观测。

图4.28　YK55+253～YK55+275段护拱变形

2022年5月21日凌晨0点10分，掌子面YK55+246.5～YK55+291二次衬砌端头发生坍塌［图4.29（a）］。2022年5月23日回填石渣、清除部分淤泥时，发生大量涌水突泥［图4.29（b）］，导致现场陷入停滞状态。经过一个月的清淤和加固处理后，2022年6月23日对完成注浆固结的掌子面开挖初支过程中，掌子面受扰动再次出现挤压涌泥现象。

(a) YK55+246.5～YK55+291段塌方　　(b) YK55+246.5～YK55+291段及涌水突泥情况

图4.29　YK55+246.5～YK55+291段塌方及涌水突泥情况

洞内坍塌段范围（YK55+256.5～YK55+291）34.5m，塌方体约4000m³，地表塌坑约240m³，预估此段坍塌范围上方有约3800m³的空腔。

2. 大变形及涌水突泥原因分析

该段隧道围岩主要为强风化灰岩，上覆全风化页岩，岩质软弱，顶板灰岩厚度较薄，层间结合差，裂隙发育且多由黏土质及方解石石英脉体充填，基岩裂隙水发育，易发生膨胀大变形现象。受多日持续大雨影响，围岩稳定性进一步变差，造成塌方。塌陷区土体受浸泡冲刷，再次失稳形成二次涌出。

3. 变形段现场处治方案与设计变更

右线出口段YK55+425～YK55+500段初期支护进行换拱处理，及时施作二次衬砌，对YK55+385～YK55+425段采用地表注浆加固，并在掌子面开挖前方设置大管棚。对左侧及洞顶加强反压回填，做好洞顶排水措施，根据监控量测结果，动态调整支护参数。

右线YK55+246.5～YK55+291段塌方段在进一步开挖前进行地表注浆加固与洞内涌水突泥体注浆固结相结合的综合处理方案。采用台阶法开挖，保持掌子面稳定，必要时采取砂浆或砂袋反压等稳定掌子面措施。采用超前大管棚加强支护，环向间距35cm，初期支护钢拱架22b型钢，间距50cm，初期支护系统锚杆调整为注浆小导管；初期支护锁脚采用φ89mm注浆小导管；二次衬砌进行加强，混凝土强度等级采用C40，钢筋直径采用φ28mm。加强洞内塌方体排水，地表塌坑及时整平封水，完善截水、排水措施。

4.4.3 变形坍塌段注浆加固方案

在进一步论证后，为保证施工安全，对杨梅一隧道右洞进口坍塌段YK55+241.5～YK55+301段采取地表注浆加固与洞内涌水突泥体注浆固结相结合的综合处理方案（图4.30、图4.31）。其中，YK55+241.5～YK55+265段洞内涌水突泥体采用水平注浆加固施工（含1m止浆墙）。YK55+241.5～YK55+301段采用地表注浆。

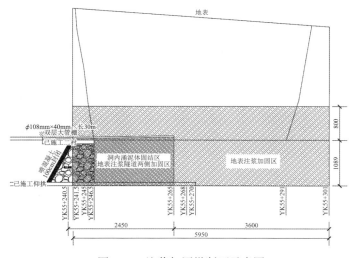

图4.30 注浆加固纵断面示意图

图 4.31 地表注浆现场施工

1. 地表注浆加固方案

1）施工设计。注浆孔布设采用等边三角形布孔模式，设计参数见表 4.5。注浆加固布孔如图 4.32、图 4.33 所示。

地表注浆设计参数表　　　　　表 4.5

序号	参数名称	参数值
1	浆液扩散半径	1.5m
2	加固范围	纵向 YK55+241.5～YK55+301，共 59.50m
3		自仰拱底加固至拱顶以上 8m，隧道两侧加固至轮廓线外 6m；其中 YK55+241.5～YK55+265 处拱墙加固至双层管棚处至拱顶上 8m
4	注浆孔间距	孔间距 2m，等边三角形
5	钻孔孔径	套管直径 ϕ146mm
6	注浆钢管	外径 76mm，壁厚 3.5mm
7	注浆压力	4～6MPa，根据现场实际情况调整
8	孔深	平均约 50m

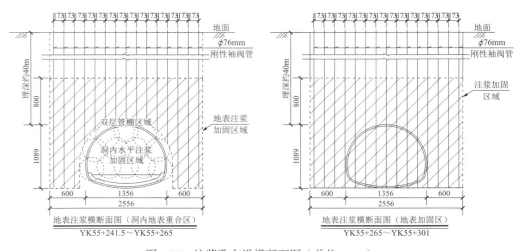

图 4.32 注浆孔布设横断面图（单位：cm）

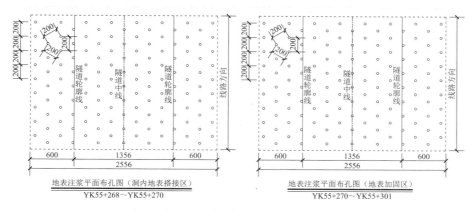

图 4.33 注浆孔布设平面图

2）注浆工艺流程。根据地层特性，采用套管跟进钻孔工艺，套管外径 146mm。采用干钻法，严禁采用水钻工艺。钻孔完成后，拔出钻杆，人工下入袖阀管，注入套壳料；注浆浆液采用 HPC 外加剂普通水泥浆为主和普通水泥-水玻璃双液浆，注浆压力 4～6MPa，根据现场实际情况调整分段注浆工艺，使浆液在压力条件下，注入地层，降低地层的渗透能力，从而形成注浆截水帷幕，达到防渗堵漏和加固地层的目的。采用 DDZ（大孔径地表注浆）施工工艺（图 4.34）。开始钻孔，钻孔完成后先退钻杆，分节下放φ76mm 刚性袖阀管至孔底，刚性袖阀管前端加工成锥形封闭，每两节连接使用φ89mm 壁厚 5mm 外套管接头满焊连接，将袖阀管沿套管内部下到孔底，在孔口部位采用速凝水泥砂浆填充，以防止注浆时返浆。注浆钢管安装完成后注入套壳料，套壳料配比为水：灰：土＝2：1：1（根据现场实际情况调整）。

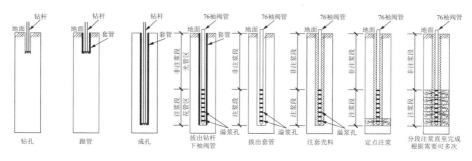

图 4.34 DDZ 施工工艺流程图

注浆顺序为分区段，先周边后中间，由外向内，间隔跳孔，从而有效控制浆液扩散区域，确保形成完整的注浆加固体。施工前先沿隧道中线每间隔 5～10m 钻设注浆孔，探明地层中是否有空洞，如有空洞，需预埋钢管灌注混凝土或砂浆回填，确保地表钻机和施工人员安全。注浆终孔交圈图见图 4.35。注浆方式采取后退式分段注浆工艺，即在注浆带内由孔底进行注浆，每次注浆段长 1m，注完第一注浆段后，后退注浆芯管，进行第二注浆段的注浆，以此下去，直至完成注浆带。注浆段长度根据实际注浆情况调整。注浆过程中应做好详细的注浆记录，并对浆液进行凝胶时间的测定，确保注浆施工效果。

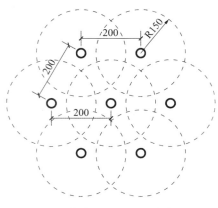

图 4.35 注浆终孔交圈图（单位：cm）

3）注浆材料。为有效地控制浆液的扩散区域，确保注浆材料在地层中凝胶性能，以及浆液凝胶后的时效性，注浆材料采用 HPC 外加剂普通水泥单液浆为主，普通水泥-水玻璃双液浆为辅，双液浆浆液的凝胶时间控制在 25~45s 以内，从而达到可控域注浆的目的。

4）注浆参数。注浆参数如表 4.6 所示。

注浆参数表　　　　　　　　　表 4.6

参数名称	参数值
浆液扩散半径	1.5m
注浆终压	4.0~6.0MPa（现场试验调整）
浆液凝胶时间	掺 HPC 外加剂浆 20~40min 双液浆 25~45s
注浆速度	10~90L/min
浆液配比（水:灰）	HPC 外加剂普通水泥单液浆水灰比 $W:C=0.7~0.8:1$，HPC 外加剂掺量 12%~15%；普通水泥-水玻璃双液浆配比 $C:S=1:1$［其中水泥水灰比 $W:C=(0.8~1):1$］
套壳料配比（水:灰:土）	2:1:1，根据现场试验确定
注浆分段长（或称注浆步距）	1m，根据注浆情况调整
单孔每米注浆量	1060L（按 15% 空隙率计算）

2. 洞内水平注浆施工方案

为了实施洞内水平注浆作业、维持掌子面稳定，在洞内现掌子面进行洞渣回填，回填坡面顶面里程 YK55+241.5，然后挂双层钢筋网片喷射 C30 混凝土封闭掌子面，作为洞内涌水突泥体固结水平注浆的开孔面。通过超前水平注浆，达到充填围岩塌方体空隙，堵水、固结塌方体的目的，保证开挖施工安全。超前钻机操作平台长度 9m，顶面距离衬砌拱顶高度 4.5m，采用 C25 混凝土浇筑 20cm 厚的作业平台，便于钻机移动及确保操作时不下陷。

1）施工设计。注浆孔浆液扩散半径按 2.0m 考虑，设计终孔间距不大于 3.2m，设 1 个 24.5m 终孔断面，共 12 个注浆孔，施工中可对薄弱位置考虑增加注浆孔（根据注浆过程动态调整）。纵向注浆加固纵断面图见图 4.36，注浆开孔及终孔面见图 4.37、图 4.38。

第 4 章 江西省极软弱围岩隧道大变形控制工程实践

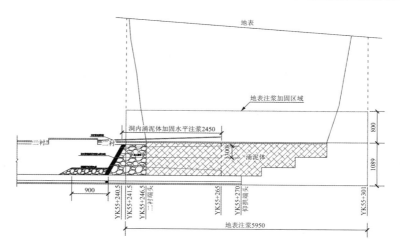

图 4.36 洞内注浆加固纵断面图

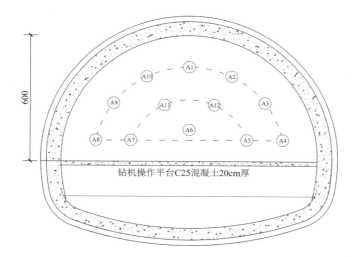

图 4.37 注浆开孔孔位布置图

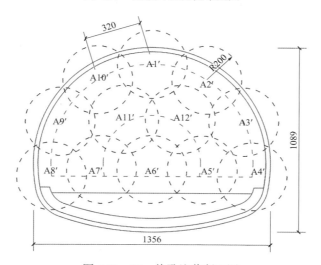

图 4.38 30m 终孔注浆断面图

2）施工工艺。采用钻杆后退式分段注浆、水平袖阀管束分段注浆工艺相结合的施工工艺。钻杆后退式分段注浆采用多功能地质钻机开ϕ130mm孔,穿过止浆墙后采用水钻或风钻方式钻孔至设计位置后退出ϕ76mm钻杆,重新下入ϕ57mm钻杆进行后退注浆,分段长度2.0m,后期注浆压力上升较快时可采用4.0m分段长度。水平袖阀管束注浆工艺为先钻孔至终孔,然后在孔内下入2～3根ϕ25mm水平袖阀管,实施分段注浆。

3）注浆材料。注浆材料采用普通水泥浆为主,普通水泥-水玻璃双液浆为辅,必要时可采用HPC外加剂水泥浆。普通水泥单液浆配比 = (0.65～0.75)∶1；普通水泥-水玻璃双液浆配比$W:C = (0.8:1)\sim(1:1)$, $C:S = 1:1$。HPC水泥浆配比 = 0.75∶1,HPC掺量12%～15%。普通硅酸盐水泥强度等级P·O 42.5,水玻璃浓度40°Be′,水玻璃模数2.7～3.1。

4）注浆设计参数。如表4.7所示。

全断面注浆设计参数表　　　　表4.7

序号	参数名称		参数值	备注
1	纵向加固段长		纵向加固至双层管棚端头,长度24.5m	
2	环向加固范围		加固仰拱填充以上开挖面	
3	浆液扩散半径		2.0m	
4	注浆速度		10～90L/min	
5	注浆终压		2.0～4.0MPa	根据现场情况调整
6	终孔间距		≤3.2m	
7	注浆方式		钻杆后退式分段注浆、水平袖阀管束分段注浆工艺相结合	根据现场情况调整
8	钻孔数量	注浆孔	单循环12个	施工时可根据实际情况补孔
		检查孔	不少于注浆孔数量5%	
9	注浆量		1039.2m³（孔隙率暂按35%考虑）	以现场实际使用量为准

4.4.4 小结

杨梅一隧道围岩属于典型的极软弱围岩,不仅风化程度高,强度低,松散破碎,且泥质含量极高,受地下水影响发生膨胀大变形现象。该工程采用了"地表注浆＋洞内帷幕注浆"的综合处理方案,对变形坍塌及涌水突泥段进行了及时有效的加固,并加强了支护措施；对已发生变形的段落进行换拱处理,及时施作二衬,根据监控量测数据动态调整支护参数,有效控制了进一步的收敛和沉降变形,保障了隧道施工的安全和进度。

4.5　先锋顶隧道

4.5.1　工程概况

1. 工程背景

先锋顶隧道位于宜春市袁州区湖田镇境内,设计为分离式隧道,隧道进口端为宜春,出口端为遂川。隧道左线长1247m,右线长1265m。隧道左线起点桩号为ZK8＋845,终点桩号为 ZK10+092，右线起点桩号为 YK8+847，终点桩号为 YK10+112。隧道区以低山丘陵地貌为主，地形起伏较大，山势陡峻，隧道进洞口自然坡度为 17°～28°，出洞口自然坡度为 18°～48°。山体植被总体较发育，以杉木、茶树、灌木林地为主。隧道修建过程中出现了初支开裂、侵限，洞顶塌方以及边仰坡滑塌等灾害。

2. 地质条件

先锋顶隧道出现塌方以及初支破坏侵限的洞段桩号为 ZK8+945～ZK8+915（图4.39），根据地质调查报告，该段埋深30m左右。该段自然山体较陡，地表植被较发育，表层岩性主要为小型泥石流，沟谷宽度 20～30m，沟谷坡度 28°～40°，坡向与隧道轴线呈约35°，原生态植被发育，为竹林及矮小灌木，沟谷地地层结构为表覆第四系坡积含碎石黏性土，厚1～4m，下为震旦系（$Zsn1^2$）千枚岩、粉砂质千枚岩，全风化厚度 3～10m，强风化层巨厚，多大于20m。围岩为松散坡积层和全风化层千枚状砂岩，过渡为炭质板岩及千枚岩等，岩质较软、岩体较破碎，中薄层状构造，呈碎裂状松散结构，发育断层，地下水发育，地下水以基岩裂隙水为主，水位高于洞顶，集中降水状态下地下水以淋雨状为主出水。

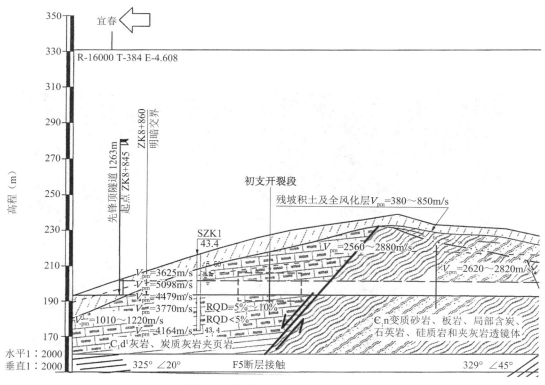

图4.39 初支开裂段位置示意图

施工过程中，ZK8+925～ZK8+915 段实际揭露围岩情况表明左洞靠右洞侧拱脚至拱腰部位为强风化碳质灰岩夹页岩，其余部分均为黄色黏土，岩土分界面清晰，且角度约为60°（图4.40）。

图 4.40　ZK8＋915 掌子面围岩

4.5.2　洞身段工程灾害及处治措施

1. 初支开裂、侵限

2022 年 2 月受雨水天气影响，隧道 ZK8＋945～ZK8＋915 段左侧拱腰 2/3 处初支出现了开裂及侵限，侵限程度 15～75cm，同时开裂段山顶土体出现了多条纵向裂缝，最大裂缝宽 15cm、长 4m（图 4.41）。

图 4.41　ZK8＋915～ZK8＋945 段初支开裂（左）和对应地表段开裂（右）

该段出现初支开裂及地表开裂原因如下：

1）ZK8＋945～ZK8＋915 处于洞口软弱浅埋段，受雨雪天气影响，雨水渗入山体后，上部土层遇水软化，稳定性下降。且该洞段存在一条土石分界线，在雨水以及地下水润滑作用下形成滑移面，从而导致围岩变形、初支侵限。

2）开挖阶段未按照设计的单/双侧壁导坑施工，而是采用双台阶法施工，开挖后临空界面过大。仰拱、二衬安全步距较大，支护结构未能及时封闭。

3）2021年1月14日前就发现初支开裂，但未及时地处理，仅封闭了掌子面，未对已成型初支作有效的临时支撑。

2. 塌方

2022年4月7日，ZK8+915掌子面开始单侧壁导坑开挖，2022年4月11日上午10时已掘进8榀，共4.8m长。之后发现ZK8+915掌子面左侧拱顶出现侵限，左洞右侧ZK8+925～ZK8+915段出现钢拱架变形、拱顶掉块。当日下午19:00，ZK8+945～ZK8+910段出现大范围掉土、全断面钢拱架坍塌，拱顶出现塌腔，地表出现直径约20m的大坑（图4.42）。

(a) 洞内塌方　　　　　　　　　(b) 山顶塌腔

图4.42　ZK8+910～ZK8+945塌方

坍塌原因分析：

1）从坍塌位置来看，坍塌呈"漏斗"形状，最早发生的位置在土石交界点。钢拱架接头也处于该位置，整体钢拱架受力最大、最薄弱区域。在临时支撑拆除后、由于掌子面的继续开挖导致围岩失稳进而发生坍塌。

2）第一次裂缝处治过程中，因左洞左侧钢拱架变形严重，左洞右侧变形量较小，仅对左洞左侧做注浆处理，右侧尤其是土石交界处未做加固处理。

3）第一次裂缝处治过程中采用普通的径向导管注浆，普通注浆上压快，浆液无法扩散，未起到固化帷幕作用，进而造成支护承受压力过大，无法承受上部过大的压力，造成初支变形过大。

3. 处治措施

针对山顶地表裂缝进行了裂缝防水处理，首先采用人工用土填充裂缝，防止外表水渗入，并用篷布覆盖。之后根据现场裂缝分布情况及实际地形施作截水沟，截水沟采用人工开挖40cm×40cm土沟并进行砂浆抹面（图4.43）。洞顶山体塌腔处进行回填土并掺入3%水泥，防止山体继续塌陷扩大。

(a) 篷布覆盖裂缝　　　　　　　　　(b) 截水沟砂浆抹面

图 4.43　山顶裂缝处治措施

已开挖段初支侵限处治措施为：

1）施作临时支撑：左洞 ZK8+946～ZK8+915 段洞内首先采用 I20 工字钢做临时支撑，支撑方法见下图 4.44：

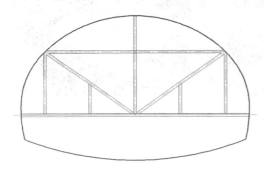 

(a) 临时支撑示意图　　　　　　　　(b) 现场施作临时支撑

图 4.44　ZK8+946～ZK8+915 段施作的临时支撑

2）ZK8+956～ZK8+946 段初期支护未侵限段，对该段进行注浆加固处理，环向注浆间距 150cm，纵向间距 150cm，注浆管采用 $\phi 42mm \times 4m$，长度 4.5m。

3）ZK8+946～ZK8+917 段初支侵限、钢拱架破坏段进行换拱处理，I20a 工字钢调整为 HW200mm×200mm 型钢，间距维持 60cm 不变。环向锚杆调整为环向小导管，间距 120cm×80cm，小导管长 6m。

4）由于拱顶坍塌影响，换拱至 ZK8+930 时，清渣困难，围岩不稳，对 ZK8+930～ZK8+880 段采用渐退式周边帷幕注浆对围岩进行加固，注浆加固范围为拱顶 120°开挖线外侧 6m 和拱脚开挖线外侧 6m。

未开挖段设计变更：

1）后续对 ZK8+917～ZK8+860 段采用双侧壁导坑法开挖，工字钢由原设计 60cm 每榀调整到 50cm 每榀，工字钢 I20a 调整到 HW200mm×200mm 型钢。

2）ZK8+946～ZK8+895 段超前小导管调整为 ϕ108mm×6mm 钢管，长度为 12m，采用跟管施工，搭接长度为 3m。

3）ZK8+917～ZK8+860 段环向药卷锚杆调整为 ϕ42mm×4mm 小导管，环向注浆间距 150cm，纵向间距 150cm，单根长度为 6m，用以补充注浆加固。

4）ZK8+946～ZK8+860 段锁脚由 ϕ42mm×4mm 调整为 ϕ89mm×6mm 钢管，长度调整为 5m。

5）ZK8+956～ZK8+860 段二次衬砌主筋直径由 22mm 调整为 25mm，间距 20cm 维持原设计不变，二次衬砌厚度 60cm 维持原设计不变。

6）侧壁临时支护的喷射混凝土厚度由 6cm 调整为 15cm，同时在掘进过程中，掌子面采用喷射混凝土进行封闭。

4.5.3 进口端边仰坡滑坡及治理措施

先锋顶隧道进口洞段（ZK8+845～ZK8+860）于 2021 年底完成套拱，计划于 2022 年 4 月中旬待出洞口明洞施工完成后开始开挖，但 2022 年 4 月中下旬持续大暴雨导致迟迟无法进洞。在经历 2022 年 4 月 28 日至 30 日两场暴雨后，2022 年 5 月 2 日进口端洞口边仰坡出现滑塌。滑塌面积约为 1000m²，现场截水沟已破坏（图 4.45）。

洞口滑塌原因分析：从天气情况分析，由于持续降雨，雨水下渗导致洞顶原生崩坡积土失稳滑塌。从地质情况分析，隧道入口的稳定性较差，进洞施工选在雨期施工，极易产生表层滑塌现象。从施工安排情况分析，套拱及管棚完成后（2021 年 12 月完成），未及时安排进洞，错过最佳进洞时机。

图 4.45 隧道进口 ZK8+860 段边仰坡滑塌（左）及截水沟破坏（右）

处治措施

1)边仰坡山体恢复截水沟,山体塌腔处进行回填土并掺入 3%水泥,每米设置一层土工格栅。山顶所有裂缝先封闭处理并加强观测,在开挖掘进过程中若出现新裂缝及时上报。

2)由于左右洞之间存在土石分界面,在洞口附近边仰坡位置增设仰斜式排水管,将山体裂隙水引出。

3)左进口端套拱处进行石渣回填,ZK8+860~ZK8+890 洞口边仰坡塌方处进行挂网喷射 10cm 混凝土封闭,左侧边坡增设 1 排,右侧边坡增设 3 排 ϕ500 管桩,内设钢筋笼,浇筑 C30 混凝土,梅花形布置(图 4.46)。

4)注浆完成后明洞两侧矮边坡处增设双排 ϕ140mm 钢管桩防护,降低偏压对洞内的影响。桩顶设置 80cm 厚系梁,作为开挖新套拱及明洞的基础支护。

5)由于原套拱在山体边仰坡作用下已发生位移及开裂,在原套拱基础上新增一层套拱,长 5m 厚度 80cm,尾部 3m 厚度 140cm,管棚长度 35m,布置在拱顶 150°范围内,套拱基础设置 529mm 管桩加固。

6)原削竹式洞门调整为端墙式洞门,待明洞施工完后,进行洞门墙施工,并进行洞顶回填,明洞主筋由 22mm 调整为 25mm,间距 20cm 维持原设计不变,明洞厚度 70cm 维持原设计不变。

7)ZK8+860~ZK8+920 段采用双侧壁导坑法开挖,右侧壁先掘进,侧壁临时支护喷射混凝土由 6cm 调整为 15cm。

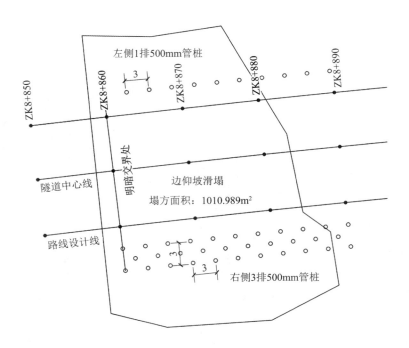

图 4.46 边仰坡管桩位置示意图

4.5.4 小结

先锋顶隧道围岩属于典型的极软弱围岩，初支开裂、侵限及塌方位置均处于靠近洞口的浅埋洞段。该段围岩强度低，松散破碎，且泥质含量极高，且存在土石分界线，在雨季受到雨水及地下水影响，围岩整体稳定性降低并发生滑移，从而导致围岩大变形现象。洞口边仰坡在支护强度不足，未及时进洞的情况下也受到雨季降水影响从而产生滑坡灾害。

灾害发生后，通过及时变更开挖方法、加强支护参数、增强锁脚、施作临时支撑等方法对变形坍塌段进行加固，并对已发生变形的段落进行换拱处理，及时跟进仰拱和二次衬砌，有效控制了进一步的收敛和沉降变形。在洞口边仰坡通过设置抗滑桩、增加套拱等措施减小了偏压对洞内施工不利影响，保障了极软弱围岩洞段的施工安全。

4.6 莲花隧道

4.6.1 工程概况

1. 工程背景

莲花隧道起点位于江西省萍乡市湘东区白竺乡拓村附近，终点位于萍乡市莲花县六市乡垭坞村附近，为双线分离式隧道，左右线起止桩号分别为 ZK35+035～ZK38+235 和 YK35+040～YK38+270，区间总长度分别为3200m和3230m，属于特长公路隧道。莲花隧道左右线最大埋深分别为 317m 和 330m。隧道采用马蹄形断面，净空尺寸为 10.25m×5.0m（宽×高）。按照新奥法原理进行开挖支护设计，采用复合式衬砌结构，初期支护以锚杆、喷射混凝土、钢拱架等为主。

2. 地质条件

莲花隧道隧址区地貌类型属剥蚀低山，地形地貌受地层岩性及构造控制明显。根据现场工程地质调绘及钻孔资料，地层结构自上而下依次为：第四系（Q）粉质黏土及碎石土；青白口系库里组下段（$Qb2k1$）砂质板岩、泥盆系上统洋湖组（$D3yh$）砂岩、泥盆系上统麻山组（$D3m$）砂岩等，分布情况见工程地质剖面图（图4.47）。沿线地质构造复杂、断裂构造发育，隧道先后穿越7条构造断裂带、4条岩性分界线。受F1～F7区域断裂带影响，隧址区裂隙及破碎带内岩体完整性差，易剥落掉块。隧址区地下水十分发育，孔隙裂隙水赋存于第四系残坡积层底部及基岩风化带；基岩裂隙水赋存于基岩的节理裂隙中，受构造发育情况控制；构造裂隙水主要赋存于构造破碎带、岩性接触带，其富水性、导水性较好。不良地质主要为岩溶，特殊性岩土主要为可溶性岩和全风化的页岩，全风化页岩水理性质差，具有较强的胀缩性，遇水易崩解，岩性极软弱。隧道开挖过程中，进口段多次出现富水断层和岩溶发育区，出口段遭遇膨胀性软弱围岩、溶洞等不良工况。

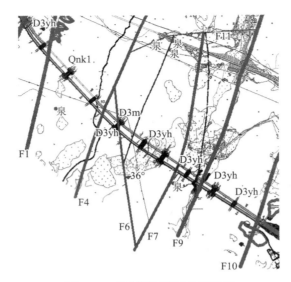

图 4.47 莲花隧道穿越的断裂带

3. 气象水文

隧址区地处亚热带季风气候区，属亚热带湿润季风气候类型。全年气候温和湿润，光照充足，雨量充沛，四季分明。冬季受北方冷空气影响，低温少雨，夏季受东南海洋气候调节，台风波及，暴雨常见。

据萍乡市近五十年的气象资料，年平均气温 17.3℃；1 月平均气温 4.8℃，为最冷月；7 月平均气温 28.7℃，为最热月；极端最高气温 41.0℃，极端最低气温 −9.3℃。全年平均降水量 1673mm，且集中在 4 月至 6 月的梅雨时节，占全年的 60%；年最大降水量 2286.0mm，年最小降水量 1063.0mm；年平均降水日 182d，日最大降水量 177.5mm（1986 年 6 月 23 日）年平均蒸发量 1293.3mm。年平均潮湿系数 1.22，日照数约 1600h，无霜期 270d。路线带内涉及的地表水系为萍水（下游湖南境内称之为渌水）及其支流，区域上属洞庭湖水系之湘江水系；地表径流变化的主要控制因素是降雨，特别是丰水期、枯水期与降雨量的多少密切相关。

4.6.2 病害情况

1. 围岩大变形[23]

根据莲花隧道施工过程中累计变形量将大变形破坏区划分为洞口浅埋段Ⅰ（ZK38+223～ZK38+83/YK38+251～YK38+127）、穿越水库段Ⅱ（ZK37+472～ZK37+398/YK37+498～YK37+369）和断层破碎带围岩段Ⅲ（ZK37+294～ZK37+198/YK37+344～YK37+256）三大典型区域，如图 4.48 所示。

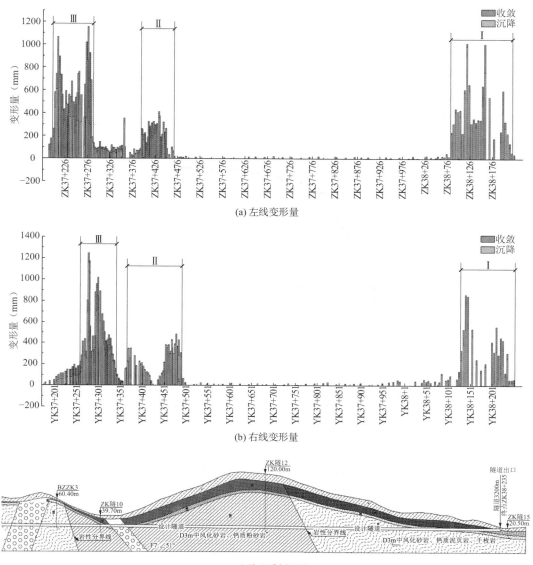

图4.48 莲花隧道整体变形情况

区域Ⅰ范围内主要为残坡积层、全风化砂岩和钙质泥页岩等类土质松散软弱岩体，受开挖扰动产生较大变形；区域Ⅱ穿越水库，最小埋深20m，该段主要为全风化页岩和千枚岩，遇水易膨胀，且该段掌子面处含水率大，外加断层F7影响，从而产生较大变形。区域Ⅲ穿越断层破碎带F6，该段全风化砂页岩强度低，破碎程度高，同时含水率较高，产生较大变形。总体大变形特征表现为：（1）变形量大。最大沉降变形量达1162.4mm（YK37+278），最大收敛变形量达709.4mm（ZK37+277），最大累计变形量达1253mm（YK37+278），均发生于区域Ⅲ。（2）变形持续时间长。以典型断面ZK37+210.5和ZK37+217为例，其围岩变形时程曲线如图4.49所示。该典型断面变形以沉降为主，开挖后产生持续变形，20d 左右初支闭合后变形量值趋于稳定。(3) 变形过程易受扰动，从图 4.49（b）可以看出围岩沉降曲线呈现明显的阶梯状，例如在上台阶开挖 20d 后，本已趋于平缓的沉降速率由于中台阶的开挖再次突增。(4) 变形破坏模式多样，表现为全断面收敛、钢拱架扭曲变形、喷射混凝土剥落掉块、仰拱开裂等，掌子面上部塌方，如图 4.50 所示。为隧道安全施工带来严重影响，各变形段都采取加强支护、换拱等应对措施。

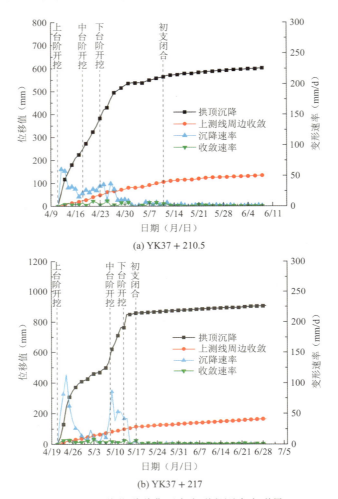

图 4.49 莲花隧道典型大变形段围岩变形量

(a) 初支侵限

(b) 斜撑纵向变形扭曲

(c) 拱顶钢拱架接头错开

(d) 拱腰上部鼓起

(e) 初支挤出

(f) 导洞边墙挤出

图 4.50　莲花隧道大变形段初支破坏形式

上述大变形段围岩均为 V 级围岩，开挖过程中揭露岩性主要为全风化、强风化的泥页岩（图 4.51）。隧道开挖后，破坏了原来的地下水循环系统和围岩原有的应力平衡，由于全风化页岩强度低，难以承受上部岩土体自重应力，导致围岩会快速产生一定的应力松弛变形。拱顶应力松弛变形也会在一定的范围内使原来的微裂隙张开程度加大，导致在水压力及重力作用下拱顶不远处的地下水沿微裂隙缓慢且不均匀下渗至隧道拱顶围岩，水理性质极差的全风化页岩遇水后产生大面积变形。而且大变形段采用 I20 钢拱架，无法抵抗上部围岩压力，从而导致初期支护出现较大的变形。

图 4.51　莲花隧道大变形段全风化泥页岩

2. 仰拱开裂

2020年8月,莲花隧道右线YK37+300～YK37+330区间初期支护沉降变形加剧,且拱架连接板处混凝土起壳剥落。随后,采用破除剥落混凝土重新补喷的方式进行了初步处治。作业过程中,施工人员发现仰拱已经沿隧道轴线方向出现开裂,且局部节段工字钢发生严重扭曲变形。后经详细排查,仰拱裂缝合计三段,总长度为168m,最大缝宽约50mm(图4.52)。以仰拱裂缝为中心,在60cm深度范围内进行钻芯取样,结果显示芯样均为裂开状,扩大范围再次钻芯取样,发现裂缝已贯穿至仰拱底部(图4.53 莲花隧道仰拱开裂)。仰拱开裂段两洞间距约为64m,详细的裂缝分布情况及所在处围岩支护类型如表4.8所示。

(a) 裂缝1　　　(b) 裂缝2　　　(c) 裂缝3

图4.52 仰拱裂缝现场形态图

(a) 仰拱表面轴向裂缝　　　(b) 裂缝贯穿至拱底

图4.53 莲花隧道仰拱开裂

莲花隧道仰拱裂缝统计表　　　表4.8

里程桩号	长度(m)	开裂方向	围岩级别	支护类型	二衬及仰拱(cm)	仰拱最大填充高度(cm)
YK37+322～YK37+388	66	沿隧道纵轴线	V	FS5b	C30钢筋混凝土45	C30混凝土110
ZK37+275～ZK37+341	66	沿隧道纵轴线	V	FS5c	C30钢筋混凝土50	C30混凝土105
ZK37+417～ZK37+453	36	沿隧道纵轴线	V	FS5c	C30钢筋混凝土50	C30混凝土105

通过对仰拱开裂区间工程地质条件进行分析发现，围岩除局部夹杂少量中风化砂质板岩外，主要为强风化至全风化页岩，结构松散破碎，承载力相对较低，具有明显的胀缩性，遇水易崩解变形。隧道开挖破坏了围岩原有的应力平衡，全风化的软弱破碎页岩难以承受上部结构及岩土体自重应力，发生应力重分布，围岩将会快速产生一定的应力松弛变形。同时施工打破了原有的地下水循环系统，基岩裂隙水沿微裂缝不均匀渗透，水理性质极差的全风化页岩遇水软化后产生大面积膨胀，膨胀后的围岩将膨胀力作用于周围岩体和仰拱结构。仰拱两侧因受到上部结构约束而变形较小，仰拱中心无约束，为受力薄弱位置，所受弯矩较大，最终导致仰拱结构形成 W 形的压弯破坏。随着接触压力的不断增大，裂缝逐步沿纵向发展和竖向贯通，如图 4.54 所示。

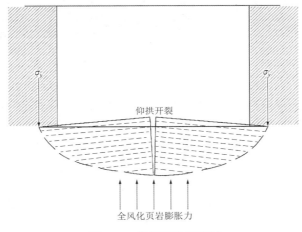

图 4.54 仰拱开裂示意图

3. 隧道突水突泥

莲花隧道左线进口端掌子面于 2020 年 10 月 22 日施工至 ZK36＋812（埋深 186m）时，线路左侧拱腰位置（标高 545.5m）突然出现涌水突泥，如图 4.55（a）所示，掌子面停止掘进。22 日 14:30 水流量 0.864m³/s；23 日 7 时后只有涌水，水流量 0.562m³/s，水质清澈。23 日 15 时至 27 日 7 时水流量缓慢减小至 0.353～0.176m³/s 之间；27 日 17 时至 11 月 13 日 17 时水流量趋于稳定，在 0.134～0.166m³/s 之间。11 月 13 日于 ZK37＋812 掌子面中间和右侧实施了超前探孔 2 个，分别在孔深 2m（ZK36＋814）和 5m（ZK36＋817）有较大涌水。同时，原出水口涌水量明显减少，11 月 15 日至 23 日水流量基本稳定在 0.045～0.050m³/s 之间。

左洞进口出现突水突泥后，2020 年 11 月 10 日于进口右洞 YK36＋895 掌子面施钻 6 个超前探孔（孔深 5m），其中近拱顶的 3 个探孔在 2.5m 左右有涌水。11 月 12 日在同一掌子面的中上高度又施钻 2 个超前探孔（孔深均为 31m），探孔均在约 2.5m 深处有较大涌水，水质清澈，如图 4.55（b）所示。继续钻进时，涌水量略有增加。13 日至 23 日水流量稳定在 0.035～0.040m³/s 之间。右洞进口超前探孔有较大的涌水后，左洞的涌水量有较为明显的减小，说明左右洞地下水有连通性。11 月 15 日至 11 月 23 日测得左右洞总的水流量在 0.082～0.087m³/s 之间。

(a) 左洞进口端涌水突泥　　　　　　　(b) YK36+895 掌子面超前探孔涌水点

图 4.55　莲花隧道进口端突水突泥

掌子面（ZK36+812/YK36+895）实测到 F6 断层，产状 85°∠36°，该断层与隧道轴线呈约 60°斜角，其上盘为可溶的白云质灰岩夹层，下盘为非可溶的砂页岩。F6 断层及其影响带的白云质灰岩岩溶较发育，是岩溶水径流和积蓄的有利部位。施工中出现的突水涌水主要为岩溶水和构造裂隙水，岩溶水与构造裂隙水关系密切，由于 F6 断层与 F4、F7 断层相互切割，导致岩溶水的补给范围广。此外，隧道涌水后 F7 断层附近的村庄供水井（上升泉水）经断流和 F4 断层附近的泉水流量也减小的现象证明上述观点。

4. 隧道侧壁溶腔

莲花隧道出口左线掌子面施工至 ZK37+513 时，在线路右侧发现较大溶腔，腔内无填充物，溶腔顶超过隧道顶，目测溶洞向仰拱方向延伸（图 4.56）。经现场采用手持式测距仪测量后判定溶腔尺寸为：沿线路方向长约 27m，垂直线路方向长约 19m，深度 22～26m。

图 4.56　莲花隧道出口左洞 ZK37+513 线路右侧发现较大溶腔

5. 掌子面垮塌

2020 年 9 月 16 日，右洞掌子面施工至 YK37+273（埋深 75m）时发生掌子面垮塌，同时初支变形加剧，出现环向裂缝，上台阶拱顶左侧出现纵向裂缝，拱架扭曲变形严重。为确保施工安全，停止开挖并反压回填 YK37+273 掌子面，进行注浆。之后在 YK37+315～YK37+273 段（埋深 62～75m）增加护拱来控制初支变形（图 4.57）。

此次掌子面垮塌事故之后考虑到对已开挖极软弱围岩段的变形控制效果不佳，且根据物探结果显示掌子面前方围岩条件仍然较差。施工方暂时停止该隧道右线的开挖，并多次组织专家进行对后续施工方案和开裂仰拱修复方案论证，直至 2021 年 2 月 1 日才开始继续开挖。

(a) 掌子面垮塌后反压回填

(b) 掌子面上方增设护拱

图 4.57　莲花隧道 YK37+273 处掌子面垮塌处理措施

4.6.3　病害处治措施

1. 开裂仰拱注浆加固修复

为保障工程质量，原定处理方案为分段拆除开裂段仰拱重新施作，该方案可以最大限度地保证隧道后期的运营安全。但在施工过程中发现，隧址区地质岩性极其软弱，炮机凿除和爆破拆除过程中的振动均较大，初期支护发生混凝土脱落，对已施工衬砌扰动影响较严重，且该方案实施时间较长，严重影响工期。后经研究，采用了钢花管注浆的方式加固基底以改善围岩力学性质，优化仰拱受力。注浆完成后沿仰拱裂缝处切槽，采用环氧树脂注射法灌缝处理，对存在裂缝的仰拱区段，路面结构级配碎石层调整为钢筋混凝土结构层，并沿裂缝增设纵向排水管，加密横向排水管，从而对开裂段的仰拱进行处治。

对开裂仰拱段采用短孔和长孔相结合的方式对仰拱基底进行注浆加固，注浆孔呈梅花形布设（图 4.58）。其中，短孔长 2.5m，间距为 1.0m×1.0m，长孔长 8m，间距为 2.0m×2.0m，可满足钻孔在偏斜 7°以内不发生串孔。同时，因基底围岩较破碎，在钻进过程中增加套管护壁，确保钢管顺利顶进。为最大限度保护注浆过程中试验段仰拱及基底围岩稳定，同时保证浆液扩散距离，短孔和长孔注浆压力分别为 0.5MPa 和 1.0～1.5MPa，浆液预期扩散半径为 2.0m。注浆过程中，压力表达到设计压力后或出现漏浆即停止，对于注浆时间超过 1h、压力表示数仍未变化且周边未出现漏浆现象的孔位，也需停止注浆。因漏浆而注浆时间过短的孔位，后续进行一次或多次补注，保证浆液在仰拱下部扩散充分。

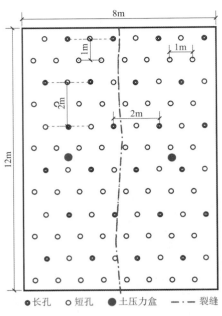

图 4.58 仰拱注浆长短孔分布图

2. 初期支护加强

对出口端至 2020 年 11 月 16 日未开挖段（YK37+273～YK36+900、ZK37+360～ZK36+812）围岩进行补勘并对衬砌等级进行动态变更，支护参数见表 4.9。

此外，增设超前小导管，小导管在起拱线以上 120°范围内施作，采用热轧无缝钢管 $\phi42\text{mm}\times5\text{mm}$，环向间距 40cm，管长 5m，搭接长度 3m，外插角 10°～15°。管壁四周钻 $\phi8\text{mm}$ 压浆孔，尾部 1m 不设压浆孔，注浆采用单液注浆，浆液水灰比 1:1，注浆压力 0.5～1.5MPa，终止压力 2MPa。

对穿越断层破碎带洞段（ZK37+247～ZK37+190、YK37+291～YK37+229）施作超前长管棚。超前长管棚在起拱线以上 120°范围内施作，采用热轧无缝钢管 $\phi108\text{mm}\times6\text{mm}$。仰角 2°～5°，环向间距 50cm。管长 15m，搭接长度 1m。管棚导管前端呈尖锥状，管壁四周钻 $\phi12\text{mm}$ 压浆孔，尾部 2.5m 不设压浆孔，注浆采用单液注浆，浆液水灰比 0.8:1，注浆压力 0.5～1.0MPa，终止压力 2MPa。

莲花隧道衬砌结构参数　　　　　　表 4.9

围岩等级			V级围岩				
支护参数			FS5a	FS5b	FS5c	FS5E	FS5F
初期支护	C30 混凝土（cm）		25	25	27	32	27
	锚杆/注浆管	直径（mm）	$\phi22$	$\phi22$	$\phi22$	$\phi42\times5$	$\phi42\times5$
		长度（m）	3.5	3.5	3.5	3.5	5
		间距（cm）	100×60	100×75	100×50	70×50	70×50
	钢拱架	规格	I18	I18	I20	I25	I20
		间距（cm）	60	75	50	50	50

续表

围岩等级		V 级围岩				
支护参数		FS5a	FS5b	FS5c	FS5E	FS5F
初期支护	钢筋网（cm）	φ6.5@20	φ6.5@20	φ6.5@20	φ8@20	φ6.5@20
二次衬砌	拱、墙（cm）	50	45	50	55	55
	仰拱（cm）	50	45	50	55	55

对于 FS5c 级衬砌，在仰拱中部及两侧增加 φ42mm×5mm，长度 3m 的注浆锚杆，起到加固基底以及充当上部支护的锁脚锚杆（图 4.59）。对于 FS5E 级衬砌，在各台阶钢拱架拱脚增加 φ108mm×6mm，长度 6m 的锁脚锚杆（图 4.60、图 4.61）。同时在仰拱每榀钢拱架之间增设 11 根 φ89mm×5mm，长度为 5m，间距为 1m 的注浆锚杆以加固基底，预防仰拱开裂。钢管管壁四周钻 8mm 压浆孔，注浆采用单液注浆，浆液水灰比 1:1，注浆压力 1.5MPa，打孔孔径 10mm。此外，FS5E 级的衬砌喷混凝土采用 C30 聚酯纤维喷射混凝土。实现初支喷混凝土柔性支护，预防混凝土剥落掉块。聚酯纤维参量 2kg/m³（按 1.2g/cm³，体积率 0.166%）。

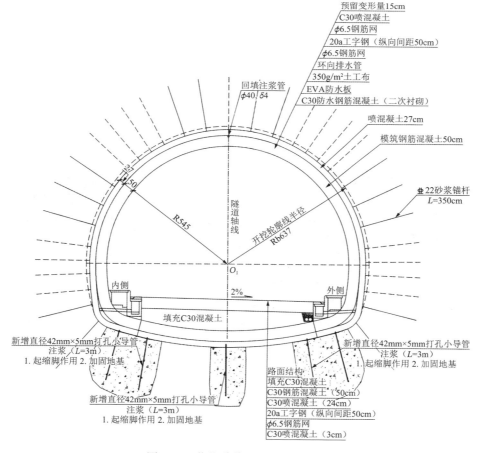

图 4.59 莲花隧道 FS5c 衬砌设计图

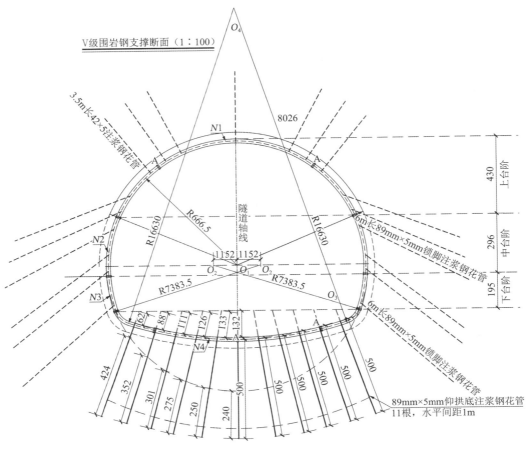

图 4.60 莲花隧道 FS5E 衬砌设计图

(a) 中台阶拱脚处锁脚锚杆

(b) 仰拱注浆锚杆

图 4.61 FS5E 衬砌增设的锚杆

3. 富水破碎带围岩超前探水及全断面注浆堵水

在进口端穿越富水断层破碎带洞段（ZK36+802~ZK36+865，YK36+890~YK36+950）开挖前进行超前钻探和超前物探，对断层的软弱状况、破碎状况和掌子面前方及周围围岩赋水情况进行全面勘察和分析。同时适当排水以减小水压力，为后续的工程施工提供稳定的工作条件。

该区段衬砌等级增强为FS5F（图4.62），进行全断面注浆，注浆锚杆为$\phi 42\text{mm} \times 5\text{mm}$热轧无缝钢管，长5m，间距0.7m。钢管管壁四周钻8mm压浆孔，尾部1m不设压浆孔。注浆浆液采用双液注浆（掺水玻璃），浆液水灰比1∶1，水玻璃浓度为35°Bé′，模数2.4，注浆压力1.5MPa。在形成密实止水圈的同时加固软弱破碎围岩。

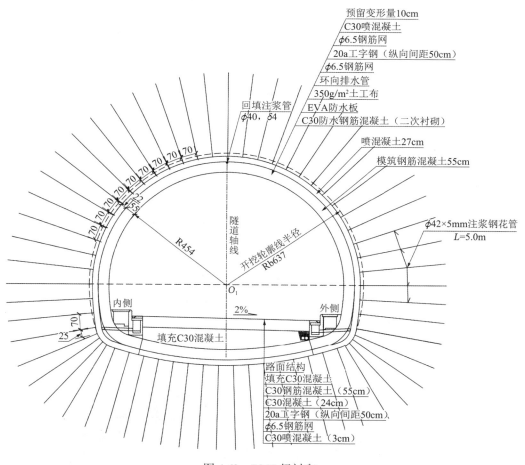

图4.62　FS5F级衬砌

4. 侧壁溶洞回填

对于出口端ZK37+513处的侧壁溶腔采用加固回填的方式进行处治。停止ZK37+513处掌子面开挖后对掌子面及溶腔顶壁进行C30混凝土初喷封闭。对溶腔采用片石回填至下台阶拱脚，沿拱架纵向轴线外3m整平后浇筑1m厚的混凝土基础。在混凝土基础面至溶腔顶立双层钢拱架以形成厚度3m的支撑挡墙。ZK37+500～ZK37+520段仰拱施工完成后，在右侧拱脚排水沟处钻2排孔注浆加固仰拱底部回填片石孔隙，孔间距2m，排间距1m，孔深为打穿仰拱初支轮廓线下0.5m。待掌子面与溶腔距离较远后，向溶腔内泵送M5砂浆，保证填充密实。

4.6.4 小结

江西萍莲高速莲花隧道地质条件复杂，进口端掘进至多条富水断层和岩溶发育区附近，左右洞出现涌水突泥和塌方；出口端遇膨胀性软弱围岩、溶洞、浅埋偏压和断层等不良地质，施工过程中遭遇多次塌方、涌水、初支米级大变形及仰拱纵向开裂等工程问题。经何满潮院士专家组鉴定该隧道施工难度极大、安全风险极高。施工过程中通过加强地质预报并及时根据揭露围岩信息和围岩变形数据进行支护参数设计的动态变更，最终得以安全、如期贯通。

4.7 白竺2号、3号、4号隧道

4.7.1 工程概况

1）隧道概况

白竺2号、3号、4号隧道（图4.63）位于江西省萍乡市萍莲高速公路白竺乡段。其中，白竺2号隧道左线ZK23+968～ZK25+607区间和右线YK23+995～YK25+615区间总长度分别为1639m和1620m，两端洞口采用端墙式。白竺3号隧道左线ZK26+205～ZK27+280区间和右线YK26+200～YK27+295区间长度分别为1075m和1095m，萍乡端洞口采用端墙式，莲花端采用削竹式。白竺4号隧道左线ZK28+480～ZK31+048区间和右线YK28+465～YK31+055区间隧道长度分别为2568m和2590m，进出口均采用端墙式。根据《公路隧道设计规范 第一册 土建工程》JTG 3370.1—2018可知，白竺2号隧道、白竺3号隧道、白竺4号隧道均属于公路长隧道。

(a) 白竺2号隧道　　　　　　　　　(b) 白竺3号隧道

(c) 白竺4号隧道

图4.63　白竺2号、3号、4号隧道洞口照片

2）工程水文地质概况

白竺 2 号、3 号、4 号隧道隧址区地层岩性相似，主要为中风化砂质板岩、强风化及全风化砂岩、页岩、粉砂岩、泥灰岩夹钙质页岩等，工程地质纵断面如图 4.64 所示。隧址区地表水主要分布于进出口及中部低洼地段的山间小溪中，地下水主要为风化带网状孔隙裂隙水、基岩风化裂隙水及构造裂隙水。

隧址区地层褶皱强烈，断裂发育。开挖过程中共揭露 24 条构造断裂带和岩性分界线。断裂带及其周边岩体非常破碎，强度极低，多数为极软岩，成洞性差，隧道施工至附近时常发生掉块和洞壁岩体剥离等现象。同时断裂带存在位置地下水相对较富集，施工过程中偶尔会发生涌水现象。受区域构造的影响，构造断裂带深切岩体，降低了隧道围岩的稳定性。

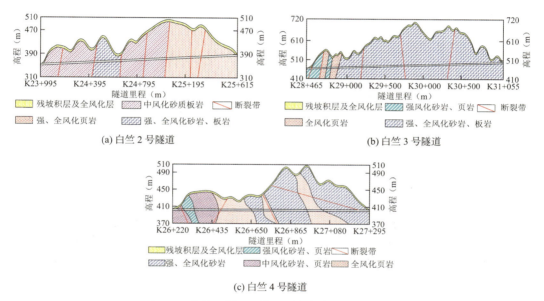

图 4.64　白竺 2 号、3 号、4 号隧道地质纵断面图

3）隧道设计概况

隧道支护结构采用复合式衬砌，以锚杆、喷射混凝土、钢拱架等为初期支护，以钢筋混凝土为二次衬砌，白竺 2 号、3 号、4 号隧道支护参数见表 4.10。

白竺 2 号、3 号、4 号隧道支护结构参数　　　　　　表 4.10

围岩等级			IV级围岩		V级围岩		
支护参数			FS4b	FST4	FS5a	FS5b	FS5c
初期支护	C30 混凝土（cm）		21	25	25	25	25
	锚杆	长	φ22 砂浆锚杆 3.0m	φ22 砂浆锚杆 3.0m	φ22 砂浆锚杆 3.5m	φ22 砂浆锚杆 3.5m	φ22 砂浆锚杆 3.5m
		间距（cm）	120×175	100×60	100×60	100×75	100×50
	钢拱架	规格	I14	I18	I18	I18	I18
		间距（cm）	75	60	60	75	50

续表

围岩等级		IV级围岩		V级围岩		
支护参数		FS4b	FST4	FS5a	FS5b	FS5c
初期支护	钢筋网（cm）	φ6.5 间距 20	φ6.5 间距 20	φ6.5 间距 20	φ6.5 间距 20	φ6.5 间距 20
二衬	拱、墙（cm）	40	60	50	45	50
	仰拱（cm）	40	60	50	45	50

4.7.2 不良地质灾害

1. 灾害形式

白竺 2 号隧道、白竺 3 号隧道、白竺 4 号隧道在完工后、未通车前发生了大范围的二次衬砌开裂，具体情况如下：

1）白竺 2 号隧道

白竺 2 号隧道二次衬砌裂缝分布见图 4.65，由图可知隧道左、右线裂缝分布范围基本一致，靠近出口洞段的裂缝多于靠近进口洞段，裂缝形式多为环向和斜向裂缝。左线裂缝分布范围为 ZK23+968~ZK24+300 和 ZK25+080~ZK25+607，右线裂缝分布范围为 YK23+995~YK24+460 和 YK24+960~YK25+615。

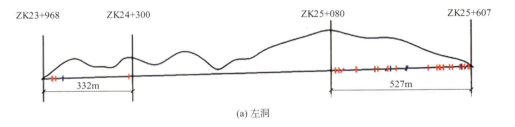

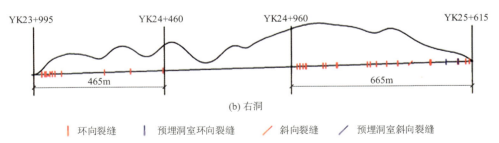

图 4.65 白竺 2 号隧道二次衬砌裂缝分布

针对白竺 2 号隧道左、右线裂缝情况进行了现场检测，结果表明裂缝多数位于隧道左、右边墙处，长度范围为 1~9m，最大宽度为 1mm，最大深度贯穿二次衬砌（厚 50cm）。裂缝以环向裂缝为主，占比 90.5%，斜向裂缝占比 9.5%，未见纵向裂缝和交叉状裂缝。裂缝所处洞段地层均为 IV、V 级围岩，支护类型主要为 FS4b、FS5a、FS5b。

2）白竺 3 号隧道

白竺 3 号隧道二次衬砌裂缝分布见图 4.66，由图可知隧道左、右线裂缝分布情况不同。左线裂缝数量较少且分布较为均匀，皆为环向裂缝和斜向裂缝，裂缝所处位置多为Ⅳ、Ⅴ级围岩变化段及靠近 F2BZ3、F18 断层破碎带等洞段。右线裂缝集中在靠近出口洞段，且出现纵向裂缝和交叉状裂缝，形式较为复杂，主要分布范围为 YK26+800～YK27+295，总长 495m，该段围岩主要为全风化页岩及石英砂岩等，均为Ⅴ级围岩且有断层破碎带穿过。

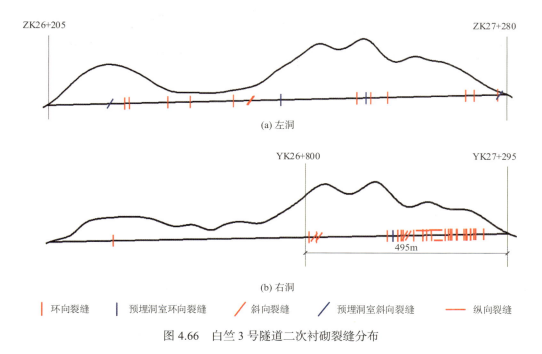

图 4.66　白竺 3 号隧道二次衬砌裂缝分布

针对白竺 3 号隧道左、右线裂缝情况进行了现场检测，结果表明白竺 3 号隧道左、右线裂缝长度在 1.5～12m 之间，最大宽度为 0.5mm，最大深度贯穿二次衬砌（厚 50cm）。环向裂缝占比 50%，斜向裂缝占比 6.8%，纵向裂缝占比 35.2%，交叉状裂缝占比 8%。裂缝所处洞段地层均为Ⅳ、Ⅴ级围岩，支护类型主要包括 FS4b、FS5a、FS5b、FS5c。

3）白竺 4 号隧道

白竺 4 号隧道二次衬砌裂缝分布见图 4.67。由图可以看出隧道左、右线裂缝分布情况基本一致，均位于隧道进洞口 1200m 洞段内。左线裂缝分布范围为 ZK28+480～ZK29+600，右线裂缝分布范围为 YK28+465～YK29+600，裂缝类型均为环向裂缝和斜向裂缝。

针对白竺 4 号隧道左、右线裂缝分布情况进行了现场检测，结果表明白竺 4 号隧道左、右线裂缝分布情况类似，长度范围为 2～10m，最大宽度为 1.2mm，最大深度贯穿二次衬砌（厚 50cm）。其中，环向裂缝占比 58%，斜向裂缝占比 42%，无纵向裂缝和交叉状裂缝。裂缝所处洞段地层均为Ⅳ、Ⅴ级围岩，支护类型主要包括 FS4b、FS5a、FS5b。

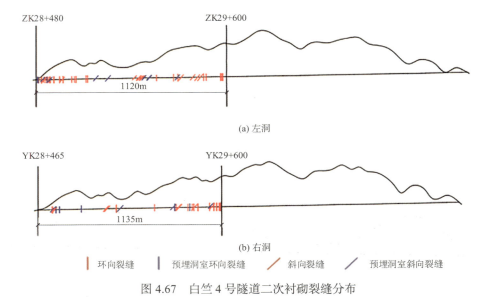

图 4.67　白竺 4 号隧道二次衬砌裂缝分布

2. 灾害原因分析

结合隧道裂缝的现场调查及参数统计结果，从围岩特性、地质因素、设计、施工和温差变化等方面对隧道衬砌结构开裂原因进行综合分析。

1) 围岩特性对衬砌结构开裂的影响分析

由上述检测统计可知，裂缝主要发育在Ⅴ级围岩洞段和靠近隧道进出口洞段，所在地层岩体较松散，开挖后除局部为中风化岩外，其余基本为强风化至全风化岩，且以全风化岩居多。全风化岩似土状，强度极低，饱和单轴抗压强度基本在 5MPa 以下，含水云母及绢云母，手捏有滑感、起光面、结构松散，其黏聚性及水理性质较差，具有较明显的胀缩性，岩体遇水易崩解变形，见图 4.68。

图 4.68　开挖过程中揭露的全风化岩

隧道开挖后，破坏了原有的地下水循环系统和围岩应力平衡，由于全风化岩强度低，难以承受上部岩土体自重应力，导致围岩产生了一定的应力松弛变形，且具有变形快、持续时间长等特点。围岩应力松弛变形在一定的范围内导致地层微裂隙张开程度增大，使得附近的地下水沿微裂隙缓慢且不均匀下渗至隧址区围岩，水理性质极差的全风化岩遇水后加剧了变形，从而引发支护结构出现较严重的变形和开裂。

2）地质因素对衬砌结构开裂的影响分析

（1）地质构造

受地质构造的影响，隧址区共有 24 条构造断裂带和破碎带穿过，其力学强度较低，成洞性差，开挖施工时频繁遭遇空洞和塌腔等现象，见图 4.69。同时，隧道部分洞段（白竺 2 号隧道出口洞段、白竺 4 号隧道进口洞段）沿线 Ⅳ、Ⅴ 级围岩频繁交替，Ⅳ 级围岩主要为中风化石英砂岩及页岩，围岩结构相对较完整，整体较坚硬，Ⅴ 级围岩主要为强风化、全风化页岩，围岩自承能力不同导致两种支护结构的交界处可能产生纵向沉降差，形成高低型沉降，易引发环向裂缝。例如，白竺 2 号隧道靠近出口洞段 500m 范围内 Ⅳ、Ⅴ 级围岩 7 次交替，该范围也是白竺 2 号隧道裂缝分布相对较多的洞段。

(a) YK25＋095 拱顶空洞　　(b) ZK26＋496 拱顶塌腔　　(c) ZK28＋932 边墙塌腔

图 4.69　隧道施工现场空洞和塌腔

（2）地形及围岩偏压

隧道洞外地势起伏大会使得洞内的围岩应力分布存在偏压，从而引发支护结构开裂。例如，白竺 4 号隧道进口洞段地势起伏较大，洞内产生显著偏压，左、右洞靠近进口洞段出现了大量裂缝，见图 4.70。白竺 3 号隧道左、右洞之间，发育有一条沿隧道走向的断层，从出口到进口该断层逐渐从两洞之间穿越，施工开挖揭示的掌子面左、右侧围岩产生了明显分界，见图 4.71。断层两侧围岩变化较大，中间围岩破碎严重，对隧道支护结构产生了偏压作用，可能是导致隧道右洞靠近出口洞段产生大量纵向和交叉状裂缝的原因。

图 4.70　白竺 4 号隧道进口地形偏压　　图 4.71　白竺 3 号隧道右洞 YK26＋562 掌子面

3）设计和施工因素对支护结构开裂的影响分析

（1）设计因素

隧道作为线性工程，前期的工程地质勘察难以覆盖隧址区全部地层。因此，支护参数要根据开挖揭露的真实围岩状况进行动态变更调整。白竺 2 号、3 号、4 号隧道在施工过程中遭遇极软弱围岩后,仅白竺 3 号隧道右线 YK27+070~YK27+122 段 52m 进行了变更,将初期支护钢拱架型号由 I18 加强为 I20a,其他相关段均采取快速施工的方式通过,未对大变形和偏压、空洞等不良地质设计针对性的支护参数和补强措施,导致完工后 3 条隧道先后发生了大范围开裂。地层相似的莲花隧道在施工过程中遭遇仰拱开裂等问题后,吸取白竺 2 号、3 号、4 号隧道的教训,基于现场情况进行了大范围的变更,完工后未发生其他开裂。由上述分析可知,前期勘察设计不充分导致围岩定级不准确,以及对全风化页岩等极软弱围岩缺乏充分的认识,未及时进行相关变更,可能是完工后隧道支护结构开裂的原因之一。

(2)施工因素

隧道衬砌发生开裂后,对裂缝进行现场调查的同时,也采用地质雷达检测了施工质量,检测内容主要包括二次衬砌混凝土厚度是否合格、填充是否密实以及主筋数量是否符合设计要求等。结果表明,隧道主筋数量均符合要求,但部分洞段二次衬砌厚度缺陷较严重,背后脱空或填充不密实段长度较多,尤其是白竺 2 号隧道和白竺 4 号隧道。部分雷达探测结果见图 4.72,白竺 2 号、3 号、4 号隧道衬砌缺陷情况见表 4.11。二次衬砌厚度不足和填充不密实等缺陷会使得支护结构承受不均匀荷载,导致产生应力集中,从而降低支护结构的承载能力,最终造成开裂。由此推测,部分洞段施工质量不达标是造成开裂的原因之一。

(a)白竺 2 号隧道(YK25+418)

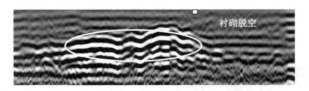

(b)白竺 4 号隧道(ZK28+658)

图 4.72 二次衬砌混凝土缺陷波形图

二次衬砌厚度不足或填充不密实段落长度统计(单位:m)　　表 4.11

位置	白竺 2 号隧道		白竺 3 号隧道		白竺 4 号隧道	
	左洞	右洞	左洞	右洞	左洞	右洞
拱顶	63.6	128	8	9.4	146.2	239.8
左拱腰	24	65	3	0	113	186.4
右拱腰	5	99.6	0	1.4	119	235
合计	92.6	292.6	11	10.8	378.2	661.2
占比	5.6%	18.1%	1.0%	1.0%	14.7%	25.5%

4）温度因素对支护结构开裂的影响分析

隧道衬砌作为混凝土结构，在温度变化时结构中不可避免地会出现温度应力，当温度应力超过一定数值则会导致结构开裂。根据现场调查结果，温度变化可能是导致白竺2号、3号、4号隧道产生环向、斜向裂缝的因素之一。

根据现场经验和相关研究可知，在施工及运营期间，隧道同一季节洞内温度基本保持恒定，但进洞口与出洞口两端的一定范围内温度变化较大，以白竺2号隧道出洞口段为评估对象，衬砌结构材料为C30混凝土，弹性模量为30GPa，膨胀系数取值10^{-5}/℃，隧道大规模开裂前后当地气温变化较大，见表4.12。

月末当地气温变化表　　　　　　　　表4.12

日期	最高温度（℃）	最低温度（℃）	天气	最大温差（℃）
2021年03月23日星期二	14	8.5	多云~晴	5.5
2021年03月24日星期三	25	10	晴	15
2021年03月25日星期四	25	14	晴	11
2021年03月26日星期五	26	17	小雨	9
2021年03月27日星期六	20	13	小雨	7
2021年03月28日星期日	28	18	晴~小雨	10
2021年03月29日星期一	28.5	19	多云	9.5
2021年03月30日星期二	24	19	多云	5
2021年03月31日星期三	25	19	小雨~大雨	6

在不设置伸缩缝，且考虑最不利条件下，衬砌结构的最大温度应力按式$\sigma_z = -E\alpha\Delta TK/(1-\mu)$计算约为2.81MPa。升温时衬砌结构产生的最大压应力为2.81MPa，远小于混凝土的极限抗压强度22.5MPa，可见由于受到混凝土材料力学特性的影响，一般情况下，温度升高不会对隧道结构造成损害。考虑温降产生的混凝土内部拉应力，最大应力发生在洞口处，按照最不利情况，计算可得温度下降约11.7℃时会达到C30混凝土极限抗拉强度2.2MPa。

经过以上估算，温度升高所引起的衬砌结构压应力远小于混凝土的极限抗压强度，不会造成混凝土的抗压破坏，但当温度降低超过11.7℃时，衬砌结构内部拉应力将超过混凝土极限抗拉强度形成裂缝。隧道靠近洞口洞段的温度变化较大，内部温度则相对恒定，基于计算结果，温度裂缝应该分布在靠近洞口洞段。因此，根据现场调查统计结果，可以判断靠近洞口洞段裂缝的开展会受到温度变化的影响，但温度应力并非单一影响因素，隧道其他洞段位置的裂缝并非温度变化引起。

4.7.3　病害治理措施

1. 治理方案

白竺2号、3号、4号隧道支护结构开裂规模较大，且均为二次衬砌裂缝。考虑到开裂时隧道全线已施工完毕，且多数裂缝属于轻微开裂，宽度较小。因此，根据裂缝开展严重程度，对裂缝进行安全等级评定。A 级裂缝均为环向裂缝，无发展性，且尺寸相对较小，对结构安全性的影响较小；B 级和 C 级裂缝以斜向裂缝为主，部分具有发展性且多数分布在衬砌缺陷段落，对结构安全性有一定的影响；D 级裂缝主要为尺寸较大的纵向裂缝和交叉状裂缝，裂损严重，对结构承载力和安全性影响较大。制定 3 种方案在现场分别进行修补治理，具体如下：

1）A 级衬砌裂缝治理

A 级裂缝均为环向裂缝，无发展性，且尺寸相对较小。因此，对于 A 级裂缝，在现场调查后即采用直接涂抹法进行了治理，后续以观察和养护为主。

具体处理步骤为：①清除裂缝两侧 50mm 范围内的混凝土表面碳化物及污染物。②清理干净后涂抹已配置好的低黏度改性环氧树脂，涂抹时应使胶液在混凝土表面充分渗透，微裂纹内应含胶饱满，必要时可沿裂缝多道涂刷。③底胶干后，使用改性环氧胶泥修补混凝土表面缺损。④涂抹完毕后进行不少于 3d 的养护，如图 4.73 所示。

(a) 白竺 2 号隧道 ZK25 + 591 拱腰　　(b) 白竺 4 号隧道 YK28 + 578 边墙

图 4.73　A 级裂缝直接涂抹法治理

2）B 级和 C 级衬砌裂缝治理

由上述可知，衬砌缺陷会造成局部应力集中，增大了结构开裂损伤风险。考虑到现场衬砌施工缺陷较多，选用埋管灌浆法对 B 级和 C 级裂缝进行低压注射，修补裂缝的同时也可对衬砌缺陷进行填充，见图 4.74。

(a) ZK25 + 531 边墙　　(b) ZK28 + 647 边墙　　(c) YK27 + 055 边墙

图 4.74　B 级和 C 级裂缝埋管灌浆法治理

具体处理步骤为：①清理裂缝表面，使用压缩空气或高压水清除裂缝内部的粉尘、浮渣等。②在裂缝两侧的混凝土表面每隔 50cm 固定一个注射筒底座，必要部位如裂缝交叉处可加密设置，同时沿裂缝的全长使用封口胶进行封缝，封缝深度为 3mm。③待封口胶固化后，进行压气试验，气压控制在 0.2~0.4MPa，在封缝部位涂抹肥皂水检查封缝效果，对冒泡部位重新封闭。④按照先下后上的压浆次序，使用专用注射器将配置好的环氧树脂修补浆液低压注入裂缝腔内，过程中严格控制注浆压力，宽缝或进浆通畅时将压力控制在 0.1~0.2MPa，细缝或进浆困难时将压力控制在 0.4MPa 左右。⑤待浆液固化后，撤去注射筒，卸下底座，使用砂轮平整混凝土表面。⑥覆盖塑料薄膜进行养护。

3）D 级衬砌裂缝治理

D 级衬砌裂缝主要为纵向裂缝和交叉状裂缝，对结构承载力和安全性影响相对较大，考虑到隧道全线已施工完毕，且该级别裂缝数量较少，因此对于 D 级衬砌裂缝，采用凿槽嵌补法和注浆加固法联合进行治理，见图 4.75。

具体处理步骤为：①沿裂缝走向开槽，开槽长度向裂缝端部外延伸 3~5cm，槽型为倒梯形，深 4cm，顶面宽 3cm，底面宽 4cm。②在开凿完毕槽内的裂缝交叉点、较宽处以及端部钻孔埋设 ϕ10mm 注浆管，相邻管间距为 25cm，埋设时将注浆管的进浆口骑缝安装在预设位置上，在底盘上涂抹一层 2mm 厚的环氧树脂封缝胶。③将槽内清理干净后，注入改性聚合物水泥砂浆，填充密实后抹平表面，待强度满足 80%左右时，进行裂缝封闭效果检查。④在同一条裂缝上由一端到另一端注入裂缝修复浆液，斜向裂缝应自下而上进行，压力为 0.1~0.3MPa，可根据实际情况调整。⑤当进浆速度小于 0.05L/min 时，继续注入 5min 后停止。⑥切割注浆管外露端头，使用封闭胶对注浆管口处进行抹平封口。⑦使用角磨机对封闭后的裂缝表面进行打磨处理。

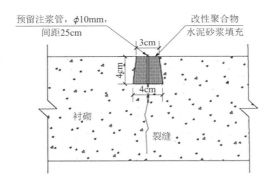

图 4.75 D 级裂缝注浆加固法和凿槽嵌补法联合治理

2. 治理效果评价

按照上述 3 个方案对现场衬砌裂缝进行修补治理后，布设断面对裂缝继续进行监测，以评价衬砌开裂的治理效果。主要监测内容为裂缝是否继续发展和是否产生新裂缝，监测过程中对部分典型裂缝进行标识，见图 4.76。每周使用测宽仪对裂缝宽度进行检测，同时观察裂缝长度方向是否有基于原两端标记的延伸,直至正式通车前。通过监测及观察发现,裂缝长度方向基本没有变化,裂缝宽度监测结果及变化量见图 4.77、图 4.78,最大变化量 0.06mm,后续逐渐趋于稳定,由此可知衬砌裂缝分级修补治理效果良好。

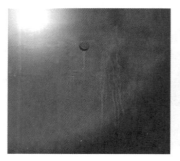
(a) 白竺 3 号隧道 YK27 + 086 左侧拱腰

(b) 白竺 3 号隧道 YK27 + 113 左侧拱腰

(c) 白竺 4 号隧道 YK29 + 345 左侧边墙

图 4.76 治理完毕后典型裂缝标识监测

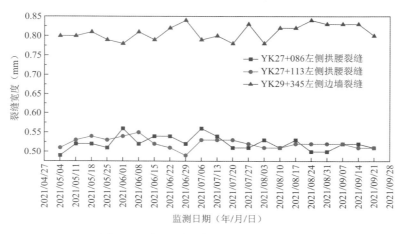

图 4.77 典型裂缝治理后裂缝宽度监测

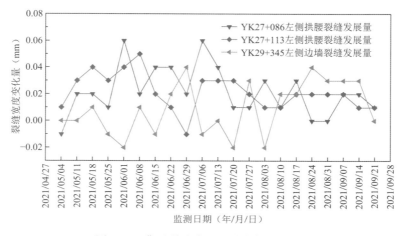

图 4.78 典型裂缝治理后裂缝宽度变化量

4.7.4 小结

白竺 2 号、3 号、4 号隧道二次衬砌大范围开裂的主要原因是围岩特性松散软弱、空洞塌腔频发、地形偏压以及衬砌施工缺陷较多，此外遭遇不良地质未及时进行设计变更、开裂前后环境温差较大也对裂缝发育产生了一定的影响。根据裂缝开裂程度，针对白竺 2 号隧道、白竺 3 号隧道、白竺 4 号隧道的衬砌裂缝制定了 3 种方案进行治理。对于 A 级衬砌裂缝采用直接涂抹法进行治理，B 级和 C 级衬砌裂缝采用埋管灌浆法进行修补，D 级衬砌裂缝联合凿槽嵌补法和注浆加固法进行治理。采用上述技术方案对不同等级的衬砌裂缝治理完成后，布设断面对典型裂缝进行周期性监测，结果显示裂缝未继续扩展，治理方案有效。

4.8 蛟岭隧道

4.8.1 项目概况

1. 工程背景

蛟岭隧道位于婺源县与景德镇市交界处，东口（进口）位于婺源县镇头镇立新煤矿工区 3 号井南侧约 100m，西口（出口）位于景德镇市浮梁县湘湖镇东流村狮山自然村南东约 100m，为一分离式上下行隧道。右洞起讫里程桩号为 K82+380～K83+970，走向近东西，坡度 −1.74%，隧道长 1590m；左洞起讫里程桩号为 K82+280～K83+970，走向近东西，坡度 −1.74%，隧道长 1690m，属于长隧道。

2. 地形地貌

蛟岭隧道穿越了 B 测段制高点——蛟岭，东侧为一由岭下溪形成的近东西向延展的箕状沟谷盆地，南东侧为由上古生界灰岩及煤系地层构成的低山丘陵区，北西侧为中元古界双桥山群浅变质岩系构成的呈北西向长条状展布的低山丘岗区。隧道穿越地层为石炭系灰岩，二叠系砂岩夹砾岩及煤系地层。丘顶最大标高 352m，谷底标高 90～105m，最大相对高差大于 250m，隧道穿越部位最大标高洞口为 295m。植被发育，穿越和通视条件差。隧址区地表径流属于山间溪流型。

3. 工程地质情况

隧道左线Ⅲ类和Ⅴ类围岩分别占全线长度的 59.6%和 24.0%，隧道右线Ⅲ类和Ⅳ类围岩分别占全线长度的 48.5%和 30.9%。隧道围岩岩溶发育并充填软塑黏土，局部发育溶蚀空洞或沟缝，受爆破震动易垮塌。岩性以全风化砂岩、强风化炭质砂岩、高炭板岩、碎裂灰岩等为主。岩芯呈部分碎块或碎石状，含炭质或硅质胶结，且含构造裂隙破碎带，呈泥质夹碎石状，以挤压破碎为主。含构造脉状水，断层破碎带内地下水较丰富，并且局部可能存在岩溶水。因此，蛟岭隧道地质条件差，特别是岩溶水可能对施工构成威胁。

蛟岭隧道左线出口段 ZK83+840～ZK83+970 为Ⅵ级围岩，洞口位于沟谷内，洞身围岩为残坡积碎石粉质黏土,上部为腐殖土、矿渣、生活垃圾等,土质松散,中部土层旱季呈硬可塑状,雨季呈软可塑状,下部土层为软可塑,呈蠕动状松散结构。同时,残坡积土层内夹有巨块状孤石,土层内饱含孔隙水,岩层内充满裂隙水,土石分界面层间潜水充裕,并顺层下泄。

4.8.2 隧道塌方情况及力学特性分析

隧道左线出口开挖后掌子面揭露围岩成分复杂,均质性差,各向异性明显,左侧墙腰或墙角以上为硬度较高、较完整的大块状灰岩,强度约40MPa,而右侧拱腰以下为软塑状粉质黏土,承载力低,强度约5MPa,且较为破碎,形成左侧为硬岩右侧为软岩的横断面,极易产生不均匀沉降,在开挖后产生塌方引起地表开裂(图4.79)。

图4.79 蛟岭隧道出口塌方段地表裂缝

1. 塌方情况概述

2005年1月6日左线出口ZK83+883.5处发生第一次塌方,塌方纵向长1m,宽8m,高6m。第二次塌方发生在ZK83+867~ZK83+882,第三次塌方发生在ZK83+835~ZK83+847。第四次塌方发生在ZK83+847~ZK83+867,长20m,位于第二次和第三次之间,塌方高度为拱顶以上8~12m,已塌至地表,形成塌方漏斗,漏斗底面面积约90m^2,顶面面积约360m^2,洞内塌方体填满整个隧道断面,造成隧道内外阻断,洞内3台喷混凝土机,6台TY28钻机,多台其他机械和大量施工材料被埋。ZK83+867~ZK83+882约15m为受塌方牵动地段,观察到初期支护I16工字钢弯曲或扭曲变形,喷射混凝土层开裂剥落,ZK83+832~ZK83+847长约15m地段也受到影响。

2. 塌方病害力学特性分析[24]

左线洞口处于低山丘陵的沟谷内,岩土体主要由石灰岩全强风化形成的残坡积堆积物与古煤窑开挖弃渣组成,同时基岩石灰岩岩溶发育,基岩面起伏剧烈,在洞体横断面上各向异性严重,在大气降水与洞顶道路上汽车动荷载的作用下,引起山体偏压,坍塌和洞内垮塌灾害。

隧道开挖前，岩土体处于自然平衡状态，开挖后，由于应力重分布，导致右侧拱腰以下靠近洞壁的软塑粉质黏土进入了塑性状态，承载能力显著降低，而左侧墙腰或墙角以上灰岩强度较高，造成围岩压力左右不平衡，加之洞顶道路车辆动荷载作用，造成支护结构受力不均。当衬砌的强度不足以抵抗这种不均匀围岩压力作用时，在衬砌上产生开裂、剥落等现象。当雨水进入土体，使黏聚力进一步降低，强度下降，导致塌方。

4.8.3 隧道塌方处理方案[24-25]

1. 地表水处理

1）作好洞顶积水的引排工作，将截水沟的范围适当扩大，最好选择在原状土层或不透水的地段设置截水沟，截水沟开挖面要夯拍密实，并用浆砌片石砌护；在洞顶改路与边坡之间做一排水沟，要求将塌方仰坡后面可能积水的地方顺接到排水沟排出，避免洞顶积水。

2）填平压实塌方漏斗，并按1:1坡度清刷前方仰坡，按原仰坡支护参数锚喷封闭，作为临时支护。将该塌方段地表易于渗水的其他地方进行地表平整，做出向外降低的坡度，再用50cm的黏土隔水层进行表处。

3）对因塌方形成的仰坡以上裂缝用黏土回填并密实，防止地表水进一步下渗，确保排水通畅。

2. 稳定山体

1）根据现场勘察实际情况，在K83+880向大里程桩号侧将左线隧道明洞左侧（相对于里程增大方向）改路外移4~5m，将边坡按永久支护处理。

2）为保证山体稳定，对于明洞左侧与便道之间的临时边坡进行加固处理。采用12m长ϕ25mm中空注浆锚杆，锚杆间距1m×1m，梅花形布置。

3. 地表注浆加固

1）地表注浆加固范围：注浆范围横向分为洞顶区（宽13.7m）、洞顶左侧区（相对于里程增大的方向，宽8m）、洞顶右侧区（宽5m）。对应洞顶区及右侧区里程为K83+840~K83+890，左侧区里程为K83+840~K83+900。

2）注浆深度要求：隧道洞身范围内控制在开挖线以外1.5m处，隧道侧墙以外的注浆管打到基岩下1m。

3）注浆孔布置：洞顶注浆孔间距为0.8m（纵横向排距），两侧注浆孔间距1.0m，均采用梅花形布置。

4）注浆用材：洞顶采用ϕ50mm裸孔注浆，两侧采用ϕ108mm钢管，钢管壁设注浆孔，孔径10mm，孔间距按200mm梅花形布置，钢管尾部2m不钻花孔，注浆浆液采用水泥水玻璃双液浆，水泥:水玻璃=1:0.5，注浆初压1.0~1.5MPa，注浆终压为4.0~4.5MPa。

4. 塌方体附近净空侵限段换拱扩挖

换拱的工字钢型号由原设计 16 号增大为 18 号，间距同原设计。初支完成，及时施作二次衬砌。在换拱时注意洞顶上方便道适时调整位置，避免对施工产生不良影响。

对未侵限段（K83+895～K83+900）先施作二次衬砌，然后对 K83+900～K83+910 段进行软基注浆加固处理，并及时完成仰拱，再做明洞。回填后将洞顶道路移至外 15m 处，再对洞内超限处进行换拱处理，该段换拱是在长管棚下进行的，施工中按设计工字钢间距逐榀施工，不可一次换拱进尺过长。

5. 洞内塌方开挖面注浆加固

以 10cm 和 35cm 间隔向塌方体洞内打设 ϕ108mm 和 ϕ50mm 超前小导管，10cm 间隔采用 ϕ108mm，单根长 10m，环距 25cm，纵向搭接长度不小于 2m；35cm 间隔采用 ϕ50mm，单根长 5m，环距 25cm，纵向排距 1.5m。布设完成后进行注浆加固。

6. 隧道塌方段开挖

要求采用中隔壁法进行开挖，严格贯彻执行弱爆破、短进尺、强支护，早成环的原则。严格控制进尺距离，初支完成后及时施作二次衬砌。再对里面超限处进行换拱处理。

7. 塌方段内侧净空侵限处进行换拱

拱顶 120°范围内施作超前小导管，小导管采用 ϕ50mm 注浆钢管，长度 5m，施工及注浆要求同原设计。其他参数同塌方体以外净空侵限处进行换拱的处理措施。换拱施工工序如下：

1）根据所测钢拱架下沉收敛值列表编号顺序，确定换拱架顺序。

2）换拱架的施工方向由洞口向洞内进行施作。

3）用风镐除去初支混凝土。

4）用气割工具割去变形钢拱架、钢筋网、小导管、锚杆、拉杆等金属物。

5）按开挖净空需要值扩挖成型。开挖过程尽可能减少对围岩的扰动。

6）对已开挖成形的断面及时喷射 C25 钢纤维混凝土封闭围岩，厚度达 4～5cm；然后，架设钢拱架，用 ϕ20 拉杆纵向连接，拱架里外各焊接一层钢筋网，最后再喷射 C25 钢纤维混凝土以达到设计的初支厚度。

8. 二次衬砌

初期支护破损需要拆除重建地段（包括塌方地段及其两端受牵连地段）的二衬厚度改为 60cm，主筋采用 ϕ22 钢筋，间距改为中至中 15cm，构造筋原则上不变，仅箍筋作适当的调整。ZK83+895～ZK83+900 地段的二衬厚度仍为 50cm，但需要将 ϕ20 主筋变为 ϕ22，钢筋间距改为中至中 15cm。

4.8.4 塌方处理效果分析

为了监测塌方处理过程中洞顶岩土体的变形，在出口边坡设置一系列变形观测点，监测结果如图 4.80 所示[24]。监测结果表明,位于冒顶口附近的 P3 点变化最大为 80mm,而且一直呈增长趋势,到 5 月底塌方处理完毕时,才趋于稳定。P7 点也一直增大,最大为 40mm,在 5 月初该测点被破坏。P2 和 P11 点变化趋势相近,一直缓慢增大,在 5 月底趋于稳定,P10 和 P14 点开始比较稳定,从 7 月初至 7 月底开始增大,最大为 40mm,因为这两点位于较为陡的坡度上,是受降雨的影响,产生浅层的滑动,对边坡整体稳定性影响不大。其他位于岩体边坡上的测点较为稳定,数值也较小。上述监测数据分析表明,塌方处理效果较好,经过雨季的考验,洞顶边坡未发生大的变形,整体稳定。

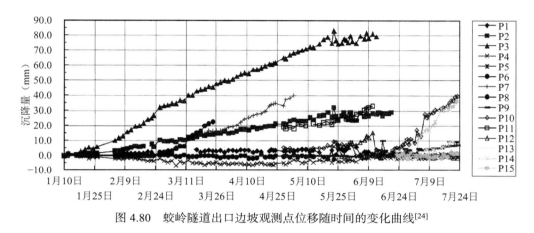

图 4.80　蛟岭隧道出口边坡观测点位移随时间的变化曲线[24]

4.8.5　小结

蛟岭隧道塌方段位于浅埋暗挖段,是隧道不良地质和便道临时荷载共同作用的结果。由于塌方至地表,处理方案有明挖和暗挖两种,考虑到洞顶运煤便道无法改移,又不能停止使用,加之施工期间时值雨季,明挖施工产生大量挖方,破坏环境,山谷汇水直冲明洞路堑,会引发洪灾,容易酿成事故。经综合比较,最终选择安全、有效、稳妥可行的暗挖通过方案,成功整治塌方病害,保证了工程进度与结构安全。

4.9　于都隧道[26]

4.9.1　工程概况

于都隧道起点位于于都县禾丰乡安脑村后,终点位于于都县利村秀峰山庄附近,为分体双洞隧道,左洞起止桩号为 K81+200～K82+905,长度为 1705m,右洞起止桩号为 K81+213～K82+920,长度为 1707m,设计路面标高,左洞为 228.23m（进口）、241.79m（出口）,右洞为 228.28m（进口）、241.80m（出口）,净空宽 10.75m、高 5m。按照《公路隧道设计规范　第一册　土建工程》JTG D70—2018 分类,该隧道属于公路长隧道。

隧道区处于构造剥蚀低山丘陵地区,山体连绵起伏,山体植被、微地貌发育,且处于南岭东西向复杂构造带，东段北侧与武夷山新华夏系隆起褶皱带边缘交接复合部位，区域地质构造面貌非常复杂，地质构造为多期复合，发育以南北向及北东向断裂为主的华夏系、新华夏系断裂构造。工程地质钻探、物探和工程地质调查结果显示：隧道区内主要发育有 4 条小的正断层；隧道洞口附近主要为山前堆积带，岩土体非常破碎，多呈土夹石状，洞口边坡稳定性差；隧道区地下水丰富；煤层主要分布在洞顶，局部可能切割到煤系层，主要为软弱炭质泥岩及泥炭，浸水易膨胀松垮；隧道进口端属于浅埋且存在偏压。开挖过程中出现的病害主要为：右洞进口边仰坡滑坡、衬砌开裂、套拱下沉且横向偏移。

4.9.2 病害情况

于都隧道进口端仰坡施工后坡顶外 4～6m 范围内出现横向裂缝，仰坡喷射混凝土局部出现开裂。一周时间内大部分裂缝宽度扩展到 15cm 以上，局部扩展至 25cm；仰坡最大下沉 1m，最大水平位移 1.72m。由仰坡滑坡产生的巨大推力致使右洞已进洞十余米的初支出现变形且开裂。监控量测数据显示套拱处累计下沉达 9.4cm。

产生病害的原因分析如下：

1）隧道进口端在以黏土为主的土夹石地层中，此地层受到几次构造运动的扰动，其结构松散、稳定性差。在外力作用和自重作用下部分坡面持续变形。

2）仰坡开挖后部分山体内部失去了相互依托和支撑的条件。

3）施工时正值雨季，遭遇连降暴雨后大量雨水渗入地层，增加土体的自重，减弱了土体粘结力。在上述因素的综合作用下最终发生了仰坡变形开裂。

4.9.3 病害处理措施

1）提前进洞

于都隧道洞口洞段围岩较破碎、地质条件较差。在施工过程中应尽量减少对岩体扰动，以保持洞口洞段岩体和边仰坡的稳定。《公路隧道设计规范 第一册 土建工程》JTG 3370.1—2018 及《公路隧道施工技术规范》JTG/T 3660—2020 均作了洞口位置规范性要求，强调"早进洞、晚出洞"，即适当延长洞口和隧道的长度，尽量避免对山体的大挖大刷，提倡零开挖洞口，减小对山体边坡的扰动，维护原有的生态地貌。于都隧道进口端在仰坡第一次出现裂缝时就迅速采取了提前进洞的方案，左右洞分别提前了 10m 和 8m 开始进洞。

2）明洞地基加固

明洞延长后，对其地基采取桩基浮拱加固处理（图 4.81）。先采用 I18 工字钢对浮拱及边坡坡脚土体进行保护处理，工字钢底部打入明洞基础以下约 1.5m，顶部与地面齐平，在浮拱翼墙处施工 $\phi 108$ 打孔注浆钢管，间隔 0.5m，长 12m，中间加三根 $\phi 22$ 钢筋。并及时注浆，注浆压力为 0.5～1.5MPa；再施工钻孔灌注桩，按对角顺序先施工①③号桩基，后施工

②④号桩基，开挖①④及②③桩基之间土体，浇筑两侧浮拱翼墙；明洞基础采用$\phi42mm\times5mm$注浆钢管进行注浆加固，钢管长6m，间距$1m\times1m$，同时浇筑③④桩基之间弧形系梁；最后施工浮拱外8m明洞浇筑及浮拱内2m拱部明洞，开挖浮拱基础土体，及时浇筑明洞基础。

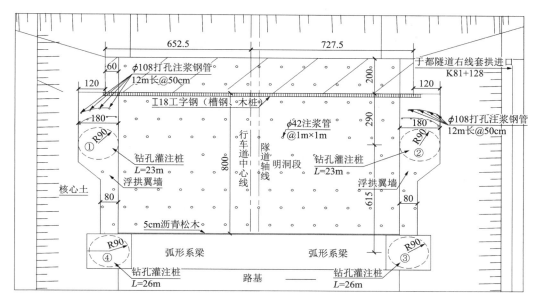

图4.81 右线进口的桩基浮拱加固处理示意图

3）边仰坡增设抗滑桩

在隧道左洞仰坡二级平台处沿隧道轴线两边设置两组（一组3根，另一组5根）抗滑桩群，抗滑桩梅花形布置，桩之间采用$1m\times1.5m$系梁连接，桩径2m，桩长25m，穿越现有仰坡滑动面和物探定性推测滑动面，且嵌入基岩5～7m，以稳固隧道进口端仰坡山体。

4）增设长管棚及套拱

在洞顶上方9～10m处增设一排长管棚及套拱。长管棚共计16根，长42m，与路线平行方向仰角2°、环向间距50cm设置，钢管采用热轧无缝光管$\phi108mm$，壁厚6mm，节长6m。隧道纵向同一横断面内的接头数不大于50%，相邻钢管的接头错开1m，钢管前端呈锥状，尾端4.5m范围内不打眼，中间部位按$25cm\times25cm$梅花形打直径8mm孔眼。在不堵塞注浆孔的前提下管棚中加3根42m长$\phi22$钢筋，钢筋均布焊接在钢管内；注浆初压为0.5～1.0MPa，终压为2MPa。水灰比1:1，掺5%～10%的水玻璃，水玻璃浓度为35波美度，水玻璃模数2.4。注浆结束后及时清除管内浆液，用C30水泥砂浆紧密充填，增强管棚刚度和强度。套拱钢支撑采取I14工字钢，纵向由$\phi22$钢筋焊接固定。钢支撑两端与设置在隧道轴线两边的抗滑桩桩间系梁连接，以形成受力整体。

5）仰坡注浆加固

仰坡挂$25cm\times25cm$的$\phi6$钢筋网。喷射5cm厚C20混凝土。同时，打$\phi42mm\times5mm$

热轧无缝钢管注浆，钢管长 3.5m，梅花形布置，斜向下 15°水平向右 30°打入，坡面间距 1.5m×1.5m。

6）右洞进洞段临时支护

对右洞已进洞十余米且初支出现裂缝、变形的洞段采取斜支撑和临时仰拱结合的临时加固措施。临时仰拱采用 I18 工字钢，间距 0.6m。同时喷射 20cm 厚的 C25 混凝土；隧道轴线及隧道顶部至起拱线位置三根 I18 工字钢斜支撑与临时仰拱工字钢焊接。同时，为保证支护稳定和下导坑施工安全，对 YK81+130～YK81+160 段采取小导管注浆进行仰拱地基加固，注浆小导管用 ϕ42mm×5mm 热轧无缝钢管，打入仰拱底部围岩，水平间距 216cm，外露 30cm，与仰拱部位钢支撑焊接牢固。

7）加强坡面排水

地表裂缝用黄泥加水泥拌浆灌缝填实。将仰坡坡率修改为 1∶1.2，设置两级平台，平台宽 2m。在洞顶及两平台处设置洞顶排水沟及仰坡排水沟。同时在仰坡开挖线 5m 外设置浆砌片石截水沟。

4.9.4 小结

于都隧道仰坡施工后出现连续变形开裂，并导致已进洞十余米的初支出现变形且开裂。针对进口端土夹石地层的围岩条件，采用了桩基浮拱加固处理、增设抗滑桩、仰坡注浆加固等处理措施。并根据"早进洞、晚出洞"原则，加长了明洞，增设了长管棚及套拱，有效加固了边仰坡围岩，使得顺利穿越洞口段极软弱围岩段。

参 考 文 献

[1] 邓富, 秦性辉. 江西赣崇高速公路隧道基坑工程设计与施工[J]. 中国水运 (下半月) , 2015, 15(12): 234-236.

[2] 温永华, 邓超. 超前地质预报在车里隧道施工中的应用[J]. 黑龙江交通科技, 2013, 36(12): 141.

[3] 刘大伟. 梅岭隧道瓦斯成因及超前地质预报[J]. 科技传播, 2011(12): 232-233.

[4] 邝宏柱, 林说平, 刘学增. 江西省洪家坞连拱隧道洞口边坡稳定性分析及其对策[J]. 岩土工程界, 2006(4): 78-80.

[5] 何振华, 何文峰. 紫溪隧道软弱围岩施工技术[J]. 交通科技, 2015(6): 56-58.

[6] 游勇根, 祝建农. 皖赣铁路隧道设计阶段地质风险评估探讨[J]. 山西建筑, 2011, 37(33): 157-159.

[7] 周小勇, 李春泉, 文旭卿. 桃墅岭隧道右线出口偏压段进洞方案[J]. 探矿工程 (岩土钻掘工程) , 2009, 36(4): 76-78.

[8] 张阔, 王瑞. 蛟岭隧道洞顶塌方区地震探测[J]. 华北水利水电学院学报, 2011, 32(1): 97-99.

[9] 吴雷, 刘浩. 浅析双连拱隧道施工控制要点[J]. 辽宁省交通高等专科学校学报, 2013, 15(1): 1-4.

[10] 赵中省. 江西湖口隧道工程地质条件评价[J]. 地质学刊, 2011, 35(2): 188-190.

[11] 吴洁珍. 雁列山隧道施工的质量控制[J]. 探矿工程: 岩土钻掘工程, 2003(S1): 4.

[12] 何小辉, 罗程, 唐晓林, 等. 南昌艾溪湖明挖隧道湖中段变形缝设置影响因素分析及优化[J]. 科技通报, 2022, 38(1): 109-117.

[13] 胡宝明. 山岭隧道富水区段防排水系统施工优化设计[J]. 北方交通, 2012(9): 121-123.

[14] 俞文生, 石湛, 陈峰, 等. 石竹坪连拱隧道施工过程现场监测与分析研究[J]. 铁道建筑, 2010(9): 66-68.

[15] 俞文生, 彭蓉蓉. 江西高地应力板岩隧道坍塌处理技术的探讨[C]//上海国际隧道工程研讨会, 上海隧道工程股份有限公司. 地下工程施工与风险防范技术——2007第三届上海国际隧道工程研讨会文集. 上海: 同济大学出版社, 2007: 6.

[16] 陈俊青. 江西省萍洪高速长平隧道监控量测浅谈[J]. 科技传播, 2010(10): 66-67.

[17] 张湘文, 王涛, 程胜高. 示踪试验在隧道涌水与断层水力联系调查中的应用——以江西萍乡钟家山为例[J]. 环境影响评价, 2015, 37(2): 66-69, 78.

[18] 李鑫. 雩山隧道断层破碎带稳定性分析及治理方法[D]. 济南: 山东大学, 2015.

[19] 张倚逾. 泰井碧溪隧道大变形段设计施工技术[J]. 隧道建设, 2006, 26(3): 48-50, 54.

[20] 王永林. 浅埋偏压隧道超前支护方式比选与非对称优化分析[J]. 铁道建筑技术, 2022(5): 159-163.

[21] 熊长林, 徐晓星, 高应荣, 等. 江西井冈山鹅岭隧道的工程地质调查与涌水量预测[J]. 高校地质学报, 2013, 19(1): 78-85.

[22] 姚立楠. 鹅岭隧道浅埋软弱围岩施工技术[J]. 安徽建筑, 2010, 17(3): 78-79, 91.

[23] 张沛远, 张晓平, 张晗, 等. 莲花隧道软弱围岩大变形预测方法适用性评价研究[J]. 工程地质学报, 2022, 30(5): 1689-1702.

[24] 喻军, 刘松玉, 童立元. 半硬半软岩隧道塌方的力学特性及处理方法分析[J]. 工程地质学报, 2009, 17(2): 263-267.

[25] 钟国, 梅勇文, 李强, 等. 蛟岭隧道洞口暗挖段塌方处理[J]. 科技资讯, 2006, 4(35): 47-48.

[26] 肖钦, 叶浪. 于都隧道进口仰坡变形处理措施[J]. 中国市场, 2010(32): 51-52.

第 5 章

极软弱围岩段隧道运营病害及其治理

隧道运营病害通常是指隧道的衬砌、洞门、路面等结构物以及通风、照明、配电等设施由于物理或化学等原因所造成的损坏。极软弱围岩隧道运营病害发生较多的地段，在地质方面一般是断层破碎带，风化变质岩地带、裂隙发育的岩体以及岩溶地层等；从地形上看，多发生在斜坡、滑坡构造地带、岩堆崩塌地带等。极软弱围岩隧道运营病害直接影响隧道的安全运营，威胁行车安全、影响交通质量，并使隧道维护周期及使用寿命缩短。

5.1 常见隧道结构病害的类型

5.1.1 衬砌开裂

根据裂缝走向与隧道轴线方向的关系，隧道衬砌裂缝可以分为环向裂缝、纵向裂缝和斜向裂缝。纵向裂缝的走向平行于隧道纵轴线，如不及时治理则通常会引起边墙断裂、隧道掉拱，甚至引起整个隧道的塌方。环向裂缝主要发生在洞口段或不良地质带与完整岩层的交接处，产生原因主要是纵向不均匀荷载、围岩地质变化、沉降缝处理不完善等。斜向裂缝与隧道轴线方向夹角为 45°左右，通常由于混凝土衬砌的纵向受力和环向受力相组合而成的拉应力造成。

隧道衬砌裂缝出现的原因包括隧道围岩松弛应力、偏压、膨胀土压力、孔隙水压力以及地基承载力不足导致的隧道衬砌结构变形等。此外，隧道衬砌结构材料退化、设计不当、施工缺陷等因素也会导致衬砌开裂[1]。

隧道衬砌裂缝导致隧道结构的承载力和稳定性降低，衬砌结构的安全可靠性降低，影响隧道的正常使用，也是隧道水害、冻害等其他病害的诱因。当隧道结构出现裂损时，衬砌裂损变形的主要表现形式和危害如下：

（1）隧道衬砌结构，尤其是拱顶会出现衬砌脱落。

（2）隧道结构衬砌裂缝会出现渗漏水，影响隧道电器设施，影响路面行车安全，天气寒冷时可能导致冻害，加大衬砌裂损程度。

（3）可导致仰拱破损，路面变形、基床翻浆。

（4）加大隧道运营过程中修复难度和维修成本。

5.1.2 衬砌腐蚀

建在富含腐蚀性介质的隧道，其衬砌背后的腐蚀性环境水容易沿衬砌的施工缝、变形缝、毛细孔及其他孔洞渗流到衬砌内侧成为隧道渗漏水，对衬砌混凝土和砌石、灰缝产生物理性或化学性的腐蚀。衬砌侵蚀的种类分为物理侵蚀和化学侵蚀两类。

1）隧道衬砌物理性腐蚀

隧道衬砌结构的物理腐蚀包括冻胀现象引起的裂损和结晶盐胀裂两种情况。

（1）冻胀裂损：当隧道位于寒冷地区时，衬砌背后的围岩如果含水率大，在每年冬季会出现冻胀现象，衬砌受到的围岩压力增大，随着温度上升，冻胀力减小。经过多次这样的冻融循环，不仅会造成围岩会风化，甚至可能造成衬砌背后空洞，这严重影响的衬砌结构的稳定性，造成隧道衬砌的变形、渗漏水、开裂等病害。

（2）结晶盐胀裂：当盐类溶液通过裂缝或是混凝土表面的毛细孔进入衬砌内部时，由于低温蒸发会析出晶体，产生胀压作用，会使衬砌出现白斑或碱蚀泛白的情况。随着时间的推移，衬砌混凝土会由表面向内部逐渐破损脱落，导致衬砌结构表面出现蜂窝麻面等病害现象。

2）隧道衬砌化学性腐蚀

衬砌的化学腐蚀主要有氯离子腐蚀、硫酸盐腐蚀、镁盐腐蚀、碳酸盐腐蚀以及一般酸性腐蚀这几种，下面分别对这几种腐蚀进行说明。

（1）氯离子腐蚀：腐蚀的第一阶段，环境水中含有大量的 Cl^-，水通过混凝土表面空隙渗入结构内部，由于 Cl^- 的活性比较大，会与钢筋表面的钝化膜发生反应。第二阶段，当钢筋表面出现破坏后，由于 Cl^- 的作用会形成微电池化学反应，引起钢筋生锈、增厚、膨胀，当膨胀力过大超过混凝土保护层的抗拉强度时，混凝土会出现开裂状况。第三阶段，混凝土的胀裂会导致更多的地下水进入衬砌内部，带来更多的 Cl^-，使钢筋锈蚀更加严重，基本丧失了应有的效果。随着锈层的增厚，混凝土保护层会发生脱落，引起露筋现象。此时衬砌结构的安全性受到了严重影响，这是造成隧道衬砌结构出现破坏的主要因素。

（2）硫酸盐腐蚀：硫酸盐侵蚀的主要原因是含有高浓度 SO_4^{2-} 的地下水与混凝土接触，水中的 SO_4^{2-} 与混凝土中的 Ca^{2+} 结合形成含水石膏，或与水化铝酸钙反应生成钙矾石，使混凝土内部膨胀产生破坏。水中的 SO_4^{2-} 浓度高于 1000mg/L 时，能与水泥中的 $Ca(OH)_2$ 起反应，生成石膏：

$$Ca^{2+} + SO_4^{2-} = CaSO_4$$

石膏的密度较小，会发生体积膨胀现象，造成混凝土物理破坏。当地下水中 SO_4^{2-} 的浓低于 1000mg/L 时，铝酸三钙与 $Ca(OH)_2$，SO_4^{2-} 共同作用生成硫酸铝酸盐晶体：

$$3CaO \cdot Al_2O_3 \cdot 6H_2O + 3CaSO_4 + 25H_2O = 3CaO \cdot Al_2O_3 3CaSO_4 \cdot 31H_2O$$

硫酸铝酸盐晶体的体积会增大两倍,体积增大会造成衬砌内部产生很强的内力,引起混凝土结构的破损开裂,破坏衬砌的稳定性。

（3）镁盐腐蚀：地下水中的 $MgSO_4$,$MgCl_2$ 等镁盐与混凝土中的 $Ca(OH)_2$ 发生反应如下：

$$MgSO_4 + Ca(OH)_2 + 2H_2O = CaSO_4 + 2H_2O + Mg(OH)_2$$

$$MgCl_2 + Ca(OH)_2 = CaCl_2 + Mg(OH)_2$$

$CaSO_4$ 产生硫酸盐侵蚀,$CaCl_2$ 易溶于水而流失,$Mg(OH)_2$ 胶结力很弱,容易被水带走。

（4）碳酸盐腐蚀：主要是因为水中的 CO_2 含量过高,超过了与 $Ca(HCO_3)_2$ 平衡所需的 CO_2,在侵蚀性 CO_2 的作用下,混凝土表面的 $CaCO_3$ 溶于水中：

$$CaCO_3 + CO_2 + H_2O = Ca(HCO_3)_2$$

混凝土内部的 $Ca(OH)_2$ 会继续与水中的 HCO_3^- 作用或直接与 CO_2 作用：

$$Ca(OH)_2 + Ca(HCO_3)_2 = 2CaCO_3 + 2H_2O$$

$$Ca(OH)_2 + CO_2 = CaCO_3 + H_2O$$

如果 CO_2 含量较高,这种作用会持续下去,混凝土因 $Ca(OH)_2$ 的流失会造成结构的松散。

（5）一般的酸性侵蚀：当衬砌结构混凝处于酸性环境时会发生酸性腐蚀,腐蚀强度与 pH 值有直接的关系。腐蚀的机理：主要原因是水中含有大量的 H^+,各种酸与 $Ca(OH)_2$ 作用产生相应的钙盐。有的钙盐溶于水,比如 $CaCl_2$、$Ca(NO_3)_2$ 等,会随水流失,$CaSO_4$ 则发生硫酸盐反应。

隧道衬砌的腐蚀会造成衬砌结构混凝土出现蜂窝、麻面,露出骨料,严重影响了混凝土的抗压能力,使隧道衬砌的承载力下降。腐蚀严重时,还会形成衬砌掉块的现象,影响隧道内部的行车安全。衬砌混凝土块脱落还会引起衬砌厚度不足,衬砌内部钢筋腐蚀,使衬砌的承载能力进一步下降。所以说,衬砌的腐蚀对隧道的结构安全影响是很大的。

5.1.3 水害

隧道的水害主要是指隧道围岩的地下水或部分地表水,以渗漏或涌出方式进入隧道内成的危害。它包括以下几个方面：

（1）隧道渗漏水

隧道渗漏水主要有：施工缝、变形缝、结构裂缝渗漏水,单个漏水点漏水,拱部或边墙面渍水或渗水、淌水。渗漏水不但对隧道内的电力、通信、消防等设备会造成不同程度的损坏或锈蚀,影响设备的正常运行,降低使用寿命,增加维修费用。含有矿物质（导电）的渗漏水滴到接触网线上,会引起接触网放电,危及运营安全。渗漏水促使混凝土衬砌风化、剥落,造成衬砌结构破坏。

（2）隧道衬砌周围积水

运营隧道中地表水和地下水向隧道周围渗流汇集,水压力较大时会导致衬砌破裂和拱脚下沉,使围岩的结构面软化或泥化,或引起膨胀性围岩体积膨胀。在寒冷地区造成围岩冻胀，在黄土隧道衬砌周围的水还会离析土中的胶体并带出黄土，在衬砌背后形成空洞。

当基底为软弱层，如全风化岩层、断层破碎带、超挖部分为浮渣填充层等，由于其强度低、结构松散，容易被水浸泡软化或水冲刷流失，车辆动载的反复作用使基底泥水多沿边墙缝、人行道与道床的接缝或其他薄弱部位（如中心及侧水沟）等处涌向道床，形成翻浆冒泥，进而使基底局部淘空，造成道床断裂。

（3）潜流冲刷

潜流冲刷主要是指由于地下水渗流和流动而产生的冲刷和溶蚀作用，使得隧道衬砌基础下沉。它可使边墙开裂或者仰拱、隧道内路基下沉开裂；围岩滑移错动可导致衬砌变形开裂；因超挖回填不密实或未全部回填，引起围岩坍塌，导致衬砌结构破坏。

隧道水害产生的原因主要有地质因素和施工因素两个方面：

（1）地质因素

隧道穿过含水或透水的地层。含水或透水地层通常是指：砂类土和漂卵石类土含水地层；节理、裂隙发育，含裂隙水的岩层；石灰岩、白云岩等可溶性地层，当有水的溶槽、溶洞或暗河等与隧道连通时，浅埋隧道地段地表水可沿覆盖层的裂隙、空隙渗透到隧道内。

（2）施工因素

导致隧道水害的主要施工因素是隧道衬砌防水及排水设施不完善，主要包括以下几点：原建隧道衬砌防水、排水设施不完善；混凝土衬砌施工质量差，蜂窝、空隙、裂缝多，自身防水能力差；防水层施工质量不良或材质耐久性差，使用数年后失效；混凝土衬砌的施工缝、伸缩缝、沉降缝等未做好防水处理；衬砌变形后产生的裂缝渗漏水；有排水设施，如衬砌背后的暗沟、盲沟，无衬砌的辅助坑道、排水孔、暗槽等，年久失修阻塞。

另外，隧道渗漏水与其他病害是密切相关的。考虑水的可流动性和水压的传递性，隧道的衬砌结构往往要承受较高的水头压力。在这样的条件下，衬砌中的任何缺陷和病害都可能成为渗漏水的通道。反过来，渗漏水又会加速各类病害的发生和发展，影响隧道的使用性能和寿命。因此，隧道渗漏水实际上是隧道各种病害的综合反映。

5.1.4 冻害

我国冻土地区分布广泛，其中多年冻土占整个陆地面积的1/5。在冻土地区修建的隧道易产生冻害现象，隧道冻害主要表现为：

1）拱部挂冰、边墙结冰

渗漏的地下水通过隧道衬砌混凝土裂缝逐渐渗出，在渗水点出口处受低温影响在拱部形成挂冰，边墙积成冰柱，尤其在施工接缝处渗水点多，结冰明显，累积十至几十厘米厚的挂冰。如不清理，挂冰越积越大，侵入限界危及行车安全。隧道排水沟相关设施，保温不良引起冰冻称冰塞子。水沟因结冰堵塞，使地下排水困难，水沟（管或槽）冻裂破损。

隧道衬砌周围因水结冰而冻胀，致使隧道内各种冻害接踵而至，特别是路面结冰严重危及汽车的安全。

2）围岩冻胀破坏

修筑在黏土等冻胀明显地层内的隧道，如果围岩内含水多，冬季易发生冻胀破坏，致使隧道拱部和边墙衬砌发生变形与开裂。当边墙壁后方排水不畅，积水成冰，产生冻胀压力，会造成衬砌结构内移甚至断裂。另外，如果隧道衬砌混凝土设计强度等级较低，抗渗性差，在地下水丰富地区，水就渗入混凝土内部。到冬季时水在混凝土结构内结冰，膨胀产生冻胀压力，经多年冻融循环使衬砌结构变酥、强度降低，造成结构破坏。隧道衬砌除结构内因含水受冻害外，由于岩体冻胀压力的用，也会使衬砌发生纵向裂纹和环向裂纹。

5.1.5 隧底病害

运营隧道的隧底病害主要指由于隧道基底变形以及渗漏水造成的路面下沉、开裂、翻浆冒泥等现象。隧底病害的成因主要是当基底为软弱层，如风化的基岩、断层破碎带、超挖部分为浮渣填充层等，由于其强度低、结构松散，容易被水浸泡软化或水冲刷流失，车辆动荷载的反复作用使基底泥水多沿边墙缝、人行道与道床的接缝或其他薄弱环节（如中心及侧水沟）等处涌向道床，形成翻浆冒泥，进而使基底局部淘空，造成道床断裂。

5.1.6 洞口病害

常见的洞口病害有：端墙开裂、钢筋外漏、洞门渗漏水和洞门墙杂草滋生。端墙开裂会降低端墙的承载性能，季节性降水后可能会从裂缝处产生渗漏，造成端墙的持续破坏；端墙混凝土掉落，钢筋锈蚀，影响到洞门的结构安全；洞门渗漏水的存在会弱化侵蚀洞门墙，可能造成墙体弱化，降低其承载能力；洞门端墙杂草的存在会破坏端墙结构，造成局部开裂破坏[2]。

5.2 隧道运营期间病害治理案例

5.2.1 上饶市陇首一隧道

1. 工程概况

陇首一隧道（图5.1）位于玉山县怀玉乡陇首村境内，属分离式短隧道。左线起讫里程ZK16+650～ZK16+995，长345m，进出洞口设计底板标高分别为294.55m和302.83m。右线起讫里程 YK16+649.7～YK16+994.7，长 345m，进出洞口设计底板标高分别为294.54m和303.51m。隧道采用灯光照明，自然通风，洞门形式均为端墙式。

隧道地处内陆亚热带湿润气候，气候温和，光照充足，雨量充沛。降雨一般集中在4～6月份，多以暴雨的形式集中降水，年降雨量1124.6～2457.9mm，年平均气温15.5～24.2℃。隧道穿越区段海拔标高270～406m，洞体最大埋深110m。隧道沿线出露基岩地层为强风化和中风化震旦系砂岩等，覆土层为第四系（Q）碎石土。隧址区地质构造复杂，褶皱断裂都较为发育。隧址区地下水分为孔隙水和裂隙水两类，补给来源主要为大气降水。

图5.1 陇首一隧道洞口照片

2. 原始支护设计情况

隧道建筑限界净宽10.25m，净高5.0m，净空面积62.99m²，内轮廓设计采用三心圆曲墙式。隧道的衬砌类型包括S0、S7、S3和S4四类，其中S0与S7型衬砌对应Ⅴ级围岩，S3、S4型衬砌对应Ⅲ、Ⅳ级围岩，具体的衬砌支护设计参数见表5.1。明洞段衬砌采用C25钢筋混凝土结构；洞身段采用复合式衬砌，其中初期支护：Ⅳ、Ⅴ级围岩由工字钢拱架、钢格栅、超前小导管、超前锚杆、径向锚杆、钢筋网及喷射混凝土组成，Ⅲ级围岩由径向锚杆、钢筋网及喷射混凝土组成；二次衬砌：Ⅲ、Ⅳ级围岩采用素混凝土（表5.1中S3与S4型衬砌），Ⅴ级围岩采用钢筋混凝土（表5.1中S0与S7型衬砌）。进洞口濒临沟谷部位，呈斜交型进洞。

陇首一隧道复合式衬砌支护设计参数　　　　　　表5.1

衬砌类型			S0	S7	S4	S3
初期支护	C20喷射混凝土（cm）		25	25	18	10
	φ8或φ6钢筋网（cm）		20×20	20×20	20×20	25×25
	系统锚杆	长度	φ25 中空锚杆 L=3m	φ25 中空锚杆 L=3m	φ22 砂浆锚杆 L=3.0m	φ22 砂浆锚杆 L=2.5m
		间距（cm）	50×100	50×100	100×100	120×120
	超前支护	小导管或砂浆锚杆	—	φ42mm×3.5mm L=4m	φ22 L=3.5m	—
		间距（cm）	—	250×40	200×40	—

续表

衬砌类型		S0	S7	S4	S3
初期支护	锁脚锚杆长度	—	φ42mm×3.5mm 小导管	φ22 砂浆锚杆	—
		—	$L=4m$	$L=3.5m$	
	钢架型号及间距（cm）	I18（封闭）	I18（封闭）	格栅	—
		50	50	100	
	预留变形量（cm）	—	10	7	5
二次衬砌	边墙拱顶（cm）	60	45	40	35
	仰拱（cm）	60	45	40	35

3. 病害调查统计及原因分析

1）病害情况

德上高速公路自 2012 年 12 月通车以来，陇首一隧道陆续出现衬砌错台、开裂及其导致的渗漏水病害，病害降低了结构的安全性及耐久性，对隧道正常运营带来安全隐患。2014 年 7 月检查时发现隧道右线进口 50m 范围分布有 1 处错台、2 条裂缝及 2 处渗漏水，经 2014 年 9 月治理后，仍有继续发展的趋势。因此，业主开展了病害调查，委托上海同济建设工程质量检测站于 2015 年 12 月对陇首一隧道右线原有病害分布段进行专项检查，2016 年 2 月对隧道全线进行专项检查，同年 5 月 8 日，为保障道路通行安全和行车秩序，高速公路管理部门对该隧道进行维修施工。详细病害情况分述如下：

洞口段主要病害为外侧挡土墙裂缝（图 5.2），挡土墙的 3 条裂缝倾角处于 40°～90° 范围内，为环向和斜向，裂缝长度 1.0～4.3m，宽度 1.8～8.0mm；洞门（德兴端）处病害类型则较为分散，由表 5.2 可知，病害主要包括裂缝、错台和渗漏水三个方面。其中右线洞门上部裂缝呈现上宽下窄的倒梯形，最宽处达到 3.5cm，左右线洞门间的墙体朝德兴方向偏移，左线的偏移量（10.3cm）大于右线（4.6cm），同时左线洞门处有渗漏水湿痕迹（图 5.3）。

图 5.2 隧道挡土墙裂缝照片

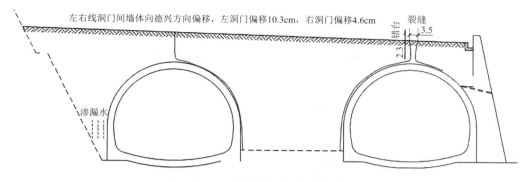

图 5.3 隧道洞门病害示意图

隧道洞门病害调查列表　　　　表 5.2

编号	里程	主要病害情况	主要病害分布位置
1	YK16+686	施工缝错台	左边墙—右边墙
2	YK16+667～YK16+680	二次衬砌裂缝（纵向）	左拱腰
3	YK16+684～YK16+686	二次衬砌裂缝（纵向）	左拱腰
4	YK16+656	渗漏水（浸渗）	右边墙—右拱腰
5	YK16+667	渗漏水（浸渗）	右拱腰

二次衬砌病害以衬砌结构开裂为主，表 5.3 所统计的数据和现场拍摄的照片（图 5.4 二次衬砌裂缝现场照片）表明，2014 年产生两条纵向裂缝均有不同程度的发展，并新增了 9 条裂缝。裂缝的分布特征为：

（1）YK16+667～YK16+680 段既有纵向裂缝（表 5.3 中序号 2）长度未见显著扩展、宽度增加了 1.5mm、深度扩展了 23.5～66.2mm；YK16+681～YK16+688 段裂缝（表 5.3 中序号 6）长度延伸了 5.0m、宽度增加 4.4mm、深度扩展了 58.8～70.2mm；

（2）新增的 9 条裂缝中有 6 条环向、2 条斜向及 1 条纵向裂缝，裂缝最长发展到 11.0m，最宽达到 8.0mm，最深 266.6mm；

（3）YK16+671 处右边墙和左拱腰的环向裂缝（表 5.3 中序号 4 和 5）有环向连通的趋势。

二次衬砌裂缝统计表　　　　表 5.3

序号	里程	部位	倾角（°）	长度（m）	宽度（mm）	深度（mm）	形态
1	YK16+662	右边墙	90	2.0	1.0	—	环向
2	YK16+667～YK16+680	左拱腰	0～10	13.0（13.0）	3.1（1.6）	276.2～283.5（210.0～260.0）	纵向
3	YK16+668～YK16+675	拱顶	0～5	7.0	3.5	257.4～266.6	纵向
4	YK16+671	右边墙	70～80	3.5	2.0	189.1～191.6	环向
5	YK16+671	左拱腰	90	7.0	5.0	234.2～245.7	环向
6	YK16+681～YK16+688	拱顶	0～10	7.0（2.0）	6.2（1.8）	345.3～348.8（275.0～290.0）	纵向
7	YK16+682～YK16+685	左拱腰	70～90	11.0	1.0	—	斜向

续表

序号	里程	部位	倾角（°）	长度（m）	宽度（mm）	深度（mm）	形态
8	YK16+687~YK16+690	右边墙	45~60	4.0	8.0	—	斜向
9	YK16+690	左边墙	90	4.0	1.0	—	环向
10	YK16+719	右边墙	80~90	3.0	1.0	—	环向
11	YK16+695	右边墙	90	4.0	0.4	227.7	环向

图 5.4 二次衬砌裂缝现场照片

根据《公路隧道养护技术规范》JTG H12—2015 中的规定，土建结构技术状况评定应分为 1 类、2 类、3 类、4 类和 5 类，评定应先逐洞、逐段对隧道土建结构各分项（洞门、洞口、衬砌破损、渗漏水、路面等）技术状况进行状况值评定，在此基础上确定各分项技术状况，再进行土建结构技术状况评定。规范中对衬砌破损状况评定标准如表 5.4 所示，结合上述调查的 11 条裂缝情况（表 5.3），确定本隧道的衬砌破损状态如表 5.5 所示。

当裂缝存在发展时衬砌破损状况评定标准 表 5.4

结构	裂缝宽度（mm）		裂缝长度（m）		评定状况值
	>3	≤3	>5	≤5	
衬砌	√		√		3/4
	√			√	2/3
		√	√		2
		√		√	2

隧道衬砌破损技术状况定量评定结果 表 5.5

里程	部位	裂缝宽度（mm）	裂缝长度（m）	评定状况值
YK16+662	右边墙	1	2	2
YK16+667~YK16+680	左拱腰	3.1	13	4
YK16+668~YK16+675	拱顶	3.5	7	4
YK16+671	右边墙	2	3.5	2
YK16+671	左拱腰	5	7	4
YK16+681~YK16+688	拱顶	6.2	7	4

续表

里程	部位	裂缝宽度（mm）	裂缝长度（m）	评定状况值
YK16+682～YK16+685	左拱腰	1	11	2
YK16+687～YK16+690	右边墙	8	4	3
YK16+690	左边墙	1	4	2
YK16+719	右边墙	1	3	2
YK16+965	右边墙	0.4	4	2

从表5.5可以看出，隧道11条二次衬砌裂缝的技术状况值中有4条裂缝评定状况值为4，1条为3，6条为2，以最不利准则将衬砌破损的定量技术状况值确定为4。同理，其他分项的技术状况值分别为：洞口2、洞门3、衬砌渗漏水2、路面2。最后，以各分项值结合权重系数，通过公式计算土建结构技术状况评分，由评分确定土建结构技术状况等级。当衬砌的评定状况值达到4时，对应土建结构技术状况应直接评为5类。而对于5类隧道，其养护措施为：及时关闭，并实施病害处理。

2）病害产生原因分析

隧道进口洞段存在地形偏压，YK16+665～YK16+700段二次衬砌未按设计要求配筋，且基底处理及仰拱回填效果不理想，在地层压力作用下，隧道出现裂缝、错台、渗漏水等病害。具体病害产生原因分析如下：

（1）偏压方面的原因分析

偏压对隧道的影响主要包括洞口边仰坡和衬砌结构受力两个方面。在洞口边仰坡方面：①偏压会导致洞口段山体变形，可能发生向临空面的位移；②隧道深埋侧山体会产生下滑的偏压推力，挤压浅埋侧围岩，使洞内二次衬砌变形加重，裂纹扩展。在衬砌结构受力方面，作用在隧道衬砌上的荷载不对称，容易导致衬砌结构拉剪破坏，产生斜向和纵向裂缝。

（2）配筋及浇筑质量方面的原因分析

隧道结构检测内容包括衬砌钢筋分布检测、基底回填及仰拱质量检测。YK16+665～YK16+686（洞门往里15～36m）范围内二次衬砌原设计为60cm的钢筋混凝土，钢筋间距20cm，实测衬砌无钢筋；拱顶混凝土厚度40cm，局部20cm。表5.3中2～7号裂缝分布于该区段内。

针对YK16+650～YK16+700进行基底回填及仰拱质量检测，设计路面到仰拱底部的厚度1.97～2.16m，仰拱采用C25模筑普通混凝土，并用C15片石混凝土进行回填，且设计中明确规定仰拱需配有钢筋。实际检测结果显示仰拱表面往下0～1.0m为完整性混凝土；1.0m以下为破碎混凝土，漏水严重，且未揭露到钢筋；3.0m以下为全强中风化状砂岩，未见明显加固痕迹。

（3）覆土影响分析

为了分析病害发展原因，对2014年原处治方案中覆土影响进行分析，在增加1.3m覆

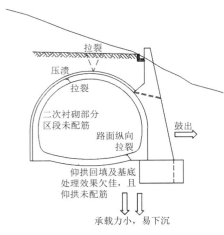

图 5.5 隧道病害变异模式图

土后，错台增加量不足 5mm，小于检测错台量 6cm。因此，可以推断错台发展及新增裂缝产生与边坡的应力调整相关。结合隧道地质条件、现场病害检查，综合分析隧道病害变异模式，如图 5.5 隧道病害变异模式图所示。具体为以下几条：

①经现场观测，边坡目前处于稳定状态，隧道右侧增加反压墙，顶部回填后，在雨季降水下渗的影响下，围岩和衬砌应力发生调整以及围岩自身蠕变，使得左拱腰、拱顶发生向右下的变形，衬砌结构内缘受拉，同时二次衬砌部分区段未按设计要求进行配筋，衬砌厚度不足，该段二次衬砌的刚度减弱，从而导致左拱腰及拱顶出现纵向受拉裂缝以及二次衬砌结构施工缝处的错台；结合现场病害检查结果来看，纵向裂缝均处于未配筋的刚度较小的素混凝土段。

②由于右侧偏压墙的基底承载力较小，推测二次衬砌与抗滑桩承台搭接效果较差，使得隧道行车道侧有下沉及偏转的趋势，导致在右线洞门上部出现上宽下窄的张拉裂缝，以及在右侧路面上出现纵向张拉裂缝。

③由于仰拱回填及基底处理效果欠佳且未配筋，使得右侧基底出现不均匀沉降，偏压墙未按设计要求配筋，导致隧道衬砌、路缘石及偏压墙出现多条环向及斜向裂缝。

总结而言，隧道结构产生一系列病害的主要原因包括外因和内因两部分，其中外因为地形偏压、围岩蠕变及应力重新调整；内因为二次衬砌部分区段刚度不足，仰拱回填及基底处理效果欠佳且未配筋。

4. 二次衬砌钢板加固设计

考虑陇首一隧道地质复杂情况、二次衬砌质量缺陷、加固要求高等特点，为保证加固后隧道结构完整、提高隧道衬砌结构承载能力、施工技术具有可操作性等，对于陇首一隧道左线洞口偏压段未布设钢筋及钢筋间距布设过大的 ZK16+655～ZK16+708 处治段，采用表面粘贴钢板+电缆沟布设工字钢+路面凿槽布设工字钢加固方案；其余未布设钢筋、钢筋布设不足、二次衬砌厚度不足及未设置仰拱等处治段均采用表面粘贴钢板加固方案。具体加固段落及参数见表 5.6。

陇首一隧道加固段落及加固参数一览表　　表 5.6

序号	支护衬砌类型	加固段落	加固范围	处治措施	化学锚栓	加固段长（m）
1	S7	ZK16+655～ZK16+660	全断面、电缆沟及路面	6mm 钢板加固+30a 型工字钢	M12	5
2		ZK16+680～ZK16+690		6mm 钢板加固+30a 型工字钢	M12	10
3		ZK16+660～ZK16+680		7mm 钢板加固+30a 型工字钢	M12	20
4		ZK16+690～ZK16+708		7mm 钢板加固+30a 型工字钢	M12	18

续表

序号	支护衬砌类型	加固段落	加固范围	处治措施	化学锚栓	加固段长（m）
5	S7	ZK16+952~ZK16+960	全断面	7mm 钢板加固	M12	8
6	S7	ZK16+960~ZK16+990	全断面	6mm 钢板加固	M12	30
7	S7	YK16+700~YK16+727	全断面	7mm 钢板加固	M12	27
8	S7	YK16+953~YK16+990	全断面	7mm 钢板加固	M12	37
9	S4	ZK16+708~ZK16+780	全断面	7mm 钢板加固	M12	72
10	S4	ZK16+920~ZK16+952	全断面	7mm 钢板加固	M12	32
11	S4	YK16+727~YK16+794	全断面	6mm 钢板加固	M12	67
12	S4	YK16+924~YK16+953	全断面	7mm 钢板加固	M12	29

对于陇首一隧道左线 ZK16+655~ZK16+708 处治段设计加固方案为：对检修道以上范围进行二次衬砌全断面（环向长度 20.61m）粘贴钢板加固；沿电缆沟纵向布设 30a 型工字钢，工字钢与钢板焊接；路面横向开槽布设 30a 型工字钢，与纵向工字钢焊接，形成封闭的环。衬砌表面粘贴钢板＋电缆沟路面布设工字钢具体加固参数见表 5.7。

钢板工字钢加固段落参数一览表 表 5.7

序号	支护衬砌类型	加固段落	处治措施	工字钢 型号	工字钢 路面布设间距（m）	钢板 幅宽（mm）	钢板 厚度（mm）	钢板 环间距（mm）	锚栓 类型	锚栓 布置	锚栓 间距（纵×横）（cm）	锚栓距钢板边缘距离（mm）
1	S7	ZK16+655~ZK16+660	钢板＋工字钢加固	30a	5	250	6	1.2	M12 化学锚栓	双排梅花形布置	40×40	8
2	S7	ZK16+680~ZK16+690	钢板＋工字钢加固	30a	5	250	6	1.2	M12 化学锚栓	双排梅花形布置	40×40	8
3	S7	ZK16+660~ZK16+680	钢板＋工字钢加固	30a	5	250	7	1.0	M12 化学锚栓	双排梅花形布置	40×40	8
4	S7	ZK16+690~ZK16+708	钢板＋工字钢加固	30a	5	250	7	1.0	M12 化学锚栓	双排梅花形布置	40×40	8

5. 加固质量及控制效果

粘贴钢板加固施工质量控制应符合表 5.8 的要求，且钢板外观应平整、圆顺，胶体应固化，锚固应牢靠。钢板尺寸、厚度、锚栓间距应满足设计要求，胶层厚度应均匀。

粘贴钢板加固施工质量控制 表 5.8

控制项目		规定值或允许偏差	控制措施
钢板	平面尺寸（mm）	±3	尺量
钢板	厚度（mm）	+0.5，0	尺量
钢板	粘贴位置（mm）	±5	尺量
锚栓	钻孔直径（mm）	+2，0	尺量
锚栓	锚固深度（mm）	+20，0	尺量
钢板有效粘贴面积		≥95%	敲击法检验

续表

控制项目	规定值或允许偏差	控制措施
与C25混凝土的正拉粘结强度（MPa）	≥1.7（混凝土内聚破坏）	粘结强度试验检测
钢板防腐涂装厚度	符合设计要求	漆膜测厚仪检查：每块钢板检查两处

经过对相应病害位置的加固、改善及施作后，陇首一隧道出现的错台、裂缝及漏水现象得到极大的改善，支护的变形特征也逐渐趋于稳定，加固措施取得良好成效。

5.2.2 五峰山1号隧道

1. 工程概况

五峰山1号隧道是泉州—南宁国家高速公路（江西境内）石城—吉安段新建工程的重点工程和控制性工程，隧道穿越泰和县老营盘镇和中龙乡之间的五峰山，是全国在建最长的公路隧道之一，隧道内为双向纵坡，坡度分别为+0.8%，−0.725%，洞门采用端墙式洞门。隧址区域属中亚热带季风气候，全年气候温和湿润、雨量丰沛、四季分明、日照充足，春冬季节多风寒冷，夏季炎热，初夏多台风、暴雨，秋季昼夜温差大，干燥少雨，多年年平均气温18.6℃，7月平均气温29.7℃，1月平均气温6.5℃，极端最低气温−6.0℃，极端最高气温40.4℃。隧道施工场地狭窄，材料运输困难，且经过多处村庄，通行干扰大。隧道左线ZK133+757～ZK138+010，长4253m，C2标段长2232m；右线YK133+698～YK137+980，长4282m，C2标段长2302m。设计车速为80km/h。隧道采用新奥法施工，二次模筑采用泵送混凝土，二次衬砌在围岩较差段采用C25钢筋混凝土，厚度为40～45cm；围岩较好段采用C25素混凝土，厚度为35cm。采用机械化作业，Ⅲ级围岩采用长台阶法或全断面法施工，Ⅳ级围岩采用台阶法施工，Ⅴ级围岩采用上下台阶法施工。

2. 裂缝调查结果及分析

通过对五峰山1号隧道病害调查，发现裂缝共计出现8处，具体位置分别为：隧道左线ZK134+100拱顶、隧道左线ZK134+430拱顶、隧道左线ZK134+960拱顶、隧道左线ZK134+980拱顶、隧道左线ZK135+050拱顶、隧道左线ZK135+120拱顶、隧道右线YK134+060拱顶、隧道右线YK134+200拱顶、隧道右线YK134+800拱顶。裂缝处隧道支护参数如表5.9所示。

裂缝处支护参数表　　　　　　　　表5.9

里程	围岩级别	衬砌类型	初期支护		超前支护	二次衬砌	
			锚杆	喷射混凝土		拱圈	仰拱
ZK134+430 YK134+06 YK134+200	Ⅴ	S5	砂浆锚杆，单根长3.5m	22cm厚C20混凝土	4.0m长超前小导管，纵距280cm，环距40cm	45cm厚	45cm厚
ZK134+960 ZK134+980	Ⅳ	S4	砂浆锚杆，单根长3.0m	18cm厚C20混凝土	3.5m单层φ22砂浆锚杆，环距40cm	40cm厚C25素混凝土	40cm厚C25素混凝土

第5章 极软弱围岩段隧道运营病害及其治理

续表

里程	围岩级别	衬砌类型	初期支护		超前支护	二次衬砌	
			锚杆	喷射混凝土		拱圈	仰拱
ZK134+100 ZK135+050 ZK135+120 YK134+800	Ⅲ	S3	砂浆锚杆，单根长2.5m	10cm厚C20混凝土	—	35cm厚C25素混凝土	—

为全面了解隧道裂缝的分布规律，分析其产生原因，为后期选择合理的治理方法提供依据，调查了五峰山1号隧道衬砌裂缝的详细信息，调查内容为裂缝位置、长度、宽度、深度，详见表5.10。

五峰山1号隧道裂缝调查表　　　　　表5.10

序号	里程	部位	围岩等级支护形式	埋深（m）	裂缝参数				形态	渗漏
					长度（m）	最大宽度（mm）	深度（cm）	设计厚度（cm）		
1	ZK134+100	拱顶	Ⅲ（S3）	55	3.32	0.8	20	35	弧状拱形（张开裂缝）	无
2	ZK134+430	拱顶	Ⅴ（S5）	168	2.44	0.6	16	45	弧状拱形（张开裂缝）	无
3	ZK134+960	拱顶	Ⅳ（S4）	178	4.16	1.0	28	40	弧状拱形（张开裂缝）	无
4	ZK134+980	拱顶	Ⅳ（S4）	185	3.15	0.8	25	40	弧状拱形（张开裂缝）	无
5	ZK135+050	拱顶	Ⅲ（S3）	177	4.11	1.2	23	35	弧状拱形（张开裂缝）	无
6	ZK135+120	拱顶	Ⅲ（S3）	179	2.53	1.5	17	35	弧状拱形（张开裂缝）	无
7	YK134+200	拱顶	Ⅴ（S5）	69	2.00	1.9	26	45	弧状拱形（张开裂缝）	无
8	YK134+800	拱顶	Ⅲ（S3）	153	3.03	0.6	22	35	弧状拱形（张开裂缝）	无

如表5.10所示，主要的8条裂缝分布在S3、S4、S5的衬砌类型中，裂缝宽度在0.6~1.9mm之间，属于微张开裂缝（0.2~3mm），裂缝深度较深，为16~28cm（衬砌设计厚度35~40cm）。裂缝类型全部为弧状拱形张开裂缝，最大弧高1.22m，出现裂缝的埋深为55~185m，分布区间为K134+100~K135+120。通过以上裂缝调查，可以得出以下初步结论：

1）从裂缝分布位置看：裂缝位于二次衬砌拱部，其中裂缝处于Ⅴ级围岩段2处（YK13+200，ZK134+430），Ⅳ级围岩段2处（ZK134+960，ZK134+980），Ⅲ级围岩段4处（ZK134+100，ZK135+050，ZK135+120，YK134+800）。

2）裂缝形态：裂缝均为环向圆弧状拱形起伏裂缝，裂缝发展范围较小，与施工缝闭合成环。

3）裂缝特征参数：最大长度4.16m，最大宽度1.9mm，均属微张开裂缝，隧道左线ZK134+960的裂缝深度最深，为28cm（衬砌设计厚度40cm），未见渗水。调查显示，所有裂缝深度均小于衬砌实际厚度，未贯通二次衬砌，但深度相对较大，对二次衬砌结构局部承载力有一定影响。

根据《公路隧道养护技术规范》JTG H12—2015衬砌裂缝技术状况表，五峰山1号隧道衬砌破损状况如表5.11所示，裂缝基本在破坏和较严重破坏之间，需要进行修复处理。

五峰山1号隧道衬砌破损状况评定表　　　　表5.11

围岩级别	里程	等级判定
Ⅲ	ZK134+100	2
	ZK135+050	3
	ZK135+120	2
	YK134+800	3
Ⅳ	ZK134+430	2
	ZK134+960	3
	ZK134+980	2
Ⅴ	YK134+200	2

3. 衬砌裂缝产生原因分析

通过裂缝病害调查，得出了裂缝的参数（长度、宽度、深度）信息，对衬砌背后空洞和厚度进行检测来判断衬砌的施工质量，同时根据裂缝的参数对衬砌健康等级进行诊断，最后综合分析裂缝成因如下：

1）裂缝均发育在施工缝附近，为张裂缝，呈圆弧拱状，与施工缝闭合成环，可以认为在施工过程中由于自下而上的外荷载（顶力）所引起。施工过程中，二次衬砌施工速度较快，部分段拆模时间较早，下一模衬砌浇筑前模板台车就位过程中，由于模板台车与紧邻已施工二次衬砌有部分搭接。在模板台车千斤顶调试过程中造成模板对紧邻二次衬砌的冲击荷载。由于前模筑的二次衬砌还没有完全达到设计强度，造成受挤压二次衬砌的小范围开裂。

2）由二次衬砌检测知，二次衬砌后背填充密实，不存在空洞现象，厚度检测除ZK134+430断面拱顶二次衬砌厚度（41.1cm）未达到设计要求（45cm）外，其余出现裂缝处的二次衬砌厚度均符合《公路工程质量检验评定标准 第一册 土建工程》JTG F80/1—2017中衬砌厚度不小于设计值的要求，满足设计标准。根据裂缝的综合健康诊断，裂缝基本为破坏和较严重破坏（1~2A），需要进行修复。

综上所述，裂缝主要由于施工速度快。拆模较早，下一模施工时模板千斤顶压力过大造成拱部出现圆弧状拱形起伏裂缝。裂缝范围较小，缝宽小于3mm属于微张开裂缝，且多未贯通。雷达检测二次衬砌背后填充密实，二次衬砌厚度基本符合设计要求。但是，裂缝和施工缝大多已经连通，运营期可能会产生混凝土掉块现象，鉴于此，需要对裂缝进行加固处理。

4. 病害处治措施

C2标五峰山1号隧道二次衬砌满足安全要求，裂缝对结构承载力影响较小，但隧道裂缝长久发展可能产生掉块成为隧道运营和行车安全的隐患，必须进行修补。从 C2 标五峰山 1 号隧道工程实际出发，修补措施为：①灌注高分子化学材料对裂缝进行粘结填充；②表面粘贴碳纤维板以防止剥落掉块。

5.2.3 武吉高速公路引水隧洞

1. 工程概况

引水隧道位于武吉高速田丘段，为施工辅道，长 385m，隧道共分为三段，分别为 1 号暗洞（K0+098～K0+220）、明洞（K0+220～K0+310）、2 号暗洞（K0+310～K0+385）。1 号暗洞为上下台阶法开挖；明洞采用片石混凝土回填后施工衬砌，后进行上部回填，回填结束后，上部修建管理所；2 号暗洞为上下台阶法开挖。

引水隧道修建完成后，通过初步调查，发现衬砌出现明显开裂、脱落、渗水等现象，隧道处于比较危险的情况。

2. 病害调查统计及分析

1）裂缝

通过对武吉高速田丘段施工辅道引水隧洞全面调查，共发现 25 处裂缝。裂缝信息如表 5.12 所示。

裂缝信息表　　　表 5.12

序号	里程	部位	倾角（°）	长度（m）	宽度（mm）	形态	渗漏
1	K0+116	边墙上 1.7m	5	6.3	0.4	分叉	无
2	K0+119	拱顶偏右 0.7m	0	1.4	0.2	起伏	无
3	K0+157	拱顶偏右 0.7m	90	3.5	0.6	起伏	无
4	K0+130	左拱腰	0	1.2	0.2	起伏	有
5	K0+175	挑顶偏左 2.5m	0	4	0.8	起伏	无
6	K0+205	拱部	90	18	1.6	环向	无
7	K0+217	拱部	90	18	6	环向	无
8	K0+226	拱部	0	4	0.2	起伏	无
9	K0+228	拱部	0	6	2	起伏	无
10	K0+231	拱部	0	6	2	起伏	无
11	K0+235.5	拱部	0	5	3	起伏	无
12	K0+241	拱部	0	6	2	起伏	无
13	K0+243	拱部	0	6.5	2.5	起伏	无
14	K0+265	拱部	90	18	0.8	环向	有
15	K0+270	拱部	0	4	1.4	起伏	无
16	K0+274.5	拱部	0	6	1.2	起伏	无

续表

序号	里程	部位	倾角（°）	长度（m）	宽度（mm）	形态	渗漏
17	K0+280	拱部	0	12	1.6	起伏	无
18	K0+295	拱部	0	4.5	1	起伏	有
19	K0+313	拱部	90	7	1.2	分叉	无
20	K0+224	墙脚上2m	0	35.5	1.8	起伏	无
21	K0+228.5	墙脚上2m	0	2.8	2	起伏	无
22	K0+222	墙脚上2m	0	8.5	0.8	起伏	无
23	K0+223.5	墙脚上2m	0	3	1.2	起伏	无
24	K0+124	墙脚上1.5m	5	6	已处理	起伏	无
25	K0+135	墙脚上4m	−5	33	2.0	下倾	无

2）二次衬砌混凝土厚度

采用地质雷达法检测引水隧道二次衬砌混凝土厚度，表5.13为检测出的衬砌厚不足的区段。

二次衬砌混凝土厚度检测结果　　表5.13

序号	里程	实测值（cm）				设计值（cm）
		左拱脚	左拱腰	拱顶	右拱脚	
1	K0+098	57.2	61.1	63.1	57.7	60
2	K0+113	49.1	45.4	45.3	**44.1**	45
3	K0+118	45.1	41.7	41.2	**37.1**	40
4	K0+128	43.1	**38.4**	**38.2**	41.1	40
5	K0+133	40.6	41.7	**37.7**	41.1	40
6	K0+148	**33.6**	39.8	36.5	41.2	35
7	K0+158	37.1	37.0	**33.1**	40.8	35
8	K0+163	**32.6**	38.0	**32.1**	43.1	35
9	K0+168	**34.1**	37.5	36.1	41.2	35
10	K0+193	40.1	**39.1**	40.3	**39.6**	40

注：表中加粗数据为二次衬砌混凝土厚度不足位置。

3）二次衬砌钢筋分布

采用地质雷达检测引水隧洞二次衬砌钢筋分布情况，结果如表5.14所示。

二次衬砌钢筋检测结果统计表　　表5.14

区段	检测里程范围	测区长度	实测数量	设计值		衬砌形式
				间距	数量（单排）	
1号暗洞	K0+098～K0+102	4	0根	25cm	16根	S0
	K0+102～K0+117	15		25cm	60根	S7

续表

区段	检测里程范围	测区长度	实测数量	设计值 间距	设计值 数量（单排）	衬砌形式
明洞	K0+205～K0+220	15	291根	25cm	60根	S7
	K0+220～K0+300	80		25cm	320根	S0
	K0+300～K0+315	15		25cm	60根	S7
2号暗洞	K0+366～K0+381	15	0根	25cm	60根	S7
	K0+381～K0+385	4		25cm	16根	S0

综合检测结果，发现在施工过程中，存在取消原设计钢筋混凝土衬砌结构，改用素混凝土衬砌，减小原设计钢筋量，二次衬砌厚度不足等情况。由施工引起的衬砌质量缺陷致使隧洞衬砌结构抗裂性能降低，结构出现较多裂缝。

3. 加固方案设计

由于明洞回填过高，围岩压力较大，基于上表5.13、表5.14中二次衬砌混凝土厚度检测及钢筋检测结果，对明洞（桩号 K0+200～K0+320）、暗洞（桩号 K0+098～K0+122、K0+361～K0+385）进行结构加固。为增强结构强度，提高结构安全系数，采用套拱加固方案（拱架+喷射混凝土），具体参数如下：

（1）在右侧过水断面与左侧路面等高处设置 70cm 宽 C25 混凝土支墩，用于支撑套拱拱脚；

（2）沿设置钢拱架的位置，按照设计钻设短钢筋锚固孔，孔深 30cm；

（3）在二次衬砌内纵向每 0.55m 设置一处 120a 型工字钢拱架，钢拱架上下翼缘板焊接$\phi 8$，150mm×150mm 钢筋网片；

（4）采用环氧树脂将连接短钢筋按照设计方式粘结，并与钢拱架焊接为一体，采用 C25 喷射混凝土充填加固，喷射混凝土厚度 25cm；

（5）为保证修补层与原二次衬砌混凝土之间的粘结力，从而形成一个有机整体，应将二次衬砌表面凿毛，并在原二次衬砌表面喷涂一层混凝土粘结用胶粘剂；

（6）严格要求喷射混凝土质量，喷射混凝土施工质量符合《公路隧道施工技术规范》JTG/T 3660—2020 的要求。要求喷射混凝土表面圆顺，断面符合设计要求，不得产生侵限；

（7）为了保证喷射混凝土补强层内表面美观，设置一层 3cm 厚的 M30 水泥砂浆找平层。

5.2.4 南石壁隧道

1. 工程概况

南石壁隧道（图 5.6）位于江西省宜春市上高县南港镇南港水库与新余市分宜县洞村乡沧上村之间，为一分离式隧道，左线区间 ZK172+136～ZK173+060 和右线区间 YK172+140～YK173+100 总长度分别为 924m 和 960m，隧道最大埋深约 110m。该隧道于 2006 年开始建设，2008 年建成通车。

图 5.6　南石壁隧道洞口照片

隧址区除进口段地形陡峻，基岩出露较好外，其余地段表层多为残坡积层覆盖，基岩零星出露，为二叠系下统栖霞组地层。残坡积层由黏土、风化碎块石组成，成分以灰岩和页岩为主，结构松散。二叠系下统栖霞组主要包括钙质页岩夹灰岩、炭质页岩、层状灰岩，岩体较破碎。隧址区地下水主要为松散层孔隙水、基岩裂隙水及岩溶水，水量随季节变化且变幅较大。

2. 不良地质灾害

2010 年 5 月以来，江西宜春、新余地区连降暴雨，隧道排水沟内泄水量明显增大，加之隧道区近年来山体植被破坏严重，坡面泥沙经地表汇流进入地下岩溶管道系统。隧道上方地表出现多处岩溶塌陷，隧道内出现二次衬砌开裂、路面隆起，且在 ZK172+464～ZK172+520 边沟和电缆沟、ZK172+630 和 YK172+627 处形成突水突泥，隧道的涌水突泥又进一步形成了新的岩溶塌陷坑洞和落水洞。主要灾害形式如下：

1）突水突泥

左洞突水突泥主要集中在 ZK172+464～ZK172+520 边沟和电缆沟、ZK172+630 消火栓洞室处，灾害发生时，涌水量约 $1m^3/s$，共计突泥 $200m^3$；右洞突水突泥主要集中在 YK172+627 两侧电缆沟，涌水量约 $0.5m^3/s$，共计突泥约 $1000m^3$。

2）路面隆起

左洞主要集中在 ZK172+464～ZK172+520 段，最大隆起量 29.6cm；右洞主要集中在 YK172+620～YK172+635 段，最大隆起量 20.1cm。

3）路面开裂

主要集中在左洞 ZK172+498～ZK172+520 段，沿路面中线纵向开裂，长约 20m，裂缝宽度 5～10mm。

4）二次衬砌纵向裂缝

主要集中在左洞 ZK172+630 消火栓洞室前后，裂缝位于检修道以上 1.2m 处，左侧缝长约 8m，右侧缝长约 16 m，裂缝宽度 0.1～0.3mm。

5）洞内排水系统堵塞

主要集中在隧道进口洞段，由于突水突泥夹裹大量黄泥、细沙、碎石，造成原排水管网堵塞。

6）地表塌陷

上述突水突泥等灾害发生后，山体地表形成 4 个塌坑，坑口面积 50～100m²，见图 5.7。

(a) 右洞右侧约 120m 库尾 TK1

(b) 左洞上方 TK2

(c) 左洞左侧约 80m TK3

图 5.7 洞内突水突泥后地表出现的塌陷

3. 灾害原因分析

隧道区上方存在两个岩溶管道系统，且均为自东向西径流。两岩溶水系统以 ZK172+300 处近垂直于隧道轴线方向为分水岭，进口段山体自然坡度较陡，大气降水可以较快顺坡面排入两侧沟谷；出口段山体自然坡度较缓，山体表面一般无常年性地表流水，但在隧道出口段右侧约 120m 处有一小型水库常年有水，其水面标高高于隧道设计标高约 30m。通常情况下水库与两岩溶管道系统无直接水力联系，但当水库水位上涨至 152m，与现有岩溶塌陷坑洞 TK1 连通后会使水库与岩溶水系统直接发生水力联系，引发隧道水害。

隧道灾害发育区岩性为二叠系栖霞组灰岩，岩溶发育。由于该地区近年来连降暴雨，加之隧道上方植被破坏严重，导致地表径流快速下渗，地下水水位急剧上涨，隧道区域地下水压力剧增，形成了新的地下水通道和 7 个地表岩溶陷坑（单个面积 70～150m²）。隧道 YK172+630 右上方梅岭水库水位高出隧道路面标高约 25m，形成较大的水头压力，最终导致水库水体和大量地表水经新的岩溶通道直接汇聚在隧道衬砌周边，造成隧道涌水、突泥、路面隆起。

隧道区岩溶水系统发生变化后，隧道成为两岩溶水系统新的主要排泄点。衬砌背后的溶洞过水断面大，地表降雨入渗汇流后，通过现有岩溶塌陷坑洞和岩溶漏斗迅速进入到岩溶管道系统的地下水流速快，侵蚀能力强，出水口过水过泥沙能力均较大，不断淘蚀岩溶管道系统内的泥沙等物质，泥沙随着地下水进入到隧道洞室排水沟内，影响隧道的正常排水。随着岩溶管道内的泥沙被掏空，地表处于极限平衡状态的岩土有可能形成新的塌陷坑洞。

4. 不良地质灾害控制措施

1）封堵地表塌坑，切断地表水源

对隧道上方山体表面出现的干塌坑（TK2、TK3、TK3-1、TK4）和天然孔洞（TK2-1），采用封堵处理。施工时先向底部管道（若有）内灌注水下混凝土，然后在塌坑底部抛填片石，片石要露出底部积水、淤泥，再在片石基础上浇筑1m厚C20片石混凝土盖板，最后上部用夯填土封闭，上部封土层应高出原地表至少1m。塌坑封土后，在封土层四周施工小型截水、排水沟，防止地表水直接进入岩溶塌坑。对梅岭水库库尾新塌坑（TK1）和天然孔洞（TK1-1），在上述处理措施的基础上，在塌坑周边采用$\phi 42mm \times 3.5mm$注浆小导管进行地表注浆。

2）受损衬砌补强

（1）二次衬砌开裂段补强

对ZK172+620～ZK172+630洞段两侧衬砌出现的4条纵向裂缝，采用环向钢带补强方案进行结构加固。在二次衬砌表面粘贴钢板，不破坏现有结构体系，粘结上的钢板与混凝土共同受力，限制混凝土裂缝的发展，提高结构的承载力。另外，采用注浆管压注裂缝修补胶，封闭裂缝，提高开裂部位承载能力。

（2）ZK172+630处消火栓洞室补强

ZK172+630处消火栓洞室背后衬砌被地下水击穿，可见直径约40cm的岩溶通道。对该处的衬砌背后溶腔，先灌注小石子混凝土，并预留PVC排水管道，最后对消火栓洞室槽口增加C25钢筋混凝土框架进行补强。

3）洞内路面修复

对ZK172+462～ZK172+520、YK172+600～YK172+658洞段，无仰拱段落增设C25钢筋混凝土仰拱；有仰拱段落（素混凝土仰拱）先将原仰拱凿除，然后重新施工C25钢筋混凝土仰拱。对仰拱下方遇到的溶洞、空腔等，先回填连续级配碎石形成透水层，碎石层通过预埋泄水管和边沟连接，空洞处理完毕后再施工仰拱。考虑到原有仰拱在地下水压力作用下已经拱起失效，本次设计将仰拱加深40cm，使结构断面接近圆形，受力更为合理。仰拱结构和仰拱回填等施工完毕后，按原设计施工路面层。

4）隧道排水系统改造

南石壁隧道此次涌水突泥持续约半个月，水中夹杂大量泥沙、碎石，原有侧式排水管大部分被堵塞，路面排水沟已全部堵塞，造成排水系统失效。本次设计将隧道进口ZK172+136～ZK172+660、YK172+136～YK172+660段原设计路面排水沟和侧式排水盲沟合并为45cm×80cm路面排水明沟，并增加其过水面积。

排水边沟布置在行车道外侧侧向宽度范围内，根据目前隧道路面标线调查结果，两侧侧向宽度均为75cm，路面排水边沟结构宽度取75cm。排水边沟沟壁采用C25现浇钢筋混凝土，盖板采用C25预制钢筋混凝土。排水边沟浇筑前，应先疏通原有横向排水管，并根据设计图纸要求对横向排水管进行加密，将地下水引入排水边沟。

排水沟改造施工时，会影响电缆沟侧壁稳定，故先应将电缆沟盖板移走，然后重新施工电缆沟壁，电缆沟侧壁采用C25钢筋混凝土结构，沟底采用C25混凝土铺砌。沟壁完工后，将电缆沟盖板重新安装。

5. 小结

南石壁隧道在运营过程中，出现了突水突泥、路面隆起和开裂、二次衬砌开裂、排水系统堵塞等问题，并伴随地表塌陷等不良地质灾害。针对出现的不良地质灾害特点，采取了地表注浆封堵处理坑洞、环向钢带补强二次衬砌、增设仰拱修复路面、改造排水系统、重新施作电缆沟等措施，取得了良好的治理效果。

参 考 文 献

[1] 袁小川. 山岭区公路隧道结构变形机理与处治方法研究[D]. 重庆：重庆交通大学, 2015.
[2] 谢高鸿. 运营公路隧道结构安全性分析及病害整治技术研究[D]. 北京：北京交通大学, 2012.